中学语文读写教学序列化实践研究

徐义辉　张　莉　著

河北大学出版社
·保　定·

出 版 人：刘相美
责任编辑：李丽华
装帧设计：张彦琪
责任校对：陈浩苏
责任印制：常　凯

图书在版编目(CIP)数据

中学语文读写教学序列化实践研究/徐义辉，张莉著．--保定：河北大学出版社，2024.8.--ISBN 978-7-5666-2471-0

Ⅰ．G633.302

中国国家版本馆 CIP 数据核字第 202470ME25 号

出版发行：河北大学出版社
地址：河北省保定市七一东路 2666 号　邮编：071000
电话：0312－5073019　0312－5073029
邮箱：hbdxcbs818@163.com　网址：www.hbdxcbs.com
经　　销：全国新华书店
印　　刷：河北纪元数字印刷有限公司
幅面尺寸：787mm×1092mm　1/16
印　　张：16.5
字　　数：222 千字
版　　次：2025 年 6 月第 1 版
印　　次：2025 年 6 月第 1 次印刷
书　　号：ISBN 978-7-5666-2471-0
定　　价：30.00 元

如发现印装质量问题，影响阅读，请与本社联系。
电话：0312－5073023

前言

语文学科作为各种知识相互连接的桥梁，在知识传承和积累过程中发挥了重要作用，极具魅力。语言教育是语文教学中的重要内容，做好对其教学工作的设计是保证中学语文教学质量的关键。

阅读教学是中学语文教学的基本环节，学生通过阅读开阔眼界，明白事理，掌握读写知识，积累语言材料，领悟写作技巧。阅读是输入，写作是输出，阅读为写作提供范例，写作技能是在阅读的基础上形成和发展起来的。阅读和写作是相辅相成的，提高写作水平的途径之一，就是阅读。在中学语文学习中，要提高学生的作文水平，就应当把读写结合起来。读后就写，能使读写紧密结合，使学生有例可仿，速见成效。

教师指导学生掌握正确的序列化阅读方法和写作方法，能为学生打下学习的基础，帮助学生形成良好的阅读习惯，引导学生慢慢地积累写作知识，从而提高学生的阅读能力和写作水平，进而提高学生的语文素养。

笔者在撰写本书的过程中，参阅了大量文献和专著，在此表示衷心的感谢。由于笔者学识有限，书中难免存在错误和疏漏之处，恳请广大读者批评指正。

目录

第一章　导论

在中小学的语文教学中，阅读被视为最核心的学科领域。在中小学的语文课程中，阅读教学占据了绝大多数的课时。然而，多年来，我们对于“阅读”的定义、阅读过程中的“理解”到底是什么、“阅读能力”具体指的是什么，以及阅读能力与阅读技巧之间的联系等议题，始终没有明确的认识。因为缺少必要的前置知识，导致阅读教学中出现了许多令人不满意的环节。因此，为了优化阅读教学，我们必须在坚实的知识基础上进行。

第一节　语文阅读的本质与价值

阅读的核心意义在于对“阅读”这一行为的理解，也可以称之为“阅读的观点”。阅读的核心涵盖了在战略层面上的阅读目的、动机、态度和兴趣等方面，这不仅深刻地塑造了我们的阅读行为，还决定了我们如何通过“学习阅读”来充分发挥阅读的最大潜能。①

一、阅读能丰富和扩展人生经验

阅读与“读书”和“学习”有着近乎相同的含义，“掌握阅读的技巧，即掌握‘学习的方法’”。阅读和认知能力在很大的范围内是相互重叠的。阅读和学习阅读不仅关系到个体的成长，还与国家的前景紧密相连。

在全球范围内，青少年的阅读学习通常被划分为“掌握阅读技巧”

① 纪秋香. 独立阅读能力发展——路径与评估［M］. 北京：华文出版社，2017.

和“通过阅读来学习”这两个持续发展的阶段。“学会阅读”意味着学生不仅要有足够的识字能力，还需要掌握基础的阅读技巧，并能够解码文本中的符号，以便从书面资料中提取有意义的信息；“从阅读中学习”这一概念指的是为了获得特定信息、查找关键细节、回答特定问题、评估阅读材料的质量、利用阅读材料，以及享受阅读过程中的乐趣而进行的各种阅读活动。在“掌握阅读技巧”的前提下，学生通过读书来满足生活的各种需求，进一步丰富和拓宽他们的生活体验。

PIRLS（Progressin International Reading Literacy Study，国际阅读素养进步研究）和 PISA（Programme for International Student Assessment，国际学生评估项目）这两个具有权威性的国际阅读测试项目，都是以“从阅读中学习”作为“阅读”的定义，并据此构建了相应的测试框架。

PIRLS 对“阅读”的定义是：“这是一种涉及个人认知和社会规范的活动，参与者（即读者）被要求能够流畅、高效地将以语言符号为载体的文章转化为其他读者也会得到相似的结果，从而使他们在社会上成为无论是个人性格发展还是社会功利方面都有成就的成员。”

PISA 对于“阅读素养”的定义为：“为了达成个人的成长目标，扩大知识储备、发掘个人潜能并积极参与社会活动，具备理解、应用、反思书面资料并积极参与阅读活动的能力。”“阅读能力的培养不仅仅是知识和技巧的进步，还涉及个人的动机、观点和行动。”

“享受阅读并从阅读中学习”不仅仅是对阅读重要性和效用的广义讨论，更是对“阅读”“学习阅读”以及“学习”这几个方面的观点和立场的探讨。即便是以更高级别的“学习阅读”为重点的中学语文课程和教学，其起点和终点也应当是丰富和拓展学生的生活经验。

换句话说，语文课程的学习并不是为了阅读，也不是为了掌握阅读技巧，更不是基于语文考试的阅读分数来进行的。“学习阅读”的必要性和价值在于，通过这种方式，我们可以获取到书面文章所传递或展示的信息、知识，以及先辈们对社会和人生的深刻理解和感悟。

二、读者自愿、自主地与文本对话

在阅读前、阅读过程中以及阅读后，阅读行为都是持续的。阅读的过程中，读者始终是基于自愿和自主的原则与文本进行交流。

（一）自愿、自主先表现为阅读的兴趣、趣味及读物的选择

书籍有其优劣之分，而书面文章所传达的信息可能是真实的还是错误的，因此读者需要进行鉴别。哪怕是优质的书籍，选择也是至关重要的。

罗斯金将所谓的“好书”分类为两种：一种是短暂的好书，这是那些想要与他人分享但又不能面对面交流的，因此打印出来的既实用又有趣的讨论；还有一种是永恒的佳作，由那些充满智慧的人以真挚和博爱的态度展现人生，它们既是艺术上的珍宝也是非文学上的杰出之作。

阿德勒明确指出了两类“知识性读物的阅读方式”：一类是那些不会超出其理解范围的阅读；另外一种类型是需要深入思考和不断探索的阅读，它有助于增强理解能力。这本书的内容已经超出了普通读者的理解范围，只有通过深入地研究和探索，我们才能从一开始的困惑逐渐转变为真正地领悟。

对于阅读的热爱和享受，以及在阅读过程中识别优点和缺点，愿意接触到高质量的书籍、文章和作品，以及愿意进行需要深入思考和探究的阅读活动，无疑构成了学习阅读的首要任务。兴趣是可以培育出来的，而兴趣则可以通过自我调整来改变。

（二）自愿、自主地与文本对话，既是阅读的正确态度，也是对阅读活动的规范性定义

在对话中，首先要进行的是倾听。追求知识的心态，冷静面对各种观点和意见的方式，对于不熟悉或异常的经验持有开放的看法，以及在开始阅读时的“宽容与模糊”的心理预期，这些都构成了学习阅读的核心意义。要与文本沟通，必须积极参与。柯勒律治明智地区将读者分为

四类：第一类是海绵型的，他们读什么就吸收什么，然后几乎不做任何反应地吐出来，只是稍微有些脏了；第二种类型是磨砂玻璃型的，几乎什么都留不下，仅仅满足于将书籍翻完，目的是打发时间；第三种是过滤袋设计，仅保留了阅读时的残渣；第四种是钻石型，不仅能让自己在阅读中受益，同时也能给他人带来好处。被称为“钻石型”的读者是那些愿意主动去阅读的人，他们擅长与文本进行深入的对话。

阅读不只是了解并记住作者所说的话。当读者与文本进行交流时，他们的书面对话技巧得到了不断的加强，这也增强了他们对这个世界和生活的理解和感知能力。“阅读不只是将书籍从一系列符号转化为富有深意的作品，同时也对读者自身进行了改变。”

（三）在阅读之后，对话仍在持续

阅读的过程中总是伴随着深入地思考和评估。在阅读过程中进行思考和评估，有时会导致连续阅读活动的短暂中断，这种中断通常会持续到阅读活动结束之后。即使眼睛移开了读到的最后一个字，对话依然没有停止。某些书籍读完后便停止阅读。然而，也存在一些读物，特别是那些被认为“能增强理解能力”的“永恒好书”，它们可能伴随着我们，或者成为了解世界的视角，或者是解决问题的助手，或者是沉淀下来的人文修养。这种高质量的书籍、作品和文章不仅值得一遍又一遍地阅读，而且肯定会持续地更新和更新。与它们的交流可能会延续整个人生。

第二节　写作与语言

一、努力学好语言

首先，我们需要明确：什么是语言？语言具有何种作用？

列宁曾经提到：语言是人们最主要的沟通手段。在社会生活的各个方面，人们都需要进行有效的社交互动，这是不可或缺的。依赖什么来进行交往？正是依赖于语言的力量。人们通过语言来交流思维，用语言来表达情感，并通过语言加深彼此的理解。如果没有一种全社会都能理解的语言，人们将无法进行交流，人类社会也将无法进步。通常情况下，当人们在日常对话中使用文字来记录所使用的语言时，这种语言被称为书面语言。当然，这里所说的是书面表达的广泛意义。书面表达是所有文章（包括文学作品）进行叙述、表达情感和传达意图的唯一工具和方法。

当然，在这里也涉及语言与思维之间的相互关联问题。斯大林曾经指出：人们的思维是基于语言的素材，以及语言中的专业术语和词汇来形成和维持的。完全不含语言的材料和完全不含语言的“自然物质”的赤裸的思维，是不存在的。通常而言，人们的思考过程直接导致了思维和情感的形成。人们的思维和情感是通过语言来表达和表达的，如果这些被转化为文字，那么它们就被称为文章。因此，在众多关于写作的学术著作中，普遍认为思维、语言和文章三者之间存在着极为紧密的联系。因此，无论古代还是现代，无论东方还是西方，人们都始终高度重视语言与文章之间的紧密联系以及语言在文章中的核心地位。

在我们的语言学习过程中，写作被视为一个关键的实践环节。一个人是否能够撰写出色的作文，与其思维深度和语言运用技巧的水平息息相关，这两者之间存在着深厚的联系。同时，我们还需认识到，文章的质量不仅受到思想、情感和修养的影响，还与其语言应用能力密切相关。通常情况下，只要作者的语言运用技巧高超，拥有正确的思维和真挚的情感，即便是描述一个非常普通的事件，也能写得充满趣味，吸引读者，并展现出积极的主题思维。[①]

① 罗谢明．中学语文有效阅读与写作研究［M］．长春：吉林人民出版社，2019．

二、语言要准确

在学习语言的过程中，我们必须确保语言的使用是准确的、生动的和鲜明的。这正是我们在学习语言时所追求的方向。语言的准确性意味着在进行语言表达时，必须注重其科学性。普遍的观点是，一个准确的语言应当首先与客观事实和事实相吻合；接下来，它应当遵循语法的基本规则，并与其内部的逻辑联系相一致；再一次，我们必须确保思想内容的准确、恰当和恰当表达。

当我们谈论语言的准确性时，我们实际上是在强调语言的流畅性、简洁性，并确保它能够真实地呈现（描述）实际的情境，同时准确地传达出作者的思维和情感。这正是我们通常所强调的，当我们学习语言时，应首先确保语言的准确性。

三、语言要鲜明、准确

人们普遍持有这样的观点，即文章中的情感表达应该明确地区分正面和负面，而不是含糊其辞。语言的精确性意味着需要清晰地表达和表达自己的观点；语言的明确性主要是为了确保话语能够触动人心，并具有出色的文采。因此，古代的人们非常重视“言以文远”的理念，意味着语言应该具有明确的含义。

简言之，语言的明确性不仅需要语言的华丽和文采，更重要的是语言应该具有鲜明的褒贬色彩，观点、看法和立场必须清晰，不能模糊，爱恨分明。

四、语言要生动

语言不仅要富有生动性和艺术性，还需要在实际应用中展现出最大程度的活力和生动性。首先，文章的思想内容与其紧密相连，其次，它需要有引人入胜的文字和充满活力的表达技巧。如果一篇文章缺乏引人入胜的内容，仅仅依赖所谓的生动语言或者仅有吸引人的内容而缺乏生动地表达，那么它是无法实现预定目标的。

要理解语言的生动性，我们可以从以下几个方面入手：首先，一个生动的语言应该既具体又形象。其次，生动活泼的言辞能够准确且适当地再现说话者的语调、音调、情感和表情。第三点，要使用生动活泼的语言，并确保词汇的丰富性。我们鼓励使用简明扼要的语言，同时也努力不让词汇显得单调乏味。我们经常提到，这个世界充满了不可预测的变化，事物错综复杂，形态各异，而人们的思维和情感也是五花八门、千变万化的。因此，在撰写文章的过程中，我们不仅需要掌握大量的词汇，还需要能够灵活地挑选和应用最适合自己的词语。第四点，为了使语言更为生动，我们必须高度重视句子结构的选择和调整。句式的选择和演变主要涉及语言的演变、句子的结构调整、句型的应用变化，以及如何恰当地运用各种修辞和表达技巧。显然，适当地采用各种修辞和表达技巧是让语言更为生动的关键途径，同时也是让文章更加引人入胜的主要方法。

五、要重视语言练习

练习语言并不是短时间内就能达到的。学习是一个永无止境的过程，每个人都应该不断地积累经验，直至老去。对于不同的文化背景的人而言，语言练习的要求和重点应该有所区别。

（一）语言要通顺

对于初学者来说，语言表达不流畅的情况是多种多样的，包括但不限于语序的错误、成分的不完整、多余的啰唆、关系的混乱、不恰当的照应、褒贬的不恰当、前后矛盾、不合逻辑、词语的生造、歧义的产生、长句的混乱和文白的夹杂等，这些都是他们在写作过程中必须解决的问题。

（二）语言要简洁

通常情况下，语言的流畅性意味着没有语言障碍，这并不是一件困难的事，但语言的简洁性则是一项挑战。为了确保语言的简洁性，我们需要投入更多的努力和时间，并且，语言的流畅性是首要任务。换言之，如果语言表达不流畅，那么语言的简洁性就难以实现。从这可以看出，这两者之间的联系非常紧密，是不可分割的。然而，对于那些刚开始接触写作的人来说，对于“语言的简洁”这一概念，他们只需要理解：真正的语言简洁意味着要避免语言的冗长、重复和冗余。如果我们能实现这些目标，那么我们可以认为我们已经达到了语言的简洁性。

文章的表达效果与语言的简洁性有着直接的联系。在我们看来，这不仅是对语言简明扼要的基础要求，同时也体现了一种严肃、认真和负责任的写作精神。我们有责任培育出色的语言使用习惯，并真正增强我们的语言沟通技巧。

（三）语言要常练写

对于初入写作者的人来说，首要任务是培养出优秀的文字表达能力，这也可以被称为“写作态度”（这是一个较为狭隘的定义）。具体来说，首先，在开始写作之前，应该养成深思熟虑的好习惯；当我开始写作时，我培养了清晰地表达语言的好习惯；其次，我们必须高度重视在选择词汇时的准确性、恰当性和适当性；第三点，我们应该重视培养学生按照正确的思考方式有序地组织他们的语言的习惯；第四点，我们应该避免写出含义模糊且难以理解的句子。

第三节　阅读能力对写作水平的促进作用

中学的语文老师经常对学生的写作教学感到困扰，这主要体现在两个层面：首先，学生的写作热情并不高涨；其次，学生的写作能力相对较弱。问题的根本所在是什么？问题在于阅读的教学方法并不稳固。学生对阅读缺乏热情，对它并不感兴趣。由于阅读量有限，很难创作出高质量的文章。

一、中学阅读教学难度大的原因

（一）教师对周边环境的负面影响显得无能为力

随着现代社会物质文明的快速进步，人们在精神层面上并没有完全适应物质文明的快速发展。在追求物质文明的过程中，人们往往没有足够的精力去关注自己的精神需求，这导致了许多人牺牲了他们的阅读时间。即便是那些有读书习惯的人，他们也往往倾向于快速或奇特的阅读方式，这样做是为了消磨时光或减轻一天工作后的疲惫感。对于成人而言，这种情况是完全可以理解的，但成年人的某些行为可能为正在成长中的年轻人提供了误导，给学生带来了某些不良后果。这种负面效应是任何教师都难以完全消除的。

（二）现代教师的工作压力大，很多学校对教师的评价主要是看学生的学业成绩

为了提升学生在考试中的表现，教师们选择放弃了学生通过阅读来间接提高其学业成绩的方法，而是选择了一种更为直接的方式。他们为学生布置了大量与考试直接相关的试题，这导致学生完全沉浸在繁重的题海中，没有足够的时间和精力去阅读课外书籍，从而使他们的知识面变得相对狭窄。当教师实施题海战术时，这无疑增加了他们的工作压力。随着试题数量的增加，教师需要进行更多的批改，这也意味着教师的工作负担更为沉重。当教师感到疲惫时，他们也希望能够找到放松的方式，希望能够减轻这种疲劳。因此，在教师群体中，他们逐渐养成了不读书的习惯，而教师的阅读习惯也被快餐和猎奇所占据。这种不健康的阅读循环，也对青少年的阅读习惯产生了严重的负面影响。教师主要通过微信和网页进行阅读，而在网络上，高质量文章的阅读率也相当低。

（三）各类媒体的信息爆炸式增长是造成人们不读书的重要原因

在现代社会中，各种爆炸性的媒体信息如雨后春笋般涌现。如果人

们想要获取这些信息，快速阅读、跳跃式阅读和概略式阅读就变得不可或缺。此外，许多信息实际上并不需要仔细阅读。从微信文章的标题来看，很明显这类文章是不可靠的，过分追求标题的吸引力，内容缺乏可靠性，文风粗糙，到处都有抄袭的迹象。这无疑对中学生产生了负面影响，导致他们不愿意认真阅读高质量的作品。

二、阅读对写作的作用

阅读在写作过程中起到了哪些具体的影响呢？在古代，流传着这样一个故事：一名秀才因为即将参加乡试而感到非常焦虑和不安。他的妻子询问了他的原因，他告诉妻子写文章是多么的痛苦，他的妻子则反问，无论你写文章有多痛苦，我生孩子是否也会让你感到痛苦？秀才表达了这样的观点：与你生孩子相比，我在写文章时所经历的痛苦要多得多。既然你已经生了孩子，而你的肚子里也有了孩子，那么当我开始写作时，我的肚子里其实并没有什么特别的东西！

这个故事向我们展示，要想写出好的文章，内心必须有一篇文章，没有文章在心里是无法创作出优质文章的。当你的内心充满了文章和参考，你就仿佛站在了一个“巨人”的肩膀上，因此你会变得更加高大，更多地阅读经典著作，因为只有真正的名著才能被誉为“巨人”。一些学生更倾向于阅读休闲书籍和微信，这些内容对于他们的写作并没有太大的助益。因此，这些书的作者并不值得被称为“巨人”，而更像是“小人”。即便学生站在他们的肩膀上，他们也仅仅是站在了“土行孙”或“武大郎”的肩膀上，这样的身份怎能算是崇高的呢？

尽管这个道理可能对每位语文教师来说都是容易理解的，但要有效地引导学生进行阅读仍然是一大挑战。为了更好地进行阅读教学，我们可以从几个关键方面入手。

（一）端正态度

在学生的阅读教学中，关键在于教师如何引导他们的阅读态度。教师需要跳出仅仅追求考试分数的传统教学方式，让学生从繁杂的题目中解放出来，为他们提供充足的时间和精力去深入阅读他们的作品。[①]

（二）引导学生读好作品

对于个体而言，中学教育构成了关键的基石，并经常对其未来的人生轨迹产生深刻的作用。对于他们来说，基于广泛的知识背景，挑选一两个"核心兴趣"来进行深入的、大量的阅读，无疑可以实现更高效的阅读体验。如果一个人在没有选择目标的情况下阅读，那么他最终可能什么都做不到。在果戈理的经典之作《死魂灵》里，存在一个名为彼什伽秋的人，他对书籍有着浓厚的兴趣，几乎读任何一本书，但正是由于他的不加选择态度，导致他没有任何实际行动，这恰恰是他不加选择阅读的一个反面证明。

第四节 语文教学中阅读教学与写作教学的关联性探讨

在中学的语文教育过程中，阅读和写作的教学被视为核心的教育活动。在语文的教学过程中，我们可以将其划分为四个主要部分：听知教学、说话教学、阅读教学以及写作教学。尽管它们之间存在联系但也有所不同，目前的语文课堂教学主要集中在阅读和写作两个方面。

一、阅读教学

现阶段，我们的语文教育主要集中在阅读方面，同时也综合考虑了听力、口语和写作的教学方法。阅读教学，作为一个独立的个体，主要是以阅读为核心的教育活动。

（一）阅读教学的第一个环节

虽然阅读需要掌握基础的语文知识，但仅仅拥有这些知识并不意味

① 巨瑞娟．中学语文阅读教学探微［M］．银川：宁夏人民教育出版社，2016．

着能够完全理解所有的文章，还必须具备一些基本的文化知识和丰富的生活经验。在我们的阅读教学过程中，首要任务是确保学生掌握基础的语文知识和文化常识，同时也要鼓励他们对人生有更深的感悟，这样他们才能更深入地理解文章内容。

（二）具体文章的阅读教学

阅读可以被定义为读者与作者通过文章进行对话的一种行为模式。作家常常利用特定的文体和独特的结构手法来表达自己的观点和情感，同时也融入了充满个性和节奏感的语言，以及独到的艺术风格。读者在阅读时，首要的目标是深入理解作者想要传达的情感。因此，对文章的文体、结构、语言、节奏和风格的详细解读是理解作者意图和情感的关键。在阅读的过程中，读者应该充分利用自己的感知能力、想象力等智力特质，采用分析—总结、抽象—概括等思维模式，致力于解读文章的各个方面，实现与作者的对话。

二、写作教学

在语文教学中，写作和阅读的教学占据了绝大多数的教学内容，这是一个我们不应忽视的重要教学环节。以写作为核心的教学活动被称为写作教学。

（一）写作教学的第一个环节

写作的基础是掌握一定量的语言文字，前提是掌握一定的表达方式，条件是有强烈的感受力和材料积累。撰写文章并不仅仅是简单地堆砌文字，它是一个根据特定规则组合文字，并能传达特定含义的艺术创作过程。关于想要传达的含义，关键在于创作者的创作动机，以及他们所掌握的相关资料。因此，如果你希望能够自由地使用语言和文字来传达你的观点，那么你需要掌握一定量的语言和文化知识，并具备一定的感知能力，同时还需要积累大量的相关资料。在开始写作教育之前，我们有责任向学生灌输语言和文化的知识，鼓励他们主动搜集各种资料，培育他们的观察力，并为未来的写作做好充分的准备。

（二）具体创作过程中的写作教学

完成一篇文章需要经过三个阶段：写作的目的、所写内容以及写作的方法。写作不仅仅是“无源之水，无本之木”，它是一个目标明确、有意识、并围绕特定主题进行的创作活动。决定写作内容时，需要考虑写作的原因、所掌握的相关知识、个人的情感特质、生活经验以及对生活的深刻理解。这意味着我们需要充分利用自己的文化知识、情感经历和积累的经验来进行深入思考。一旦创作者做出了写作的决定，接下来的步骤便是如何进行创作。这确实是一项复杂的任务，我们需要仔细思考应该选择哪种文体来撰写内容，如何根据特定的逻辑和思维模式进行布局，以及如何运用各种表现手法和艺术技巧来呈现它。同时，我们还需要更加审慎地选择字、词、句、段和内容，以确保文章能够充分传达其内在意义。在我们的写作教学中，我们必须紧密围绕创作过程中的各个细节进行教学设计，确保学生能够清晰地理解各种文体、布局策略和艺术技巧等内容，这样才能确保他们能够以最合适的方式来传达他们的思想。

三、阅读教学和写作教学的联系

（一）阅读教学是写作教学的基础

通过对阅读教学与写作教学的深入分析，我们可以清晰地看到它们之间的紧密联系，而阅读教学正是写作教学的核心部分。首先，阅读教学不仅有助于解决写作教学中的基础问题，还能帮助学生累积丰富的语言素材和形式，解决了写作教学中的语文知识难题。此外，阅读教学还能帮助学生利用语言材料创造出符合语言规则的句子、段落和篇章，从而准确地传达他们想要表达的意思。再者，通过阅读教学，学生们对于写作教育的热忱得到了激发。阅读教学在解读文章中作者想要传达的思想、创作风格和语言特点时，有时会与学生产生某种心灵上的共鸣，从而激发他们的创作热情。最终，阅读教学为写作教学提供了一个范例，写作教学不仅仅是理论讲解，通常需要事实来证明，最好的范例就是在阅读教学中对具体文章的分析。[①]

（二）写作教学对阅读教学有促进作用

写作教学中所培养的某些技能是进行阅读教学所必需的，阅读教学是写作教育的根基，同时，阅读教育的成果也会在写作教学过程中得到验证和加强。首先，通过写作教学，我们可以进一步加深对语文知识的了解，并更深入地掌握阅读材料的含义。常言道，通过实践我们可以获得真正的知识，写作实际上是对语文知识的应用，它可以检验我们对语文知识的掌握程度，进而获得真实的理解。其次，在写作教学过程中培养的观察力、思维能力和想象力等多种智力特质，将有助于我们在阅读过程中更深入地理解文章的核心思想，从而更好地掌握阅读教学的内容。第三点，写作的教学方法可以对阅读教学产生积极地影响。写作教学的目的是指导学生如何在选材、立意、布局和构思文章方面进行有效地教学，而阅读教学则专注于解析作者是如何在选材、立意、布局和构思文章方面进行工作的。

四、结论

阅读教学与写作教学虽然各自独立，但也是相互关联的。因此，我们的教师在规划阅读和写作教学时，必须深入考虑这两者之间的相互关系，以避免偏向某一方，从而不会对教学效果产生不良影响。因此，只有当我们合理地规划课程内容时，语文教学的潜能才能被充分利用。

① 龙政翰．中学语文阅读与写作教学研究［M］．天津：天津人民出版社，2020．

第二章　中学语文课堂教学概述

第一节　中学语文课程教学的目标

一、中学语文课堂教学目标的陈述

（一）教学目标陈述的行为主体

教学要求主要描述的是教师在教学过程中的行为模式，而非学生在学习过程中的行为转变。教学目标主要描述的是学生在学习过程中的各种变化和成果，而非教师的具体行为。词汇如“指导”“培养”和“教育”主要是教师进行的教学活动，而并非学生所做的。陈述教师的行为和陈述学生的行为是有区别的：前者主要是评估教师是否采取行动，而后者则是评估学生是否会、是否有能力和是否能采取行动。当我们使用描述教师教学行为的词汇时，意味着教师已经完成了教学目标，而学生的“能力”和“掌握程度”则不需要进一步的检查。

教学目标明确指出，只有当学生的行为与教学目标所设定的要求相匹配时，他们才被视为完成了教学任务。简而言之，教学目标应明确指出学生在完成教学活动后可以进行哪些活动或表达哪些观点。

（二）教学目标怎样陈述才是可观察、可检测的

明确教学目标的目的在于帮助教师准确地确定要教授的内容和教学方法，同时让学生清楚地知道他们想要学习的内容和学习的方式。因此，教学目标的描述应当是明确和具体的，而不是过于抽象或模糊的，它应该是可以被观察和检测的。为了实现这个目标，我们应当避免使用

如“理解”和“领会”这样模糊不清的词汇。与其说“全面理解课文”，不如更准确地说，“能够用自己的语言描述课文的核心内容”或者“找到文章中的关键线索”。

哪些词汇是学生行为中经常被观察和检测到的呢？根据目标分类，以下是常用的行为动词。

认知领域：说出、背诵、辨认、回忆、选出、举例、列举、复述、描述、识别等；解释、说明、阐明、比较、分类、归纳、概述、概括、判断、区别、推断、检索、收集、整理等；应用、使用、质疑、撰写、拟定、总结、证明、评价等。

情感领域：经历、感受、尝试、寻找、讨论、分享、接触、体验等；遵守、拒绝、认可、认同、承认、接受、同意、反对、愿意、欣赏、称赞、喜欢、讨厌、感兴趣、关注、重视、采用、采纳、尊重、珍惜等；形成、养成、具有、热爱、树立、坚持、确立、追求等。

技能领域：模拟、重复、再现、模仿、临摹、例证、扩展、缩写等；完成、表现、制定、解决、拟定、尝试等；联系、写出、运用、举一反三、触类旁通等。

与认知领域的目标相比，情感领域的目标显得不那么明确，因此有观点认为，我们可以为学生设定他们必须参与的活动，以及他们在这些活动中所展现的行为和态度。比如说，积极地参与各种讨论，清晰地表达自己的观点，并在阅读课文后，能够表达自己的情感。某些学者持有这样的观点，即这样的表述仅能作为教学目标的一个补足手段。

（三）教学目标要不要陈述学生行为产生的条件

一些学者持有这样的观点：在设定教学目标时，需要明确描述学生行为产生的各种条件，这些条件将有助于明确教学活动的具体内容，并降低教学过程中的随意性。这些建议的条件涵盖了所需的材料、时间相关的因素以及行为发生的具体位置等。然而，也存在一些学者持有这样的观点，即行为出现的环境限制了教师的应变能力。

教学目标具备“导教、导学、导检测”的多重功能。精心规划教学目标具有极高的重要性。如果我们认为，一个好的开始就等于成功的一半，那么一个出色的教学设计便是这样的开始。只有当教学设计得当，我们才能清晰地知道应该教授什么内容，并在教学过程中找到方向。一个理想的教学目标应当是描述在特定的教学活动后，学生的内在能力或情感如何变化。所描述的行为主体应当是学生，而不是教师。其行为的词汇应该是清晰和具体的，而不是模糊或抽象的，应该使用可以观察和测量的词汇来描述。在某些情况下，我们可以确定学生行为的产生条件，并为其设定满足标准的准则。①

在制定教学目标时，我们应当遵守这样的准则：教学目标应通过实际的教学活动来实现，而不是通过其他方式；必须严格按照中学语文课程的总体目标和各个学段的目标来执行；需要展现出三个不同的方面；我们应该明确教学目标的种类，并关注教学目标的分层特点；教学的目标数量应当与学习的自然规律相一致；在设计教学目标时，必须考虑到学生的实际能力和兴趣，同时也要满足他们的需求。

二、中学语文课堂教学目标的功能

教学目标定义为在预期教师的引导下，学生的学习成果或他们期望达到的准则。教师视其为教学的准则，而学生则视其为学习的准则。这些建议或标准应当是明确的，而非仅仅是抽象的；它应当是明确的，而非含糊不清；它应当是可以被检测到的，而不是毫无关联的。从中学语文的教学目标设计中，我们可以明显观察到教师在教学观念、课程内容以及教学手段等方面存在的问题。在我们观察到的教师教案设计、网站上公布的教学方案，以及中学语文教学杂志上公布的教学目标设计方面，存在着诸多问题。这表明设计师对于教学目的和功能的理解是相当模糊的。

① 张璐．中学语文课堂教学与实践［M］．长春：吉林人民出版社，2019．

（一）教学目标有确定教师教什么、学生学什么的功能

首先，中学的语文老师应该致力于“提高学生对诗歌的鉴赏技巧”，但这更多的是课程的核心目标，而非整个课程的真正目的。教师在这节课上需要完成哪些任务？学生应当掌握哪些技能？从我们的教学目的来看，真的能让学生“并据此对诗歌进行准确地评估”吗？何为“正确的评价”呢？

其次，《醉翁亭记》的教学目标是教导学生在遭遇挫折和不幸时，应该持有一种积极乐观的生活态度和宽广的心态。这更像是一门思想品德课程，而不是传统的语文课程。如果不去深入研究课题，我们怎么能确定这是该课程的教学目标呢？再者，如果一堂课就能教导学生在遭遇挫折和不幸的情况下，应该持有一种积极乐观的生活态度和宽广的情感，那么这确实可以被形容为“六亿神州尽舜尧。[①]

第三点，理解物候和物候学的含义，以及认识到物候研究在农业生产发展中的关键作用，实际上更接近于地理学的研究目标。“培养能力”这一教学目标过于抽象，很难让人确切地了解教师的职责和学生的实际能力。如果教学中没有学生明确地“要做什么”，那么这样的教学方式无疑是效率低下的。

教学目标旨在明确学生需要掌握的学习内容，并起到引导学生进行学习的作用。在教师的悉心指导之下，学生能够全心全意、一心一意地完成他们的学习任务。由于目标设定得非常明确，学生有能力自我评估是否已经完成了本节课程的学习。

（二）教学目标有指导教师选择与运用教学方法的功能

当教学目的是传递知识时，建议采用启示式的教学方法；而当教学目标是培养能力时，建议使用默读、讨论和探索的方式。当我们谈论诗歌时，应该采用朗读的方式；使用默读的方式来解读说明文是更好的选择；通过使用复述法和分角色朗读法来讲述小说、童话和戏剧，可能会

---

① 孔云．经典教学理论与课堂教学应用［M］．北京：海洋出版社，2018．

获得更佳的效果。如果学生提出疑问，最好选择默读；为了让学生有更深的情感体验，建议他们大声朗读。不恰当的教学方法往往导致教学目标的不准确定位。设定这种教学目标时，不只是教的内容可能含糊不清，教学的方式也必然是主观的和随机的。能够识别出描述性的句子，并指出其优点所在。”这种明确的教学目标不仅帮助教师清晰地知道要教授的内容，还能指导他们如何进行教学。

（三）教学目标有检测教学效果的功能

评估一堂课的成功与否有很多准则，但在这些准则中，教学目标的实现无疑是最为客观和关键的。如果教师希望了解学生是否掌握了这一节的教学内容，他们应该根据教学目标来设计测试题目，这样可以更好地了解实际情况，并据此优化教学方法。领导在听课时，也需要考虑教学目标是否已经实现。这意味着教学的目标需要是可以被检测出来的。如何对上面提到的四个教学目标进行评估？采用教育目标和课程目标来替代教学目标是一个相当普遍存在的问题。教育的目标和课程的目的代表了学生在学校学习期间应当达到的标准，虽然它们与教育的核心宗旨相比是明确的，但与教学目标相比则显得较为抽象。教学目标代表了学生在一节或几节课中应达到的标准或要求，它需要反映出教育的目标和课程的目的，并且是明确的。课程的目标不仅是一个方向性的目标，也是一种指导方针；教学的目的是满足教学所需的准则；我们的课程目标是为了满足社会的客观需求，而教学目标则是为了满足这些需求；课程的目标具有指导性质，而教学的目标则具有独立性；课程的目标具有稳定性，而教学目标则具有灵活性；课程的目标基于原则，而教学的目标则是明确的；课程的目标为所有教学活动提供了方向，而这些教学目标为特定的教学活动提供了明确的指引。提升学生的阅读技巧是我们的教学目标，而通过对句子意义的深入理解来掌握主题则是我们的教学目的。课程的核心目标是提升学生的欣赏和评价能力，使他们能够辨识哪些句子具有美感，并明确哪些句子具有美感。

第二节　中学语文课堂教学的方法

一、语文教学方法的基本理论

（一）语文教学方法的基本原理

在探讨语文教学方法时，我们首先需要深入理解语文教学方法的含义、特点和种类，并明确如何优化这些教学方法的具体标准和要求。

1. 语文教学方法的内涵

该方法构成了一个具有多个视角的综合体系。从哲学的角度来看，这是人们用来了解和改变世界的方法和工具，通常被称为方法论。从心理学的角度来看，这是一个由人类自行控制的行为过程。

方法本质上是对特定对象的运动规律和行为模式的规定，它在特定的范围内决定了人们的行为模式。

语文的教学方式蕴含着丰富的层次和意义。从一个更广泛、宏观和整体的视角来看，它涵盖了为实现语文教学目标所使用的教材设计、教学流程、教学准则、教学方式、教学设备和教学方法等各个方面。人们通常所说的“改进语文教学方法”，其实更多的是指“语文教学方法论”。从微观、狭义和局部的角度来看，这是一种师生为了实现语文教学目标而进行的相互联系的活动形式，即一种独立的、具体的语文教学方法，是教学方法和学习方法的统一。当我们讨论语文教学方法时，我们指的是较为狭隘的方法，这种方法是为了实现教学目标而采用的，涵盖了教师的授课方式和学生的学习方式。

2. 语文教学方法的特征

语文的教学方式并不是孤立存在的，而是受到众多教学要素的影响和限制；在语文教学中，所采用的方法并不是固定不变的，而是充满了多样性和变化性；语文的教学方式并不是空穴来风、固定不变的，它是在不断地进化和创新。为了选择、应用和创新语文教学方法，我们首先需要正确地理解语文教学方法的核心特性以及其全面的功能。换句话说，在语文教学中，无论是选择应用还是进行创新，都需要深入研究语文教学方法在整体教学坐标系中的地位和作用。这种方法与各种教学要素、教学环节以及各种教学方法之间存在着紧密的联系、互动和影响，因此需要对教学方法的结构进行全面的设计，以提升语文教学的实际效果。①

语文教学方法的基本特征可概括为以下三个方面。

（1）语文教学方法具有依存性和变通性

依存性意味着语文的教学方式会受到多种语文教学元素的限制。首先要明确的是，教学思想是指导教学方法的核心，而教学方法正是这种教学思想的直观展现。当教师制定某种教学策略时，他们往往在有意或无意、不自知的情况下受到某种教学观念的影响，真正不受任何教学观念束缚的教学方法实际上是不存在的。那些坚持"以学生为中心，以教师为引领"的教育者，高度重视"导读"环节，并努力设计各种能够激发学生主体性的教学策略，如讲解、阅读、讨论、实践和观察。所以，从某种角度看，语文教学方法的革新，最终归结为教学思维的更新。再者，教学的目标直接影响到所采用的教学手段，而这些手段又是为了更好地服务于教学目标。如果教学的主要目标是传递知识，那么讲授法是一个主要的选择；要想在教授知识的同时也培养实际能力，就必须强调实践与理论的结合。另外，语文的教学方式还会受到语文学科的特性、教学内容，以及学生的年龄和心理特点等多个因素的限制。因此，我们必须认识到语文教学方法具有很强的依赖性，不能盲目、主观地进行设计和应用。然而，在此背景下，语文的教学方式也显示出明显的多样性。尽管它具有依赖性，但这并不妨碍其灵活地适应性。对于不同的情态，我们可能使用相似的策略，而对于相同的情态，我们也可以采纳不

① 张玉波．优化语文课堂教学艺术［M］．长春：吉林人民出版社，2021.

同的策略。例如，在各种文体的教学中，我们都可以采纳结合讲解和练习的方法。例如，在教授知识的过程中，我们既可以采用讲授的方式，也可以结合读议等多种策略进行综合应用，甚至在仅仅使用讲解的情况下，我们也可以选择启发式教学或是注入式教学，以确定哪种方法更具优势和劣势。这样的变通性被称为“弹性”。由于语文教学方法具有“弹性”的特质，这意味着“教无定法”，因此教师在设计和应用这些方法时，需要持有灵活的态度，不受传统束缚，学会灵活应变，并善于根据实际情况灵活调整。

（2）语文教学方法具有多样性和综合性

由于语文学科的综合性、教学内容的多样性、教师与学生在语文教学过程中互动的多种形式，以及语文教学方法本身的灵活性，这些因素共同决定了语文教学方法的多样性。例如，语文这一学科具有丰富而多样的内涵，因此其教学方法也相应地丰富多彩。在识字、释词、析句和习篇方面，可以采用多样化的教学方法；而在语法、修辞、逻辑和文学知识方面，也可以运用多种不同的学习技巧；无论是听力、口语、阅读还是写作，每种技能都有其独特的培训方式。在记叙、说明、议论和应用这些类型的文章中，每种都有其独特的叙述方式、阅读方法和书写技巧。多元化的教学手段相互交织和应用，将不可避免地导致语文教学方法呈现出一种综合性特点。经过实际应用，我们发现每种教学策略都有其独特的优势和缺点，同时也存在一定的局限性，这就是所谓的“尺有所短，寸有所长”；即使教学方法再出色，也不能被称为“万能药”，它能治愈所有疾病；各种不同的教学策略都有其独特的优点和应用场景。因此，在语文的教学过程中，我们不能仅仅依赖某一种特定的方法。例如，在一次新的教学过程中，仅仅口头讲解是不够的，还需要额外的阅读和可能的讨论与练习；即便是进行讲解，也不能仅仅依赖讲述法，还需要巧妙地运用讲解法、讲析法，甚至包括串讲法和评点法等多种方法。因此，在语文的教学过程中，经常可以看到一种主要的教学方法与其他方法的结合，以及多种教学策略的交叉应用，这种情况是由语文教学方法的综合特性所导致的。

(3) 语文教学方法具有继承性和创造性

启发式的教学方法思维，从一个例子推导出来，直到现在依然展现出强劲的活力。传统的教学方法，如吟诵涵泳、口诵心惟、熟读精思和旁推交通等，已经对我国的语文教育产生了深远的影响，并且这种影响还在持续不断。显然，语文的教学方式既不是从天而降的，也不是人们思维中固有的，它是在历史的肥沃土壤中孕育而生的。历史是紧密相连的。设想一下，在当代的语文教育中，有谁能彻底摒弃古代和前辈们所创立的教学策略呢？显而易见，语文的教学方式具有深厚的历史传承性质。

然而，沿袭传统并不意味着自我封闭。所有事物都在持续地进化和变化，一旦停止这种发展，它们的生命力就会消失，语文的教学方式也不例外，我们必须在继承传统的同时进行创新。以阅读教学方法为例，从古代到现代，从传统的教学方法到现代的教学方法，它经历了“串讲法、诵读法、评点法、讲读法、分析法、谈话法、精讲多练法、讲读法、读书先导法”的发展轨迹，不断地发展变化，推陈出新。

这样的“创新”涵盖了三个不同的层面。首先是一种创新的组合方式，它是通过科学地组织和组合现有的单一教学方法，从而创造出一种全新的教学策略；其次是新的教学方法的引入，也就是从其他国家引入一些先进的教学方法，并与当地的教学现状相结合，以实现教学方法的消化和推广；第三点是创新性的教学方法，这涉及对自身和他人丰富的教学经验进行总结，遵循教育和教学的基本原则，并结合实际情况，以独特的方式设计和创造出一种全新的教学方式。设计和应用教学方法不仅是一项技术手段，更是一种艺术形式，尤其需要在规避弱点的同时，吸取优点，不断创新，以激发学生的创造力。

简而言之，上面提到的语文教学方法的三个主要特点，揭示了语文教学方法之间的三种辩证联系。如果我们能够妥善处理这三组相互对立但又统一的矛盾，那么我们就能全面理解语文教学方法的核心要义。

3. 语文教学方法的分类

究竟存在哪几种不同的语文教学手段呢？这涉及如何分类教学方法的议题。关于这个议题，历史上每个人的观点都各不相同，因人而异。

达尼洛夫和叶希波夫将教学方法分为三个主要类别：确保学生能够积极地去感知和理解新的教材内容；采用稳固并增强知识、技术和方法的教育方式；对学生的知识、技巧和能力进行检验。

有些人将教学方法细分为三个互相关联的层次：第一个层次涵盖了以语言和文字为主要传播手段、以知识传递为核心的五种基础方法，分别是讲授法、谈话法、读书指导法、练习法和检查法。在第二个层次上，利用实物作为传播工具，除了传递知识，还具备培养实际操作技巧的能力，如演示、实验、观察、实习任务和课堂讨论等方法。第三级的教学策略代表了一种创新的综合方法。

对于教学方法的分类，它具有多种视角和多个层次。

在对语文教学方法进行分类时，我们不仅需要参考普通教学方法分类法的基本原则，还需要根据语文学科教学的独特性和语文教学方法的历史与现状进行综合考虑。最终目标是建立一个能够准确反映语文学科特性并易于区分的分类标准。这一教学标准可以从多个维度来构建：首先，从教学论的角度来看，语文教学方法作为一种教学工具，主要是通过各种活动形式来实施的；其次，从信息理论的角度来看，作为一种信息传递的途径（信道），它主要是依赖于传递媒介（传媒）；第三点，从生理学的角度分析，这是一种主要影响生理感觉的外部刺激；第四点，从心理学的角度分析，这是一种主要针对心理功能进行调控的心理调节机制。

按照这样的分类准则，我们可以将语文的教学方式划分为四个不同的类别。

第一种方法是运用各种语言技巧，这包括但不限于讲述法、讲解法、评析法、串讲法、评点法、谈话法、问答法、商议法、讨论法、默读法、朗读法、背诵法、吟诵法和复述法等。该方法主要是通过讲、议、读的形式，利用语言符号这一媒介，激活人们的语言器官，从而主要促进学生的记忆和理解能力。

第二种方法是直观的感知方式，涵盖了如观察、观察、观察和演示等多种方法。该教学方法主要是通过视觉和听觉活动，利用模型、实物和图像等多种媒介来激活人的感觉器官，从而主要加强学生的感知能力。

第三种方法是实际操作技巧，涵盖了如提纲法、抄摘法、作业法和作文法等技巧。该教学方法主要是通过动手实践的方式，利用人体的肢体和其他传媒元素，来激活人体的运动效应器官，主要目的是培养学生在应用知识方面的技能。

在第四种方法中，采用了多种综合交织的技巧，例如通过板书和图解、结合讲解和练习，以及结合阅读和写作等方式。该方法运用了多样的活动模式（可能是两种或更多），通过各种传媒手段，激活各种生理感觉，从多个角度调整学生的心理状态，从而实现了多方面的语文教学效果。

4. 语文教学方法的优化

当我们讨论语文的教学方式时，优化语文教学方法是不可避免的话题。根据巴班斯基的看法，最有效的教学方法应该是那些既能提升教学水平，又能节约时间和物力的策略。在教师的教学过程中，选择那些能够有效完成特定任务的组织学习、激励学习以及评估学习效果的策略和方法是至关重要的；对于学生而言，在学习过程中，他们需要合理地进行自我组织、自我锤炼和自我评估。如何进一步完善语文的教学手段？一些学者提出，为了优化语文教学方法，应该涵盖四个主要方面：首先是增强教学方法创新的主动性；其次，我们需要增强对教学方法研究的科学依据；第三点是强调教学方法应用的多样性和灵活性；第四点是鼓励采用多种教学手段。一些人给出了关于教学方法优化的四个准则：首先考虑时间的影响，也就是采用此种教学方式，在时间效率上是否达标；第二个考量因素是质量效应，也就是说，采用这种教学方式是否能确保教学质量；从心理效应的角度来看，这种教学方式是否与学生的心理成长阶段相契合；四要考察的是社会影响，也就是采用此种教学策略后，其社会影响是否显著。所有这些建议和立场都能为人们带来新的思考，它们在理论和实践上都具有深远的意义。

对于从事语文教学的教师而言，他们应当致力于优化教学方法，包括科学地选择、巧妙地组合、刻意创新以及形成自己的教学体系。这四个句子不仅代表了四个教学标准，同时也揭示了四个逐渐递进和逐步提升的发展阶段，以及四个不同的教学层次。

科学地选择不仅是基础，也是优化教学方法的根本要求。在选择和应用教学方法时，我们必须基于正确的教学观念、预定的教学目标、学科的本质、教学内容、学生的独特性以及当前的教学环境，并确保在有限的课时内取得良好的效果，以最大化每单位时间的教学成果。简而言之，这意味着我们必须遵循语文教学的固有规律，并遵循教学过程的最优化原则。这符合科学性的标准。

通过巧妙地组合和变化，我们不仅在科学基础上追求灵活性，还能将各种不同的教学方法进行巧妙地组合和排列，以便更有效地完成教学目标和提升教学质量。为了追求创新和发展，我们对传统和常规的教学方式进行了深入地分析和评估，通过不断地引进、改进和更新，我们成功地创造了一种全新的教学策略。[①]

随着自成体系的不断完善，语文教师需要在长时间的教学实践和艰苦的教改探索中，逐步建立一套属于自己的教学方法体系。实际上，在教师的一生教学过程中，他们都有可能发展出一套自己熟悉的教学策略，关键在于这套策略是否构成了一个完整的教学体系。一个体系的完整性体现在其科学性、适应性和创新性的综合体现上。

（二）语文教学方法的基本形式

语文教育构建了一套标准的教学方法体系。这套标准的语文教学方

① 张茂全．中学语文教学研究［M］．西安：西北大学出版社，2020.

法体系主要包括讲授、朗读、讨论、实践和观察这五大部分，涵盖了数十种具体的教学技巧。

1. 讲授法

讲，这是语文教育中最根本的方式，既融合了传统元素，也融入了现代元素。

启发式这个词在教学中是一个特定的术语，它指的是采用这种启发式的教学方法，而不是完全由教师来讲述，学生完全被动地听。然而，我们绝对不能从这一点推断出，教师一旦开始讲述，或者说教师讲得过多，就会导致整个教室都在灌输知识，因此不能得出这样的结论。教师的职责不仅仅是传授知识，他们需要能够流利地讲述，善于表达，并且讲得出色，而不是单纯地灌输知识。苏霍姆林斯基曾经明确指出，教师所说的每一句话都是对学生心灵产生深远影响的不可替代的手段。因此，在语文教学过程中，所采用的教学方法无疑占据了至关重要甚至是最优先的位置。

语文教学的讲授法是一个大的门类，包含下述主要的具体教学方法。

(1) 讲述法关键在“述”

为了教授语文知识，教师选择了叙述与说明的教学方法。该方法主要针对班级中的学生，充分利用教师的引导能力，在有限的时间里集中教授大量的书籍知识，确保知识传递的连贯性、完备性和深入性。这通常用于描述作者的背景、时代情境、描述课文的主题、描绘情境的氛围、阐述核心观点以及概括写作的独特之处。

该方法贯穿了整个教学流程，涵盖了各种文体教学，是在多种教学方法中使用最频繁的一种。教师需要深入理解教材，把握其核心，将最能反映内在规律的知识传授给学生，实现“少而精”的教学目标；强调核心内容，解决教学中的难题，围绕教育目标，重点传授关键知识，避免偏离主题或产生不必要的问题；为了吸引学生并感染他们，我们应该使用简洁的语言，生动地叙述，并尽可能地利用语言的直观性、面部表情、手势等身体动作；我们需要激发和引导学生，实现双方的合作，最大限度地调动学生的感知、思考等多方面的心理功能，并将教师的讲解与学生的叙述紧密结合。

（2）讲解法关键是“解”

为了教授语文知识，教师选择了解说与解释的教学方法。这种教学方式旨在消除疑惑，直至问题得到彻底解决。它主要被应用于对字词的解读，对复杂句子的串联，对概念、历史和典故的解释，以及对名物和典章制度的阐释等。在采用讲解方法时，必须确保信息的准确性，并有充分的依据；必须保持清晰的表述，明确的解释，公正地表述，不能含糊不清或含糊其辞；课程设计应具有明确的目标性，明确哪些内容需要解释，哪些内容需要解释。在授课前，教师应有充分的准备，针对性地解答学生的疑惑，解答他们的疑惑，并满足他们的需求。

讲述法和讲解法都是讲授法，实际教学中，要彼此配合，相互作用。

（3）评析法

为了教授语文知识，教师运用了评估和分析的方法。这个工具主要用于深入分析课文的主题、评论的写作风格以及讲评作业等方面。教师采用理论思维对语文教学内容进行评估、逻辑分析、整合、总结和推导，从而帮助学生更深入地理解和提升他们的认知，从最初对教材的初步感受到对知识的深度领悟。当我们使用评析法时，我们不仅要确保分析的精确性和针对性，还要确保内容既深入又简洁，既不会让人感到厌烦，又能简明扼要地表达，同时还要确保所说的内容真实且有深度。

（4）串讲法

串讲法作为一种古文教学方法，特别适合于教授一些深奥的语体文。它按照文章的结构顺序，从各个段落到每一句话、每一个字，都进行了深入地解读，并与文章的意思紧密相连。串，即通过串联和连接来使句子的意义更加清晰，而讲，则是对词汇的解释和解释。串讲通常遵循以下步骤：首先阅读，然后进行讲解，最后进行串讲。先阅读一段

(句)，然后解释一段（句），这样可以更好地传达文意。串讲法特别适用于那些教学内容复杂和文字表达困难的课文，尤其是在文言文的教学方面具有明显的优势。采用串讲法时，不是每一个字、每一句话都需要详细解释，而是应该强调重点和难点。“重点”通常是指在整篇文章中，思想内容或写作技巧占据核心或具有独特性的部分。难以理解的部分可能是缺乏注释的，或者即使阅读了课文的注释也难以领会，或者是可能存在歧义、有多重解读的字词和句子，这些都与社会历史背景和各种名物制度有关，其描述可能是含蓄的、深奥的，甚至可能是难以理解的。

(5) 评点法也是一种古文教法

“评”是指对某物或某事进行评价；“点”是指一个圈状的点。评点的核心是对文章的写作技巧和思想深度进行评价和点评，强调其独特之处，例如，对字词的精炼、修辞的巧妙运用、对文章的创意和结构的赞赏等，有时还会对关键字词或核心词汇进行额外的解释。古代的人们在读书评论时重视圈点，并为每个点制定了特定的标记方法，例如南宋的朱熹所写的《读书分期标记法》等；现代人在阅读和评论时，主要关注的是对内容的评价。在进行点评的时候，通常是对每一句话进行点评，并对每一段进行简要总结。采用评点法时，要确保话语简洁，表达清晰且准确；重视书写技巧，同时也涵盖了内容；紧紧抓住问题的核心，提出疑问和质疑。

2. 诵读法

阅读，同样是语文教育中的核心技巧。这种方法有着悠久的历史背景。在古代，这被称作“讽诵”。最早的记录可以在《周礼》中找到。郑玄的解释是：“‘倍文’指的是讽刺，‘以声节’则是指诵读。”讽刺的“背文”指的是背诵；“以声节之”的诵读实际上就是朗读。到了朱熹的时代，他特别强调了读书的重要性：“真正的读书应该是深入地阅读，一旦读得深入，自然会变得非常熟练，一旦熟练，就会有深刻的领悟。”

诵读法的核心思想是通过不断地诵读来使文字变得清晰，感受情感，深入理解文本，并在此过程中培养对语言的感觉，积累所需的语言资源，提高阅读技巧，从而增强对语言的感知和记忆能力，进一步提升语文修养。朗读教学涵盖了朗读、背诵和吟诵等多种具体的教学手段。

朗读的本质是将书面的表达方式转变为口头的清晰表达。这种阅读方式涉及眼睛、嘴巴、耳朵和大脑等多个生理功能的协同作用和动作协调。该方法不仅能提升学生的语感，还能训练他们的语音，重现课文中的情境，加深对课文的理解，并有助于培养学生的记忆能力、语言敏感性以及口头表达技巧。朗读时的标准包括：首先，确保语音的准确性，句子的完整性，清晰的句读，合适的停顿，避免哼唱、唱或拖沓的方式。“朗读时要确保每一个字都清晰有力，避免误读两个字，不能少读一个字，不能多读一个字，不能倒读一个字，不能勉强解释，只需多次诵读，便会自然流畅，长久不会遗忘”。其次，他的阅读非常流畅，能够流畅地读出内容，并能够准确地掌握语调和语气，展现出抑扬顿挫、轻重缓急的特点。第三点是要精准地传达情感，也就是说，要有情感地阅读，并熟练地运用各种语音和表情，以展现文章的独特风格和精神内涵。

在语文的教学过程中，我们需要从深层次上改变学生不认真阅读的状况，并采用多种方法来进行朗读的教导。首先，我们需要强化教师的示范阅读（或播放高质量的录音），为学生提供一个学习的模板，并利用这种方式帮助他们更深入地理解课文中的情感和深意，从而提高教学的效果。接下来，我们需要轮流采用如散读（自由读）、个读、引读、跟读、伴读、轮读、对读、指名读、分角色读和表演性读等多种阅读方式，并定期为学生提供专业的指导。通过法律的指导和严格的训练，我们可以培养学生敢于、愿意大声且充满情感地朗读的习惯和风气，确保他们真正掌握阅读技巧。

背诵法是通过记忆来朗读已读过的文章和词句，并在充分理解的基础上进行反复阅读而形成的。通过背诵，我们可以积累大量的语言素材，模仿著名的文学作品进行表达，从而提升我们的语文修养；背诵在语文教育中被视为一种“记忆锻炼”，通过长时间的适当训练，能够增强并提升学生的记忆能力。然而，我们不能简单地将死记呆背与背诵方法看作是同一回事。

在采用背诵法进行教学时，我们必须注意以下几点：首先，要严格遵循数量要求，确保每个学期都要求学生背诵一定数量的诗文选段。其次，我们需要精心挑选背诵的素材，无论是著名的文学作品，还是经典的段落和令人印象深刻的片段。第三点是，我们需要强化方法的指导，为学生提供背诵文章的线索或关键词，作为他们记忆的“支点”，从而帮助他们更快地理解所背的内容。

吟诵法代表了一种历史悠久的朗读技巧。它采用类似唱歌的音调来朗读其作品，通过声音传达情感，根据声音寻找意义，从而深入体验作品的思想深度和情感氛围。它有两种演唱方式：一种是按照特定的旋律进行，也被称为吟唱、吟咏、吟哦或吟讽，特别适合于律诗、绝句、词、赋等情感丰富的古代文学创作；还有一种文学形式，其曲调感较弱，需要大量的诵读成分，听上去非常容易记忆和流畅，也被称为吟读、朗吟或讽诵，特别适合阅读长篇歌行体诗和古代散文中具有强烈叙事性的作品。在应用吟诵法时，我们不仅需要深入理解作品的意境，确保吟唱的音调与作品的内涵相协调，还需要掌握一些基本的吟诵技巧。

3. 议论法

议是语文教育中的核心方法之一，它是通过教师和学生之间的互动，如回答问题或进行深入讨论，来实现语文教学目标的一种方式。苏格拉底在他的辩论中采用了问答的方式，他巧妙地提问，鼓励对方承认自己的看法是不正确的，并且他所说的话充满了矛盾，他把这种对话技巧称作“助产术”。

议论法主要采用问、答、议、论的形式，为学生提供了更多地提问和表达观点的机会。这种方法不仅能够激发学生的学习兴趣，还能充分发挥他们的主观能动性，促进他们的主动思考，培养他们的敏捷思维和快速回答问题的能力，同时也有助于提高他们的口头表达技巧。议论法主要涵盖了如谈话和讨论这样的具体手段。

交谈的方法也被称为“提问技巧”。教师会提出若干问题，激发学生的主动思维，帮助他们找到正确的答案。这种由教师提出问题和学生回答的对话方式，与我们日常生活中的对话相似，因此被称为谈话法。实际上，谈话的核心是激发学生去分析和解决各种问题。要想有效地应用谈话法，关键是教师需要如何精心设计问题并组织相应的问答环节。首先考虑的是谈话的整体设计。在提出问题和回答时，我们需要进行全面的思考和整体规划，避免碎片化地教学，以确保教学的系统性和有序性。其次，谈话的设计具有启示性。提出问题的设计应当有助于拓宽学生的思维视野，并激发他们的主动思考。在教学过程中，我们既要确保内容浅显易懂，保持足够的思考强度，同时也要鼓励学生“积极参与，取得好的成果”。通过努力，我们不仅可以实现教学目标，还需要考虑到整个班级的需求，确保每个学生都有机会和能力回答问题，从而激发他们的学习兴趣。第三点是关于谈话设计的艺术性。我们应该擅长提出疑问、激发兴趣，巧妙地提问和引导，同时也要保持友善和亲切的教学态度，持续地进行诱导和激励，以创造一个和谐而生动的对话环境。谈话法的独特之处在于，它鼓励学生既提出疑问又解答疑惑，从而更好地激发学生的学习主动性。作为教师，他们必须深入理解教材内容，坚定地掌握教学的核心内容，精心规划教学流程，熟练地掌控课堂，确保教学既生动又有序，得心应手。

讨论法也可以被称作课堂讨论法或者是问题讨论法。在教师的精心组织和指导下，通过集体（无论是小组还是全班）的方式，围绕特定的教学重点或主题进行讨论和辩论，这种方法旨在获取知识和激发学生的智力。

讨论方式呈现出丰富的多样性。从组织的形式来看，包括了与同桌的对话、小组的活动以及整个班级的讨论等。从讨论的主题来看，存在一些难以解答的疑问，这些疑问适用于那些文字复杂、内涵丰富的作品；分享心得，适合在课堂内外进行读写心得的交流；专题评述主要用于文学作品的评价，同时也适用于同学们的作文评析，包括集体作文讲评和问题辩论等活动。

当我们采用讨论法时，有几个关键点需要注意：首先，要做好充分的准备工作，选择合适的论题，明确各项要求，并合理地安排和指导学生进行参考资料的准备和发言提纲的起草等；其次，我们需要严格的组织结构，强化宏观经济的管理，鼓励学生积极地表达自己的观点，并围绕核心议题展开工作；第三点是，我们需要深入地进行总结，从中吸取教训，确保取得实际效果，而不是半途而废，永无止境。

4. 练习法

练，这也构成了语文教育的核心策略。这是一种由教师引导学生进行多次练习，并将所学知识转变为实际技能的教学策略。夸美纽斯清晰地表示，从实际操作中学习所有的语文比依赖规则来学习要简单得多。这意味着通过听、读、重读和抄写的方式，用手和舌头进行练习，尽量在可行的范围内，持续不断地这样做。练习法的核心目的是鼓励学生将所学知识应用于听、说、读、写的实际操作中，从而推动知识的转移，培养他们所需的语文技巧和熟练度。

有许多不同的方式和方法来进行练习。除了课堂上的习题，还包括了课后的作业；我们提供了单一的训练方式，同时也有综合性的训练方法；除了书面的作业外，还包括口头的练习。主要的练习内容包括重述、大纲、摘录以及完成作业等。

（1）复述法是一种以课文为基础，依据对课文内容的理解和回忆，用个人语言进行叙述的练习方式。这种方法可以帮助学生更好地熟悉和理解课文，同时也能锻炼和培养他们的理解、记忆、总结、想象和口头表达等多方面的能力。复述的方法有很多种：简洁地复述，用简练的文字，简洁地描述主要内容，通常用于检查预习或重述长篇课文，有助于培养学生的概括能力；详尽地复述课文的核心内容和关键词汇，这种方法主要适用于低年级或短篇文章的教学；对于摘要的复述，可以选择课文中的核心内容或引人入胜的段落进行详细或简略的复述；在进行创新性的复述时，我们应以原文为基础，展开合理的想象，并进行必要的创造性描述。在使用复述法时，我们应该引导学生正确地使用课文中的语言和他们自己的语言，以正确且有选择性的方式描述课文的内容。在复述之前，我们需要明确指导，确保学生做足了准备；在复述过程中，我们需要激发和鼓励学生，确保他们能够充分展现自己的能力；在复述之后，需要进行总结和评论。

（2）提纲法是一种以精确和简洁的文字对课文内容进行简明总结，并揭露其内部联系的教学策略。这有助于学生更深层次地理解课文内容，并接受语言及逻辑思考能力的培训。编制提纲的种类非常多样：从内容上看，包括段落结构提纲、情节线索提纲、人物描述（或评价）提纲、景物（环境）描写提纲、论点论据提纲、说明顺序提纲等；从结构上分类，我们可以看到条文式提纲、表解式提纲、表格式提纲、图示式提纲、词句辑录式提纲以及综合式提纲等多种形式；从内容范围来看，包括全文大纲、段落大纲和片段大纲等；从功能上看，包括预习提纲、分析提纲、板书提纲和练习提纲等；内容从复杂到简单，包括详尽的提纲和简洁的提纲。制定大纲的流程如下：首先，对课文内容进行段落级别的划分；接下来，用简洁明了的词汇来总结每一段的内容层次；最终，根据特定的逻辑顺序，将这些总结性的词汇进行正确的组合和排列。提纲既可以由教师和学生共同制定，也可以由学生独立完成；你可以选择在课堂内进行讲习和练习，并与教读相结合，或者在课堂内外进行自我阅读，同时也可以将其作为课外预习和复习的任务安排。

（3）摘抄方法，也被称为摘记或摘抄，是一种选择性且简洁地进行抄写和摘录的练习方式。摘抄在本质上就是对文本的抄写。所谓的抄读，就是一边抄写一边阅读。前辈们在学术研究中高度重视抄写，他们相信抄写的好处不仅仅是积累信息，更重要的是能够增强注意力并加强记忆力。摘抄的品种也相当丰富。从内容范围来看，包括全文（主要是短篇）的抄写、片段的摘要、句子的摘录以及词汇的抄写等；内容上，我们可以看到精致的诗文摘录、细腻的描述摘要、著名的格言摘录以及关键词汇的抄写；从不同的形式来看，包括课堂上的笔记、课后的作业以及课外阅读的笔记等。在引导学生采用摘抄方法时，首要任务是培养他们随手摘抄和规范书写的好习惯；第二点是要频繁地阅读和抄写，一边抄写一边深入思考；第三项措施是组织全体班级的摘抄活动，例如让学生在黑板上设立“名言角”和“每日一句”这样的专栏，并组织班级摘抄比赛等；第四点是，我们鼓励学生策划并实施各种课外的摘录活动，例如制作名言警句的书签或制作内容丰富、图文结合的文集等。

（4）作业法是一种特定的教学策略，其中教师为了加强、加深并优化教学成果，向学生分配学习任务，并规定学生必须在规定的时间内完成。作业通常是在新课程结束后集中完成的，既可以在课堂内完成，也可以在课外进行，并与其他的教学方式进行交互。它呈现出各种各样的形态。从作业的表达方式来看，可以分为口头和书面两种形式；从教学方法的角度来看，可以分为朗读、背诵、复述、听写、抄写、组词、造句、解释词语、分析句子、编制提纲、回答课文内容或形式方面的问题等几种。在采用作业法时，我们需要增强其科学性并追求实际效果。

5．观察法

观察法作为一种直观的教学方式，是教师引导学生利用他们的视觉和听觉工具，以直观的方式感知客观世界，从而加强他们的感性理解。通常情况下，人们主要依赖视觉和听觉来获取信息。观察不仅是人类智力活动的起点，也是人们理解世界和将事物转化为表象的重要桥梁。

观察方法涵盖了如观摩、展示、实地参观等多种具体手段。

（1）观摩法是一种通过使用幻灯片、投影仪、电视录像和教学电影等电子教育媒体来展示与教学相关内容的教学方法，旨在增强学生的感性体验并深化他们对教材内容的理解。通过观摩法的应用，首先要求教师掌握一般电化教具的操作技巧，并学习制作教学幻灯片和投影片；其次，我们需要精心组织和引导学生进行观摩活动，确保在观摩前有明确的指导要求，在观摩过程中加入详细的解说和指导，并在观摩结束后进行深入的讨论和总结，从而使整个观摩过程成为一个连贯的教学活动。

（2）演示法是一种利用教学卡片、挂图、实物、标本和模型等教学辅助工具来辅助教学的方法。在使用演示教学方法时，我们必须特别关注教具的展示和接收的及时性，确保与教学需求紧密结合，引导学生进行及时和细致地观察，避免因疏忽而分散他们的注意力。

（3）参观法是一种与教学大纲相结合的方法，它组织学生前往特定的地点进行参观和访谈，旨在加深他们对课文的直观理解，并为他们提供写作素材。在采用参观法时，首先需要明确参观的目标，然后制定详细的参观计划，并明确参观的具体要求；其次，需要严格的组织和具体的指导，确保学生完成参观的详细记录；第三，我们需要引导学生整理他们的参观笔记，组织各种讨论和座谈，撰写他们的观后感或预定的作文，从而将感性认识提升到理性认识。

二、中学语文课堂教学的一般方法

中学语文教学的一般方法包括讲授法、提问法、讨论法、谈话法、练习法以及问题法、发现法等。

（一）提问法

1. 提问的功能

在这里，我们讨论的是教师提出的问题，也就是所谓的提问。在语文教学中，提问被视为一种至关重要的标准教学手段，其作用是多维度的。首先，这有助于点燃学生们的学习热情。我们明白，学生对于知识的渴求往往隐藏在一个隐蔽的环境中，要想唤醒这种需求，激发和调动他们是关键，而提出问题显然是一个行之有效的方式。除此之外，提出问题也有助于激发学生内在的潜质。进一步来说，提出问题有助于推动学生思维能力的成长。问题是思维的起点。从心理学的角度看，思维被定义为“以解决难题为核心的思维过程”，当问题出现时，思维也随之产生。教师提出的问题成为推动思维成长的外部因素，有几个特征：①对学生思维发展具有方向性；②对学生思维发展具有指导性；③对学生思维发展具有强化性。因此，教师精心设计提问是十分必要的。最终，提出问题有助于学生更深入地理解课文内容。在学生的思维尚未激活的情况下，即使课文读完，他们也不会有太大的感触。在这种情况下，教师提出的问题成了一个关键的“工具”或思考的起点，帮助教师明确如何思考和思考问题。

在授课时提出的问题有助于学生更深入地掌握课文内容。提问不仅具有反馈作用，还能培养学生的口语表达能力，并在课堂管理方面起到辅助作用，这里就不再逐一进行详细解释了。

2. 提问的设计要顾及能力层级

合适的提问方式应当基于课文内容和学生对课文的认知水平来设计，因为学生的认知层次各不相同，提出问题自然需要具备一定的能力层次。如果提问的能力层次清晰，那么教学能力的培养方向也会更加明确，从而使得目标更容易达成。在设计语文课堂教学的提问方式时，我们应当遵循先进的语文教育理念，并根据特定的教学目标和标准，为特定的教学目标和教材，在教学的各个阶段进行有效的前期规划。关于提问的能力层次，我们应该根据什么来进行策划呢？策划时应根据阅读能力的不同层次来进行。通常，最基础的阅读技能被划分为以下五个级别：阅读识别能力、文本解析能力、全面分析能力、实际应用能力以及审美评估能力。在设计课堂提问时，也应遵循这一基本层次。

（1）认知记忆性问题

这个问题主要涉及对已学知识或已知事实的重述或再现。知识涵盖了汉语、文体、文学以及文化等多个方面的内容；实际情况涵盖了部分课文内容、社会和学校的观察以及学生的日常生活体验等。这种类型的问题虽然不能过多，但绝对不能缺失，因为涉及的知识构成了后续几种问题的基础。如果没有这样的基础，那么理解、分析、应用和欣赏评价将会变得非常困难。[①]

（2）理解性问题

这种类型的问题的显著特性是需要基于已有信息进行逻辑推断，以解决未知问题。这个答案是预先设定和确定的，但它具有很强的思考深

---

① 樊洁，崔琼，单云. 语文课堂教学创新实践研究［M］. 长春：吉林人民出版社，2021.

度。此类问题，可以从六个方面设计：①便于从整体上理解课文的问题；②提与重点、难点有关的问题；③提引导学生认真读书的问题；④提便于学生运用旧知识分析解决新问题的问题；⑤提容易混淆的问题；⑥替学生易忽视而又与理解课文内容相关的问题。

（3）分析综合性问题

分析综合性问题是以培养学生分析、概括问题能力为目标的问题。

（4）应用性问题

应用性问题的核心目标是培养学生的创新思维能力。在学校教育中，培育学生的创新思维被视为一项核心职责。对于创新性的问题，答案并不等同于对教材内容的再次描述，同时，答案也并非唯一确定的。然而，这个答案并不是凭空捏造的，而是建立在已有知识的基础上，与深入地理解和分析相结合，只是它需要从一个全新的角度来回答问题，或者需要进行想象和联想，因此具有更高的创新性。

（5）欣赏评价性问题

欣赏性问题的核心目标是提高学生的欣赏技巧。这代表了一种扩散性的思考技巧。这一问题的显著特征在于对作品内容和表达方式的深刻理解和优雅。评价性问题的核心目标是提高学生的评价技巧。这种思维能力也被称作批判性思维能力。这一能力的显著特征是能够判断文章的内容是否正确或错误，以及文章的深度和浅度。

（二）问题教学法

1. 什么是“问题教学”，它与“发现教学”有什么区别

在学生进行阅读活动时，他们不可避免地会碰到与阅读相关的困难、疑虑和迷惑。在持续或多次的阅读过程中，某些障碍、疑虑和困惑能够自我解决，然而也存在一些难以克服的问题。将这些问题呈现出来，然后由教师引导学生一起解决，这种教学方式被称为问题教学法。

问题导向的教学方法和发现导向的教学方法在某些方面是相似的。这两方面都高度重视学生在学习过程中的核心地位，这主要体现在学生个人的阅读能力和独立思考能力上；大家都在强调提高学生的阅读技巧，尤其是他们的创新能力；他们都致力于帮助学生理解并掌握解决问

题的策略。这两者之间存在明显的差异，主要是前者更倾向于提出具有挑战性的问题，其核心目标是培养学生的“问题意识”；而后者主要侧重于发现，强调的是发现的重要性。“发现”的定义也涵盖了问题的发现，但这个“问题”并不是那个“问题”，它更多的是关于需要探讨的“矛盾”或文本本身存在的问题。显然，与问题导向的教学方法相比，发现教学是一种更为深入的教育方式，更倾向于探索性的教学策略。

2. 为什么要让学生提出问题

宋代的教育家张载曾经指出：“那些可以被质疑但不会被质疑的人，他们从未真正学习过；而真正的学习需要有疑问。”叶圣陶先生表达了这样的观点：“那些擅长阅读的人，在继续阅读的同时，也会自然地提出各种疑问或问题。”中学的语文教育旨在培养学生成为“热爱阅读的人”，但遗憾的是，他们并没有机会提出疑问，甚至没有思考的机会，只能静静地听着。

缺乏思考能力和提问技巧，就无法实现真正的进步。在西方的哲学历史中，存在一个广为人知的故事。某一天，著名哲学家罗素问穆尔问道：“你认为谁是最优秀的学生？”穆尔毫不迟疑地回应说：“维特根斯坦。”“原因何在？”“实际上，在我所有的学生当中，仅有他一个人在听我授课时，脸上总是显露出困惑和不解，总是充满了各种问题。”随着时间的推移，维特根斯坦的知名度已经超越了罗素。维特根斯坦曾被问及：“罗素为何显得如此落后？”他的回应是：“因为他现在没有任何疑问。”显然，头脑里的难题是推动人类进步的引擎。

3.“问”，可不可以教

鼓励学生提出疑问，核心理念是学生提出的问题应与其提出的问题相一致。学生在阅读课文时，应确保至少读两次后再提出问题，这样做有两个优点：首先，某些问题可以通过深思熟虑来解决；其次，我们可以提出几个更具意义的议题。即便是这样，仍然有教学的必要。

学生通过提问来理解文章的核心思想和表达方式，并在提问的过程中增强他们的阅读技巧。只要我们的学生能够从这些角度提出疑问，他们的语文技能肯定会得到显著的增强。

三、语文教学方法的创新

（一）语文教学新方法

为了改变语文的教学方式，创新显得尤为关键。广大的语文教育者抓住了改革开放带来的绝佳机会，充分展现了他们的创新能力，并推出了一系列新的语文教学策略。接下来，我们将选择性地介绍其中的几种方法。

1. 自学指导法

自学指导法，也被称为自学法或自学辅导法，是一种由教师引导学生通过自学来掌握语文知识和培养其语文能力的教学策略。这一教学方式的革新与实施，正是“以学生为中心，以教师为引领”的教育理念的显著展现。学生可以根据教师提供的教材、自学材料或指定的作业，自行阅读或完成习题，而教师则会提供适当的指导、答疑和小结。这一方法特别适合小学三年级或更高年级的学生使用。其主要优势在于，主要侧重于学生的自主学习，强调培养他们的独立学习能力和习惯，这对于培育有创造力的人才是非常有益的。一个明显的缺点是，那些基础薄弱的学生往往难以胜任，而如果指导不到位，教学可能会变得毫无约束。

自学指导方法有多种形式，其中之一是所谓的划块式，也就是在一节课的时间范围内，划定一个特定的时间段，供学生和教师进行自我学习和指导；第二种方式是整堂式教学，也就是用一整堂课的时间，专为学生的自主学习和教师的自学指导而设；第三种是课外活动，也就是在正式课程结束之后，设定一个特定的时间段来引导学生进行自主学习，这通常是针对学习困难的学生，但也有一部分是全体学生共同参与的。

在采用自学指导方法时，有几点需要注意：首先，要明确学习的目标和标准，然后结合自学的内容，提出能够激发学生学习兴趣的思考题和练习题，这样可以让学生心里有底，然后带着问题进行自学；其次，我们需要明确自学内容中的关键点和难点，并为自学提供明确的步骤和策略；第三点是，需要为学生提供阅读指导或参考资料，以及自我学习的方法，以协助他们解决在学习过程中遇到的各种问题；第四点是需要进行定期的巡视和指导，对于那些自学困难的学生，还需要有针对性地提供个别辅导，仔细观察和掌握他们的自学情况，并及时解决需要教师指导的问题；第五，我们需要为学生提供一个优质的自学环境和条件，使他们能够全心全意地进行自学，从而提升自学的效果；第六，我们需要对自学的情况进行检查和总结，对学生的自学成果给予肯定，解决他们在自学过程中遇到的问题，并持续提升他们的自学效果。关键在于向学生传授自主学习的具体步骤与技巧。例如，某些教师提出了"四遍八步读书法"的方法：首先是跳读（记下大纲和主要角色），接着是速读（重述内容和澄清思路），然后是细读（掌握单词、句子、摘要和总结中心），最后是深读（分析写作的特点）。全国各地正在逐渐实施自学指导法，这一方法具有巨大的发展潜力。

2. 比较教学法

比较教学法将两种或更多的语文元素融合在一起，进行深入地比较和分析，以寻找法律知识并加深对其的理解。采用比较法来进行语文教学，能够帮助学生更好地理解知识的结构和规律，系统地巩固已学的知识，并培养他们能够举一反三、触类旁通的自学能力。

进行比较时，主要采用四种方法：首先是横向比较，这涉及比较两个或更多相似的语文元素，例如字、词、句、篇，以及主题、题材、技巧和人物、事物之间的对比。其次是纵向比较，这是指在相同的语文背景下，词汇的原始意义与其引申意义、古代与现代的语法特色，以及课文修订前后的对比分析。第三点是进行对比分析，这涉及比较语文中的相对或相反因素，例如像义词与反义词、对偶句、对立的人物形象以及相对的写作技巧之间的对比。第四点是类比，也就是利用两个相似的语言元素中的一个简单明了地与另一个进行比较，这实质上是一种类比推理。

比较可以分为两大类：其一是寻找相似或一致的语文元素，并通过横向比较或类比来找出它们之间的共性规律；第二点是进行差异性比较，对于具有相似但不同特性的语文元素，可以通过比较或纵向比较来区别它们之间的差异。

采用比较教学法的主要方法有四种：首先是将新的与旧的结合起来。吸收新的知识，激发学生与已有知识的联系，并从这些旧知识中寻找可以进行比较的对象。其次是提出问题并寻求比较。教师会根据教学需求提出问题，并要求学生围绕这些问题收集课堂内外的语文材料，以找到比较的焦点。第三点是按单元进行的教学。通过一次性学习几篇相似的课文，可以激发学生去理解它们之间的联系和差异，并确定比较的重点。第四点是进行比较和评论。在学生完成作文后，我们以他们的作文为实例，展示了同一个题目的不同写作方式，并鼓励学生进行对比和分析。

3. 得得教学法

“得得法”是得得教学法的简称，也可以理解为“一课一得，得得得相连”。“得”意味着在教学过程中，不仅要确保学生能够理解，还需要确保他们能够掌握知识。在整个教学流程中，我们需要教授、学习、理解和掌握更多知识；只有真正理解和掌握了，我们才能称之为“得。当一篇课文服务于训练点时，整个教学过程基本上可以划分为三个主要阶段：首先是自主学习和预习的阶段。首先是教师的自学启示，接着是学生的自主学习，最后是教师特别强调课本中作为示例的部分，以满足强调训练要点的需求。第二点是逐步实施的阶段。教师强调对训练点的明确要求，指导学生进行深入的精读、研究和范例解剖，实施单项训练，确保“得”的实现”。在读写相结合的阶段，学生在深入分析范例之后，开始模仿和创新写作方法。上面提到的三个阶段共同构建了一个从“综合（课文）到单一（示例训练）再到综合（作文）”的完整思考路径。“得得法”本质上是一个教学框架，而不是一个特定的教学策略；然而，这种“一课一得，积小得为大得”的教育改革理念，在广大教师中得到了广泛的应用，许多教师已经开始将“一课一得”视为一种特定的、独立的教学策略。

4. 情境教学法

根据教材的内容和教学标准，我们采用了多种教学策略，为学生创造了一个生动的语文学习环境，使他们能够深入理解和感受，从而加深对语言的理解，促进智力的发展，并培养良好的情操。情境教学法作为一种特定的教学策略，已经在全国范围内逐渐得到推广和应用。

采用情境教学法的核心在于构建一个生动的语文教学环境，主要可以通过以下两种途径来实现。

首先，是对模拟环境的模拟。教学通常采用如图画、照片、音乐、文学语言和电子教具等多种教学工具，以重现教材所提供的实际情境。考虑到儿童的思维和注意力特性，模拟的场景应该是形象和生动的。我们可以选择五种不同的方式来模拟这些情境：通过日常生活来展示情境、通过图像来再现情境、用音乐来渲染情境、用语言来描述情境以及通过角色扮演来体验情境。你可以选择使用其中的一种方式，或者将多种方法综合应用，最终都要在语言学习中得到体现。

其次，选择合适的场景。在进行阅读教学时，可以利用电子教育工具来辅助课堂教学，例如通过课文播放相关的幻灯片、投影、录像和教学电影，让学生仿佛听到声音、看到人物、身临其境；在作文的教学过程中，教师能够引导学生走出教室，进行实地观察，从而拓宽他们的视野并丰富他们的写作素材。

在应用情境法时，首先需要根据文本来设定情境，因为不同的文体和课文会创造出不同的情境；其次，我们应该随机选择环境，努力做到根据条件简化，利用当地资源；在语文教学中，情感与智慧的结合是至关重要的。创建情境的核心目标是为了更有效地完成教学任务。通过情境式的教学，学生可以更深入地学习知识，激发智慧，培养情感，而不是仅仅为了情境而设置情境，从而走向趣味性。

为了真正融入学习环境，我们必须采用情境引导的方法，这种情境教学法旨在让学生在教师的引导下顺利完成学习旅程。因此，在教师的教学过程中，有三个重要的方面需要特别关注。

(1) 施教的趣味性

兴趣不仅是激发学生学习热情的首要因素，而且其核心功能是让学生将学习转化为个人的驱动力和需求。“懂得它的人不如热爱它的人，热爱它的人又不如享受它的人。”这段话基于古代教育家的实践经验；

“兴趣是决定所有智力工作的关键。”皮亚杰，被誉为“现代心理学之父”，提出了这一著名的观点。激发学生在思考和探索的旅程中找到乐趣，体验到激动和兴奋，是提升教学效果的有效途径。为了激发学生对学习的热情，教师需要让课程内容充满情感，充满趣味，并使其生动有趣。情境教学法中，趣味性被视为其核心要素之一。作为语文老师，我们应该竭尽所能地使课堂内容生动有趣，让学生在一个充满活力的环境中，在一个愉快的心情里，在一个轻松的氛围中进行学习和探索，从而真正体验到语文课所带来的甜美和芬芳。为了培养学生的文学修养和兴趣，我们要求他们背诵古典诗词，并在每一堂课的开始阶段就精心设计了吸引人的导语，以确保学生从一开始就被吸引。存在众多有效的策略，其中常见的包括直接展示、激发创意、抓住要点、构建悬念、呈现意境、唤起情感以及进行讨论和答辩等。这种教学方法有效地解决了学生对消极学习态度的厌倦，激发了他们对语文学科的浓厚兴趣，从而增强了他们的学习积极性和求知欲。

(2) 求学的主动性

在语文教学中，我们应该从“以教学为出发点”转变为“以学习为出发点”。教学活动是一个旨在激发学生智慧和培养其能力的不断发展和变化的过程，其目标群体是情感和个性各异的个体。只有通过学生自身的主动参与、内在化和吸收，教学目标才能得以实现。学生作为学习活动的中心，他们是否能够积极地参与其中，这直接决定了教学的成功与否。情境教学法旨在激发学生的学习热情，启发他们的思考，并培育他们的主动和积极的学习态度。为了激发学生的学习积极性，通常会在新课程开始的时候进行。在这个时候，我们可以确定学习的焦点，并为学生设定一个明确的目标；或者为学生介绍有效的学习策略，确保他们有明确的前进方向；通过巧妙的导入技巧，帮助学生更好地融入实际情境。情境教学方法高度重视并精心设计这一教学环节。针对各种教材和不同的受众，我们选择了相应的导语方式。常见的教学方法包括问题悬念式、诗词曲赋式、格言警句式、故事传说式、温故知新式、解题式、练习式和知识式等多种形式。当学生的学习欲望被激发时，无论是出于好奇、新奇，还是出于情感和关心的需求，都会转化为一种不断探索的动力，使他们积极地融入学习过程，成为真正的学习者。培育学生的参与精神是教育民主的明确展现，它为学生带来了尊重、信赖和理解的感觉。在学生的积极参与和内在动力的驱使下，他们对知识充满了热情，对探索充满了兴奋和激情，他们达到了一个超出教学预期的更广阔的层次，体验到了成功的喜悦，并获得了精神上的满足。将“被迫学习”转变为“主动学习”，使学习变成一种个人需求，从而使学习的动机变得更加稳定和加强。情境教学法能在一个愉悦的学习环境中激发学生的学习积极性，教师致力于营造有利于学生潜能释放的环境，并鼓励学生全体积极参与和主动参与。

(3) 情知的对称性

语文的教学过程不仅是一个认知的过程，也是智力因素的活动过程，同时还伴随着一个意图的过程，也就是非智力因素的活动过程。语文课程在培育学生的情感美感和卓越的智力方面起到了至关重要的作用。这门课程不仅构建了一个全面的认知框架，还包含了一个充满情感深度的世界。情境教学法的核心思想是将这两个领域紧密融合，不只是将语文视为一门工具性的学科，仅仅追求知识的追求，更是将其作为培育学生品格和智慧双向成长的工具。情境教学法强调在文献分析、图像解析和理论领悟的过程中，充分利用情感在认知活动中的独特作用，从学生的学习需求角度出发，根据教学目标来设计教学场景，并营造具体的学习环境或氛围。当学生身处这样的环境中，他们的内心会产生波动，这也解释了为何“攀登山峰会让人心情愉悦，而观赏大海则会让人的情感溢出”。在特定的教学环境中，学生与所处情境进行了深入的信息互动，强化了听、说、读、写的全方位培训，致力于语感、文感、情感和智能的协同进步，确保完整地完成了知识传递、智力发展、能力培养和性格陶冶的教育目标。经过长时间的探索和实验，“每一个情感目标都与一个认识目标相伴”，“你中有我，我中有你”，一石二鸟，双赢，达到了理性（认识）与非理性（情感）之间的高度默契，实现了教书育人的统一。

情境教学法构建了一个以“情境”为核心，以“情感”为焦点的教学结构，通过“趣味”触动学生的内心，通过“情知”转移其意义，鼓励学生积极参与，并以智力发展为最终追求。在充满“爱”的环境中，在充满“美”的氛围中，受到“情”的触动，激活学习的动力，启发思维，熏陶情感，让学生持续体验到成功的喜悦，这对于提升教学效果和进行审美教育都是至关重要的。

5. 思路教学法

思考的方向反映了作者在写作过程中的思考模式，并被转化为文章的核心结构。教师依据作者的思考逻辑和文章的组织结构，引导学生明确段落的重要性，掌握文章的整体结构，总结核心思想，深入感受作者的逻辑思维，从而掌握独立的阅读和分析技巧，这就是所谓的思路教学法。

不同的思维方式会导致思维层次的差异。“思想境界”描述的是文章中作者所达到的核心或主题思想的高度，这具有明显的阶级和思想倾向。而“思路”则是作者通过特定的语言和文字来表达其逻辑思维，从而体现出思维的有序性。思维方式与语言感觉有所不同。“语感”描述的是读者对于作品中文字和语言的敏感感知，而不是对文章的整体结构或层次的深入理解。在思路教学中，我们需要确保思路的连贯性，这意味着要将作者的写作思路、教师的教学方法以及学生的学习策略三者融为一体，确保学生能够深入理解文章的核心思想。“接通”的核心在于教师，教师的教学方法是连接其他两种方法的桥梁和纽带，因此，教师在教学过程中必须全面理解两个方面，一是文章的思路，另一是学生的思路。通过对教材的深入研究，精心策划教学内容，并采用各种实用的教学策略，我们可以将两者有效地结合起来，确保学生能够准确地理解文章的结构和主题。

关于思路教学，有许多具体的实施方法。首先是通过自我阅读来探寻思维路径，即通过指导学生进行自我阅读，以探寻文章的逻辑结构；其次，文章采用分段展示思路的方法，通过划分段落的层次和总结段落的意义与层次来揭示文章的整体思路；第三点是梳理思路，也就是指导学生制定课文大纲，明确文章的结构；第四点是通过提出疑问来引导思维，教师根据文章的线索设计了一系列的疑问，帮助学生解开疑惑，更好地理解文章的核心思想；第五点是通过教师对课文内容的详细解读和分析，来明确教学思路；第六点是通过板书来明确教学思路，并通过板书的设计来展示课文的核心思想。

（二）语文教学方法的引进

1. 发现教学法

“发现”这个词的原始含义是指寻找那些之前人们未曾发现的事物和规律。布鲁纳，这位心理学家，是这种教学方法的创始人。根据他的阐述，探索不仅仅局限于那些我们还未了解的事物，更准确地说，探索涵盖了用我们的思维直接获取知识的所有方式。“发现法”是一种由教师设计的教学方法，旨在为学生提供与其学习水平相匹配的教材，并鼓励他们主动去探索、识别问题、寻找答案，并最终得出结论。该方法能够点燃学生对学习的热情，帮助他们获取持久且易于转移的知识，并培育他们的研究和创新精神。在进行语文教学时，发现法也被称作“问题教学法”或者“设卡法”。

采用发现教学法的基本步骤包括：首先是提出问题，也就是创造问题的场景，使学生的内心产生矛盾，然后主动提出需要解决的问题；第二个假设是，学生可以运用他们现有的知识和教师提供的资源，来提出合理的假设来解决问题，并探索解决问题的方法；第三点是验证，也就是让学生在理论或实际操作中验证自己的假设；第四点是进行总结，并得出一致的看法。

发现法在被引入的过程中经历了一系列的改良，逐渐演变为一种适应不同地区教学实践需求的语文教学手段。例如，从发现法衍生出的“引导发现法”遵循以下五个阶段：首先是准备阶段，教师指导学生明确探索的目的、意义、路径、方法等；其次是初步探索，按照预定的目标和路径，指导学生通过阅读、观察、思考等学习实践活动，主动总结知识的规律，寻找问题的解答；第三点是交流环节，教师负责组织和引导学生分享初步研究成果，并对存在争议的议题进行深度探讨；第四点是进行总结，学生通过整理知识来实现知识的系统化，而教师则对学生的小结进行评估和修正，以帮助他们更深入地理解知识之间的内在联系；第五点是实际应用，学生可以通过多种方式的练习来完成一些具有挑战性的任务，从而验证和巩固所学知识，并提高他们运用这些知识来解决实际问题的能力。

2. SQ3R 学习法

SQ3R 学习法，也被称为“查、问、读、记、复习法”或“五步阅读法”或“五段学习法”，是一种旨在引导学生自主学习的阅读策略，其起源可以追溯到艾奥瓦大学。SQ3R 是五个英文单词的缩写，它们分别代表了阅读的五个阶段：纵览（Survey）、提问（Question）、阅读（Read）、背诵（Recite）和复习（Review）。首先，你需要进行全方位的浏览，对你所学的内容有一个大致的了解，从内容摘要、目录、前言，到各种大小的标题、图表和注释，你可以先大致浏览一下。在第二步的简要阅读中，我们主要关注了读物的核心内容，包括其中的重点和难点，并针对这些内容提出了相应的问题。在第三步中，你可以带着疑问进行深入地阅读，可以选择标记、绘制线条、撰写提示性的评论，或者做一些笔记。在第四步的回忆复述中，你需要将书本合上，对书的各个部分提出疑问并给予解答，同时回顾每一章的主要内容，以巩固你的学习成果。第五个步骤是进行复习和巩固。这一学习方式在实际应用中表现得相当稳固，特别适合需要记忆和深入理解的精读和必读材料。然而，这种方法需要更多的时间，因此对于仅需要基础了解的略读材料并不推荐使用。

当这种学习方式被引入我国的语文教学中，它不仅适合学生独立学习和阅读，而且经过适当的移植，它可以被应用于精读课文的教学中。在教师的引导和启发下，这种方法被改进为具有师生互动特点的“五步自学指导法”，即：定向浏览、略读质疑、深读理解、回忆解答和复习小结。

3. 科学扫描法

科学扫描法，也被称为“速读法”或“扫读法”，是一种在有限的时间里迅速、目标明确、高效地读取文本内容并获取必要信息的技术。其核心思想是运用科学的视读方法，以减少眼停的频率、时长和回视次数，从而拓宽视读的范围，并最终实现提升阅读速度的目标。

它打破了仅仅根据文字和句子来阅读的传统方式，转而逐行逐块、逐块地进行观察；通过结合略读和寻读的方法，去掉一般性的文字，当发现重要的内容时，就会减慢速度，按照行跑读的方式，遇到关键的部分，然后逐字逐句仔细品味。通常情况下，文章的组织架构可以大致划分为七个主要部分，其中第一个部分是名称；其次是作家；第三点是引言部分；第四点涉及的是基础内容；第五点涉及事实、统计数据和公式等内容；第六点是一些新颖的观点；第七点是存在争议的地方。快速阅读犹如雷达追踪目标，迅速捕捉文章里的六、七两个要点，而忽略其他部分。采用这种直截了当、深入骨髓的阅读方式，可以在较短的时间内获得更多的阅读机会。相较于常规的阅读方式，科学扫描法在速度上通常是其两倍之多。科学扫描法作为一种阅读技巧，确实需要进一步的培训。主要的扫描方法包括：首先是遮盖扫描。当你读完一行文字后，可以使用纸片来覆盖它，这样可以减少你的回视次数，并扩大你的视觉范围。其次是有限的扫描范围。请在规定的时间内阅读完指定数量的文本。第三项功能是进行计时扫描。首先计算出阅读一篇文章所需的时长，然后进行一系列用于评估理解能力的习题，并对扫描的效果进行评估，经过多次的对比测试后，能够迅速给出反馈。第四项是进行块状扫描。编写与横行竖排字数匹配的块面阅读材料，使学生能够一次读到一个块面，要求他们的思维清晰，培养快速阅读的习惯，逐渐增加块面字数，以提高每次阅读的广度、速度和理解能力。第五项是进行狭窄的扫描操作。当目光聚焦于书中每一页的文字时，它不只是聚焦在每一行文字的核心，还会被这条狭长的文字所吸引。第六项是采用直线方式进行扫描。当你的视线沿着每一行文字的中心线垂直向下移动阅读时，你需要用一只眼睛去仔细观察每一行文字，这通常是阅读报纸和杂志的常用方式。第七步是按顺序进行扫描。将文章中提到的那七个部分设定为阅读目标，并按顺序进行扫描和搜索。第八项是关于机器的训练。通过使用速示器、速读器等机械设备进行辅助训练，可以加速眼动或扩大视读的范围，从而提高扫描的速度。

我们还可以列出一些新引入的教学策略，例如问题导向的教学、含蓄的暗示教学、愉悦的学习方式、示例式的教学、图形化的教学方法以及利用图书馆的学习方法等。

（三）语文教学方法的发展

在语文教学的动态系统中，语文教学方法被视为一个持续变化的组成部分，它本质上是一个不断演变的子系统。在进行语文教学设计时，我们应该深入研究语文教学方法的动态变化规律，准确把握其发展方向和路径，成为语文教育改革的引领者，以推动语文教学方法的创新和进步。

1. 语文教学方法的发展趋向

（1）主导主体有机结合

语文的教学方式体现了教学方法与学习方法的完美融合。随着某一时期主导的教学观念的转变，教学过程和教学方法的理论也随之发生了相应的调整。曾经主张以教师为核心，主要侧重于教学方法的传授；目前正大力推广以学生为中心的教育模式，主要侧重于学生的自主性。这样的转变，在历史的长河中，无论是古代还是现代，无论是东方还是西方，数百年甚至数千年，都曾多次出现。在语文的教学过程中，我们必须始终坚守以教师为核心、学生为中心的原则，并确保语文的教学方式与这一核心理念紧密结合。

（2）知识能力同步教学

语文的教学流程实际上是一个传递知识和培育技能的过程。语文的教学方式不仅是传授知识的方式，同时也是培养能力的方法。传统的教育理念过于强调知识的教授，而忽略了能力的培育。为了培养和提升每位学习者的思维能力，我们必须运用基础事实知识。语文的教学方式应当确保知识与能力的教育能够同步进行。近些年，国外出现了所谓的“第三程度”理论，这一理论认为学生在掌握和应用知识时，可以根据知识的深度分为三个层次：首先是信息的掌握，其次是知识应用的技能和技巧，最后是具备创新活动的能力。诸如发现法、问题教学法、范例教学法和暗示教学法这些创新的教学策略，其核心目标都是为了达到第三个层次。我国在语文教学方法上的创新，应该与国际教育科学理论的最新水平保持同步。只有当一个学生掌握了坚实的知识体系并展现出强大的能力时，他或她才能进行有创意的活动。

(3) 认知个性和谐发展

认知是指学生的知觉能力，也即他们的智慧；个性是指学生的独特心理特质，也就是与智力无关的心理因素。

人的全面发展教育思想实际上是智力和非智力因素和谐发展的具体表现，这一观点已经逐渐得到了教育理论研究者和实践者的普遍认同。苏霍姆林斯基曾经指出："理想中的全面发展个性应当是和谐的，缺乏和谐的教育环境，和谐的发展是难以实现的。"赞科夫持有这样的观点："当我们谈论达到更高的发展层次时，不只是指智力上的进步，还包括一般的成长。一般的成长意味着不只是培养学生的智慧，还涉及情感、意志、性格以及集体主义的思维方式。"在语文的学习过程中，观察、记忆、联想、思考和想象这些智力元素，构成了学生学习的核心操作系统；学生的学习动力系统是由动机、兴趣、习惯、情感和意志这些非智力要素所驱动的。只有两者和谐地共同进步，学生的语文学习才能得到全方位的推动。因此，在未来的语文教学策略中，不仅要注重激发学生的智力潜能，同时也要注重培养学生的非智力特质，并努力将这两方面有机地融合在一起，以促进学生的认知能力和个性心理得到和谐的发展。

2. 语文教学方法的发展途径

(1) 批判继承，推陈出新

语文的教学方式既具有传承性，也具有创新性，这是语文教学方法的核心特点之一。现代的教育方式大部分是从古代或前辈那里传承下来的。讲、诵读、议论等传统的教学手法继承了超过两千年的教学传统，这些都是创新或新引入的教学方法，如果深入探究其起源，我们也能看到其传统的影子。

这种对传统的批判、继承和舍弃，实际上是一种不断创新、发展和更新的过程。对于以往的教育方式，只要是合适的元素，例如启示性的和与教学实践相结合的方法，都能有效地传递知识、增强能力、刺激智慧、熏陶情感，并得到广泛的认可和吸纳；任何不合逻辑的元素，例如注入式的或与教学实际脱节的，不利于知识传授、能力培养、智力开发和情操陶冶的方法，都将被否定和排除。持有任何全盘否定或全盘肯定的观点都是缺乏科学依据的。为了推动语文教学方法的进步，我们需要深入挖掘我国教学方法的历史沉淀，恰当地舍弃它，注入当代的活力和生命力，从而创新出更为高效的教学手段。

(2) 优化组合，避短扬长

它展现了多样性和综合性，这也是语文教学手段中的一个核心特点。语文教学方法所具备的这一核心属性，也为其自身的进一步发展创造了宽广的可能性和空间。为了语文教学方法的进步，优化组合显得尤为关键。这样的最佳搭配，实际上是语文老师的创新。如果将继承传统与学习外国经验视为"从他人那里学习"，那么这种最佳的结合就是"通过实践和探索获得的知识"。这两者都是至关重要的，但它们之间存在明确的优先级，自主探索的经验比从他人那里学习更为关键，特别是在中学和小学的语文课程中。

要想优化教学组合，关键是要发挥个人在教学中的长处，避免短处。

与于漪教师这种"情感派"的教学方式相似，教师首先会设计一个充满热情的导语，引导学生进入一个"绿满天下"的感人世界。然后，教师会边阅读边讲解，逐步加深学生的情感，使他们不知不觉地受到课文内容的影响和熏陶。

那些擅长普通话朗读的教师，可以从朗读开始，通过朗读的引导和反复地朗读，帮助学生理解文章的思想和写作特点，实现"朗读领先，带动全篇"的效果。

教师如果擅长观察、指导和写作训练，可以采用"范文引路，指导观察"的方法，以课文为示范，通过课文的分析和观察指导，来培养学生的观察能力和表达能力。

我们可以采用“一课一得，以读促写”的方法，紧密围绕景物描述这一核心，帮助学生理解如何有序地描绘风景和捕捉景物的独特之处，并将其应用到实际的作文中。

任何特定的语文教学手段都不能被视为万能的解决方案，它们都需要经过实际操作的验证后才能被放弃。

第三节　中学语文课堂教学的原则

一、中学语文教学原则的特性

（一）语文教学原则的含义

语文教学遵循一定的客观规律，而语文教学原则则是对这些规律的理论总结。现阶段，由于人们对语文教学规律的理解存在分歧，或者是从多个不同的视角来解读这些规律，这导致提出了具有不同内涵的教学原则。尽管如此，对于教学原则的定义和解释基本上是一致的。[①]

中学语文教学原则实际上是人们对中学语文教学规律的认识和理解，它是对教育、教养因素、教学方法和它们之间相互关系的理论总结，是根据中学语文教学规律制定的规范语文教师教学工作的行为准则，同时也是学生学习语文的行为准则。

（二）语文教学原则的特性

对原则特性的认识有助于我们更好地贯彻原则。

1. 语文教学原则具有客观性

语文教学的基本原则实际上是对语文教学规律的理论总结。规律代表了事物发展中固有的、根本的、持久的联系，它是客观地存在的。这确保了语文的教学原则是客观的。可以这样表述，只要教师投身于教学

① 包树珍. 核心素养下的语文课堂教学实践［M］. 北京：华文出版社，2023.

活动中，他都在有意识或无意识地遵循和实施某些基本原则。人们普遍接受的语文教学原则，通常都会在实际的教学过程中得到验证，它是一个相对稳定的认知成果，并且具有很强的客观性。

2. 语文教学原则也具有主观性

如前所述，语文教学原则是人们对语文教学规律认识的结果，规律是客观存在的，是第一性的，但认识是人的主观意识，是第二性的，原因如下。

(1) 人们在主观上的理解存在差异。每个人的意识都有其独特性，因此总结出的认知结果中带有主观成分的元素是难以避免的。关于语文内容与形式的处理关系，人们有多种不同的总结方式，如“文道统一”和“工具性与人文性相融合”。这些不同的描述方式反映了人们对这一关系的不同认识。换言之，这些不同的表述都包含了人们在认识规律上的主观倾向，这也是教学原则具有主观性的一个重要证据。

(2) 在教学实践中，所采取的活动方式各不相同。教学的规律与自然的法则有所不同，它是通过教师和学生的实际操作来展现的。因为人们的思维方式和方法、活动的内容和形式都存在差异，再加上从不同的视角观察并将这些认识结果抽象为教学实践的指导原则，这自然会带有一定的主观性。

3. 语文教学原则具有整体性

基于对语文教学实践的不同理解，人们可以从各种不同的视角和层次提出各种教学原则。但这些原则并不是孤立存在于语文教学实践中的，每一个原则都有其独特的层次和作用。然而，它们都与其他原则一同在语文教学体系中得到体现。这些原则与客观实践紧密相连，共同服务于语文教学实践，因此它们具有很强的整体性。因此，在进行教学活动时，教师需要持有一个全局的观点，并主动地全方位地执行语文教学的基本原则。

4. 语文教学原则具有发展性

随着科学研究水平的不断提升，人们对于客观世界的理解也逐渐加深，对于语文教学实践的认识也在持续深化。因此，我们对语文教学规律的理解也在不断深化，提出的教学原则也更加符合这些规律，这也意味着语文教学原则具有一定的发展性。身为一名语文教师，我们应该在实际教学中持续进行探索，更深入地理解语文教学的内在规律，进行深入地研究和认真地总结，以便将其转化为理论基础。让语文的教学过程变得更为科学和标准化。

（三）语文教学原则与一般教学原则的联系与区别

在教育学领域，启发式和循序渐进的教学原则被广泛应用于各个学科的教学过程中，因此这些原则被统称为一般教学原则。在进行语文课程的教学时，也应当严格遵守这些教学准则。这是因为所有属于教育领域的学科，都必须遵守相同的认识原则，这就是所谓的"共性"。然而，每个学科都有其独特的教学目标、内容和方法，这也导致了它们各自的教学模式和原则。中学的语文教学原则实际上是普通教学原则在实际语文教学过程中的独特体现。例如，在教育学的"科学性与思想性相统一的原则"中，"思想性"这一概念很难准确地描述语文教学中所涵盖的复杂的人文修养内容。在语言文字教学和数学运算教学中，"科学性"的含义可能会有所区别，这就是所谓的"个性"。因此，我们认为语文的教学原则与常规的教学原则是既有联系又存在差异的，语文的教学既受到常规教学原则的引导，同时也遵循语文教学原则的规定。

（四）语文教学基本原则体系

语文教学是一个涉及多个因素和层次的知识与行动的过程，其内部存在众多的体系和矛盾，人们可以从各种不同的层面和视角来深入探讨语文教学的各个方面。你也可以基于个人的理解来总结教学的基本原则。因此，众多的教学原则被提出，其中一些能够对整体产生影响，而另一些则仅限于教学的特定领域。通常而言，我们应当概括出那些具有全局性影响的语文教学准则，也就是语文教学的基础原则。以下列出了13条关于语文教学的核心原则。

1. 关于教学方向的原则

（1）语文素质教育与人文素养培养相融合的原则。

（2）内容与形式相统一、以形式教育为主的原则。

(3) 以开发智力为基础、着重于语文能力训练的原则。

2. 关于教学任务的原则

(1) 以交际言语教育为主、文章文学教育相配合的原则。

(2) 以读写为主、听说读写全面训练的原则。

(3) 以积累语文素材为基础、以语感为教学轴心的原则。

(4) 语文基础知识指导语文基本训练是原则。

(5) 范文教学为“三基”教学服务的原则。(“三基”即基本素材积累基本知识传授、基本能力培养)

3. 关于教学方法的原则

(1) 教师主导下、学生自学为主的原则。

(2) 训练为主线、讲授为训练服务的原则。

(3) 以分解训练为主、单项训练和综合训练相配合的原则。

(4) 课堂精讲指导课外博学的原则。

(5) 教学过程中各种因素择优组合的原则。

二、语文素质教育与人文素养培养相融合的原则

(一) 原则提出的依据

1. 中学语文学科的性质

面对新世纪对人才的需求，我们有必要确立宏观的语文观点，并在教授学生语文知识和培养其语文技能时，特别强调对学生人文素养的培育。

人文是一种与人类社会紧密相连的文化现象，通常人们将文学、史学、哲学、经济学、政治学、法学、伦理学、语言学和艺术等多个学科统称为人文科学。所谓的人文素质，是指人们在社会中基于人文科学的知识，通过吸收和学习人类的优秀文化，从而展现出的精神面貌和内在品质的综合表现。因此，人文素质教育的核心目标在于提升学生在文化、理论和道德方面的修养，即教导他们如何成为一个更好的人。

2. 语文能力与人文素质都是现实和未来对人的需求

要培养学生成为“有理想、有道德、有文化、有纪律”的社会主义

新人，人文素质是基础，它是一个人的道德修养的基础，也是学生学会做人的基础。人文教育不仅应被视为提升学生思想和道德品质的关键途径，同时也应被视为推动国家经济增长和社会向前发展的重要工具。强调并加强对学生人文素养的培育不仅是当前时代的迫切需要，也是当前最紧迫的任务。在语文的教育过程中，承担人文素质教育的重任是我们不可推卸的责任。

（二）原则贯彻的途径和方法

1. 提高认识，准确把握范文的语文因素和人文精神，确定恰当的教学目的和要求

无论是从内容还是形势来看，中学语文课文的选材标准都是文质兼美。这既满足了学生的认知能力，适应教学需求，同时也展现了健康而高尚的文化修养。弘扬了中华民族深厚的传统道德价值观。我们的语文教材中仍然保留着蔺相如的高尚情操，如“富贵不能淫，贫贱不能移，威武不能屈”的理想人格，“己所不欲，勿施于人”的行为准则，“舍生取义”的道德信仰，“生于忧患，死于安乐”的自强不息的奋斗精神，“老吾老及人之老，幼吾幼及人之幼”的尊老爱幼美德，“先天下之忧而忧，后天下之乐而乐”的高尚情操，以及他“先国家而后私仇”的为人风范。这些中华民族的传统美德逐渐沉淀为民族精神，成为优秀中华儿女的精神支柱。面对新的历史背景，我们更应该顺应时代变迁，充分发挥语文学科的潜能。通过利用语文教材中的优美篇章，我们可以在教学过程中深化对课文的理解，并在掌握生字、生词、句型和修辞等基础知识的同时，也能对学生进行全面的人生教育。学习如何展现宽容、关心和理解，具备深厚的同情和责任感，并致力于灵魂的塑造教育。陶行知，一位杰出的人民教育家，曾言：“无论教授多少，都要教导人们真理，无论学习多少，都要追求成为真正的人。”如果“脱离‘人’的培育去强调‘文’的教育，那么教师的工作高地就会消失，同时也会丧失教学的真正意义。”语文教育与其他学科有所不同，其独特之处在于它是一种对语言和文化进行教育的方式，旨在提升人的综合素质和心灵成长，这是文化影响和文化积累的直接结果，也是一种书面化的教育方

式。语文教育的核心目标是通过学习和领悟，培养具有高尚道德情操、高尚兴趣和高层次人生追求的学生，以实现语文能力与文化人格的平衡发展。经验告诉我们，仅仅将语文课程简化为纯粹的知识培训或思想政治课程是行不通的。只有确立以人为核心的教育哲学，我们才能避免当前语文教学中的误区。

2. 改进教学方法，调动学生的学习积极性和创造精神

要在中学语文教学中渗透人文教育，必须做到以下三点。

(1) 关注心灵

在教师与学生的互动中，人与人之间的关系更像是“我与你”的纽带，是灵魂的相互沟通，而非简单地改变与被改变、拥有与被拥有的联系。当我们关心心灵时，首先要确保师生之间的关系得到妥善处理。目前普遍的说法是，在课堂上，师生之间存在“主导性和主体性”的关系，而在日常生活中则是朋友关系。在社会中，每个人都享有平等的地位，而在交往中，双方都是平等的。首先要关心学生的内心，然后有计划地指导他们学习如何关心自己的内心。高中教材中挑选的文学创作均为杰出之作，其中许多文学角色栩栩如生，如屈原、文天祥等，他们的内心世界绝对值得学生们深入研究。

(2) 尊重个性

虽然每个人都具备自我意识，但这种意识并不是与生俱来的，而是在后天逐渐形成的。海德格尔明确表示，人与物之间的根本差异在于，人并非仅仅是存在的实体，而是存在的一种可能性。在人的存在过程中，他们不断地理解和领悟自身固有的属性和规律，仅仅是基于他们内在的可能性来进行规划和自我设计，从而不断地探索和认识到自己的本质。随着时间的推移，一个人的意识开始与他人产生差异，这种变化被称为个性化。与他人的意识不同，这便构成了其独特的个性。我们不仅要重视学生的自我认知，更应尊重他们的个性，推动个人意识的发展，强调个人选择的自由和对自己选择的责任，帮助培养一种对自己负责的生活态度。

（3）鼓励创造

一个人自我意识的逐渐形成，实际上也是一个个性化发展的过程。然而，所有的重复行为都无法形成一个真实的自我。只有当人们永远不满足于当前的真实状况，持续地迈向更高的未来状态，即持续地创新和追求，他们才能真正地展现和丰富自己的内在本质。创新不仅是一种技能，更深层次地，它代表了一种价值观念。如果语文的学习不仅可以锻炼一个人的能力，还能展示一个人的个人价值，那么几乎没有人会不喜欢它？在语文教学中，我们应该深入地尊重每个人、珍视生命、鼓励创新，并深入理解“意义”与“知识”的维度，利用价值的理性来提升工具的理性，从而让教育更好地促进人的全面发展和完善。

3. 坚持在正确思想指导下，对学生进行严格的读写听说训练

学生在听、说、读、写各方面的能力水平，不仅是衡量教学质量好坏的一个指标，也是评价素质教育成败的一个关键标准。在全面提升学生综合素质的指导思想下，语文教师应对学生进行严谨的读、写、听说方面的训练。素质教育并不反对那些内容丰富、形式各异、视角多样的语文练习。这主要是基于两个方面：①语文教学的工具性。语文教学的核心目标是培养学生掌握语文工具的技能，而这种技能的形成需要经过多次的实践和训练，因此，训练应被视为整个教学流程中的关键环节。②只有在一个组织得到良好训练的过程中，主导和主体之间的关系才能实现和谐、辩证的统一。语文的训练方法五花八门，例如：在课前的五分钟进行口语练习，允许学生在规定的时间内讲述和阅读新闻，与教材相结合，讲述一个故事，阐述一个观点，描述一个角色，或者背诵古代的诗文和精彩的文段，分享对某个问题的观点，并组织演讲、相声、辩论会和课本戏剧表演等活动。

需要特别强调的一点是，训练过程需要有清晰的规划和针对不同年级的明确要求，同时也要采取多种形式，以激发学生的练习兴趣和乐练精神。

（三）应注意的问题

1. 人文素养培养要在语文教学的过程中进行，要“潜移默化”而不要“说教”。

2. 对课文的理解不能牵强附会。

三、言语训练和思维训练相结合的原则

（一）原则提出的依据

1. 言语与思维不可分割的亲缘关系

思维是人类大脑的独特功能，我们通常所说的“思考问题”或“动用思维”等，都是与人类社会的诞生和社会进步相伴随的思维过程。对个体而言，思维能力的增强与受教育程度有着密切的联系。当婴儿出生时，他们的饥饿感和体温通常通过哭声来描述，这是最基础的思考过程。为了增强这种思考能力，他们需要接受更广泛的教育。

语言不仅是思维活动的结果，也是思考过程中不可或缺的工具。在缺乏思考活动的情况下，语言作为一种用于思考和交流观点的手段，也就失去了其存在的必要性；在缺乏语言的情况下，思考活动是无法进行的。可能会有人质疑，聋哑人是不是不会说话，也不是不会思考？这仅仅是一种表面上的认识。聋哑人的思考方式具有他们独特的语言特点，他们采用的是独特的信号和感觉语言系统，但他们并未使用我们通常所说的普通语言。如果聋哑人不受周围人使用的通用语言的影响，他们也会受到影响。斯大林发表了言论。无论一个人的思维是如何形成的，以及这些思维是在何时形成的，它们都是基于语言的素材，以及语言中的专业术语和词汇来产生和存在的。显然，语言与思考是紧密相连的，两者是不可割裂的。在语文教育中，我们应该重视培养学生的口头表达能力，而不是仅仅关注口头表达而忽视思考能力的培养。[①]

---

① 樊洁，崔琼，单云. 语文课堂教学创新实践研究［M］. 长春：吉林人民出版社，2021.

2. 思维能力是听说读写能力的核心

语文教育的核心目标是提高学生的读、写、听、说技能，并特别强调激发学生的创新思维。听、说、读都与思考能力有着紧密的联系。如果某人的思维缺乏敏锐性，思维范围不够广泛，思考方式不够周全，对事物的理解不够深入，以及思考方式缺少创新精神，那么他在读、写、听、说各方面的能力都难以达到高标准。显然，在语文的教育过程中，强化思考能力的培训是非常关键且至关重要的。毫不夸张地说，强化思维能力的培训是提升语文教育品质的关键环节之一。

学习语文的核心目的是确保读者能够准确地理解他人所写的文章；倾听他人的话语有助于理解其背后的逻辑和情感；当自己有所思考和领悟时，他能够用笔记录下来，并清晰地向他人解释。也就是说，需要拥有基本的听、说、读、写技能。因此，在进行语文教学时，我们不应仅仅局限于让学生掌握尽可能多的词汇和熟悉语法规则，还应该重视培养他们的思维能力。

在教学过程中，我们可以清晰地观察到，一个班级的学生所学的课程内容应该是一致的，他们掌握的词汇和语法知识应该是相似的（目前的中学生在课外阅读方面都非常有限），但是，他们的理解和表达能力之间存在很大的差距。尽管造成这种情况的原因多种多样，但思维能力的不同无疑是核心要素。提升学生的思考品质和培育他们的思考技巧是极其关键的，这应被认为是语文教育的核心部分。

（二）原则贯彻的途径和方法

1. 正确处理知识、智力和能力的关系

在学生的学习过程中，“知识”是指对其专业文化背景的综合描述，而“智力”是指利用所学知识来解决学习中出现的新问题的能力，“能力”则是指具备完成特定任务所需的主观条件。智力构成了能力的内在特质，而能力则是智力的外在表现，知识则是形成智力和能力的基石。语文教育的终极目标在于培养学生在读、写、听和说方面的综合能力。如果不去实践和应用所学的知识，那么这些知识很难被转化为智力要素，也就无法转化为实际能力。人们逐渐接受了外部的客观事物，并将其转化为存储在大脑皮质中的图像。要判断这些图像的清晰度，我们需要考虑人的记忆能力，而真正高级的思维方式是重新组织、组合并将这些图像外化。因此，仅仅传授语言知识，特别是那些枯燥、机械、重复和复杂的知识，如果没有适当的思维引导和实践练习，将不利于学生的语言能力提升。在语文教学过程中，如果过分依赖课本内容，对字义、词义和语意进行刻板的记忆，那么学生的思维方式将逐步变得僵硬和机械化，这将限制他们的思考空间，并可能对其智力发展产生负面影响，进一步抑制他们的能力。只有当学生深入理解字、词、句的含义，并熟悉它们的应用模式（如应用范围、场景、情感深度、逻辑结构等核心元素）并鼓励他们口头表达、实际操作和实践训练，形成新的文意，我们才能有效地提升学生的思维能力。

2. 自觉把思维训练贯彻于语文教学的全过程

我持有这样的观点：由于语文教材中被选入的篇目众多且课时受限，导致完成既定教学任务的时间非常有限，因此很难有足够的时间来进行深入的思维训练？实际上，这样的担忧并不是必需的。这主要是因为在语文教学过程中，思维训练并不是在完成预定教学任务后再添加额外的教学内容，而是在进行读、写、听、说的训练时，将思维训练融入其中。这便是把思维训练融入读、写、听、说的训练中的方式。用简单的话来说，思维训练的目的并不是完全摒弃课本，而是在引导学生进行读、写、听、说的过程中，教导他们应该思考什么以及如何去思考。这种方式不仅加强了思维的锻炼，还使得读、写、听、说的训练效果更为出色。虽然在思维训练的理解上仍有各种不同的看法，但事实上，每位语文老师都在教学中，无论有意或无意，都在不同的层面上进行了思维的培训。不同之处在于，有些是有意识地进行的，而有些则是无意识地进行的。这种说法并非毫无依据。在课堂教学中，引导学生对文章段落进行层次划分，深入理解角色的各种思想特质，并掌握事件的多种性质。这实际上是将学生的阅读内容拆分为多个部分，并逐一了解每个部分的核心特性，也就是在思考过程中的分析。在课堂教学中，引导学生对段落的主旨、人物性格以及事件的整体特性进行总结，这实际上是将学生的各个部分和它们各自的核心特质融合为一个完整的体系，也就是在思考过程中的整合。在课堂教学中，引导学生通过课文中描述的人物和事件来理解课文的核心思想，这实际上是从实际情况中提炼出基本原则，也就是在思维方式中进行的总结。在教学过程中，引导学生利用所学的语文知识去解读语言的各种现象，这实际上是从通用原则推导出特定情境的结论，也就是在思维模式中的逻辑推导。上面提到的各种教育活动，在语文课堂中都是非常常见的。从这个角度看，语文教学中的思维训练几乎是人人都在进行，每天都在进行，这并不是什么神秘的事情。问题在于，这种类型的教学活动，无论是有意识地进行还是无意地误解，其成效并不相同。如果你有进行思维训练的意愿，那么在课堂活动中，你应该有计划地根据教材和学生的具体需求，适当地教授一些与思维相关的知识和方法。因此，与不采取这种方法相比，其教学成果是截然不同的。从这一点可以清晰地观察到，作为一名语文教师，拥有或加强在语文教学活动中的思维训练意识是至关重要的。

3. 在听说读写训练中发展学生的思维能力

思维训练的核心目标在于培育学生的思考技巧，增强他们的思考品质，并确保他们的思考方式展现出优秀的特质。更明确地讲，我们的目标是培育学生的思维敏锐度、广度、深度、细致和创新能力，从而推动他们的思考能力得到提升。作为教师，他们需要有策略地、抓住时机，并采纳各种有益的方法来培育学生的思维能力。

(1) 多方探求

所谓多方探求，是指在思考问题的时候，不满足于一得之见，而是进行多方面的探索，寻求种种答案。

(2) 彼此联系

如果我们从一个孤立的角度去观察某一事物，可能会得到偏颇甚至是错误的看法；当我们将相关的事物联系在一起进行理解时，我们可能会得到一个全方位且准确的结论。因此，在帮助学生理解事物的过程中，引导他们采用“相互联系”的策略，有助于培养他们的思考深度。

4. 培养学生独立思考习惯，提高自学能力

从相对的角度看，课堂教学可以被视为“集体思维”，这种集体思维的影响是不可估量的，它促进了教师与学生、学生与学生之间的相互学习、交流、启示和推动。然而，目前学校的教学班级制并不能充分考虑到学生之间的个体差异，相同的教学内容和进度可能会导致某种程度的教学不均衡。因此，我们应当积极推动学生进行自主学习。优秀的学生可以通过自我学习来提前掌握知识，而表现不佳的学生则可以通过自学来追赶甚至超越一般水平的学生。此外，自学的能力也是一个人能够终身受益的重要能力。

要提高自主学习的能力，最关键的是要培育出自主思考的技巧。对于语文教师来说，培养学生的独立思考能力有两个非常有益的阶段：一是课前预习，二是复习巩固。与教读阶段相比，这两个阶段提供了更多的独立思考活动的机会。在学生预习的过程中，教师不仅可以引导学生提出疑问或解决问题，还可以在新知识与旧知识相衔接的环节，在新知识的关键部分提出疑问，从而促使学生进行独立的思考。当教师提出疑问时，应注重其创新性，这样可以激发学生的思考热情，并帮助他们培养思考的习惯。在复习过程中，教师应该设计一些可以帮助学生咀嚼、消化、评价课文的练习题，而不是设计那些仅仅是记忆、背诵的题目。我坚信，只要我们坚持不懈，学生的思考能力必定会得到增强。

（三）应注意的问题

1. 务必激发学生对思考的热情（包括内容和形式的多样性，以及问题设计的灵活性），例如可以适当地进行一些如脑筋急转弯这样的智力游戏。脑筋急转弯作为一款当下流行的智力挑战游戏，赢得了青少年群体的广泛喜爱。它不仅有助于培养个体的机智感和默认感，同时也能在娱乐活动中锻炼人的思考能力。

2. 重视对知识进行深入地分析、对比、概括和总结，确保掌握其

内在规律。

四、听说读写综合训练的原则

（一）原则提出的依据

1. 中学语文科的教学目的、任务

学习、工作和生活中的读写技能是至关重要的，我们必须努力培养它；听说在当代生活中，能力的需求越来越大，因此我们也应当加大对其的培训力度。教师需确保完整地完成大纲中规定的所有教学职责。

2. 语文教学中听说读写四种能力发展提高的规律

在听、说、读、写这四大基础技能中，存在一个普遍的元素，那就是对语言和文字的理解与应用。通过视觉和听觉对语言的吸收，我们可以实现知识的增长和能力的提升；口头和书面表达都是通过语言这一物质工具来进行的，其主要目的是实现思想交流和情感表达。脑科学与心理学的研究表明，语言的感知和吸收内化是基于理解意义这一决定性条件的。理解充当着口头、书面以及语言内部化和外部化交流的关键节点。因此，在听、说、读、写这四种技能的进步中，存在一个与之同步的发展模式，这一模式受到语言理解能力的调控。在语文的教学过程中，只有主动遵循同步的原则，学生的四大能力才能得到和谐的培养；如果不遵循同步的原则，就会出现说不会写、会写不会说、光听不会记、会读不会用的不协调现象。这种不协调或不平衡最终会限制语文能力的提升，也就是说，一旦发展到一定程度，就很难再提高。

在语文的教学过程中，我们多次观察到听、说、读、写之间存在深厚的联系，它们相互促进、相互制约并共同进步。从阅读和写作活动的角度来看，阅读是写作的基础，“阅读超过万卷，笔下流露出神的力量。”缺乏必要的阅读材料，写作时便会感到困难。虽然写作是一种应用，但它同样可以扩大阅读的广度和加深阅读的深度，听说之间的互动也是这样。此外，经验丰富的语文教师都有过这样的体验：当学生对某篇文章产生强烈的阅读兴趣，并在首次阅读后能够发表自己的观点时，即便教师不进行讲解，学生依然有能力写出他们的学习心得和体会。这一现象展示了阅读与写作之间存在相互推动的关系。当一个人能够听到“弦外音”并理解“潜台词”时，这表明理解能力在听和读的过程中起到了协调的作用。

3. 听说读写四种能力在实践运用中的规律

听、说、读、写这四种技能在实际应用中并不是完全独立的。尽管在特定的时间段内，我们可以利用这些技能来实现某些特定的目标，但这些目标并不是单一技能所能实现的。为了获取新的知识，人们需要阅读书籍，但仅仅依赖单一的阅读方式并不能真正提高学习的效果。只有结合写作、听力和口语，我们才能有效地提升学习的效果。为了实现特定的交际目标，人们可以选择通过口头或书面的方式来表达自己的思维和情感，或者向他人介绍某件事情或分享自己的内心感受。然而，交际并不仅仅是一种行为，它还涉及接受他人的反馈，因此，听力和阅读是实现这一目标的关键手段。交流的整个流程要么依赖于双方的听说方式，要么是通过阅读和写作来实现的。因此，在实际应用中，听、说、读、写这四种技能是密不可分的。

4. 心理学功能训练的理论

功能区的生成主要受到与各种感觉相关的投射纤维在大脑皮层上的投射角度和位置的影响。有研究者进行了实验，首先让老鼠学习特定的动作，然后摘除大脑的不同区域，以研究其对学习行为的效果。实验结果显示，学习和记忆的效率会随着剩余的未受损大脑皮质的数量而变化，可用的皮质留下的部分越多，记忆能力就越强。这项实验的结果揭示了大脑功能的整体性，表明人类的心理是一个不可分割的整体。为了更全面地了解同一事物，人们需要使用更多的感觉器官和方法，这样才能达到更好的认识效果。

因此，在任何学科的教育过程中，都应确保学生的各种技能得到均衡的培养和最大化地展现。语文能力是由听、说、读、写这四大基础技能组成的，因此在教学过程中，应更加注重整体性的教学原则。

（二）原则贯彻的途径和方法

首先，我们需要深入理解教材中的听、说、读、写元素，找到最佳的结合点，合理地规划训练内容，并选择合适的教学策略。为了实施这个原则，教师首先需要更新他们的观念，只有更新观念，才能制定出内容和方法。在过去的语文教育实践中，常常过分强调读写能力，而相对忽视了听说技能的培训。其中一个可能的原因是受到了传统语文教育方式的深刻影响。在远古时代，学校是一个相对封闭的环境，语文教育从学生开始学习识字，然后按照“识字—写字—读文章—写文章”的顺序逐步展开，最终通过写作进入官场，但由于听说科目从未被考查，因此并没有受到足够的重视；第二个原因是，在查阅了大量的文献和历史资料后，我们发现从古代到现在，听说教学从未有专门的教科书作为支持。而在阅读教学方面，从《千字文》到《古文观止》，存在多种教材来满足不同教学阶段的需求，因此听说教学往往被视为一个可有可无的教学内容；第三点是，由于普遍存在的偏见，人们普遍认为听说活动每天都在进行，因此没有必要进行专门的培训。实际上，这些问题仅仅是表面上的，并没有深入探讨听说在教学过程中所扮演的关键角色。学校教育主要侧重于读写，这背后有其独特的原因。通常，阅读和写作都采用标准化的书面表达，这对于听说活动是一种积极的指导，并对培养听说能力起到了重要的推动作用。再者，读写教学实际上是一种“物质化”的教学过程，人们很容易观察到，在这个过程中，听说是不可或缺的，如果没有听说，那么整个教学过程是不可能存在的。特别是关于“听”的部分，其功能是隐晦的，当学生受到教师的教导时，“听”的重要性显得尤为突出。在传统的教学方法中，老师们都高度重视听和说的重要性。明朝的程登吉在他的蒙学著作《幼学琼林》中提到：“其内容应当适度，说话时更应有条理”，这是为了提醒老师使用有条理的话语去影响学生。

接下来，我们需要重视与课文内容的紧密结合，从具体内容出发，既强调核心要点，同时也考虑到综合性的训练，确保学生的四大能力得到均衡的培养。此外，教育工作者需要有计划地将读、写、听、说的技能融合在一起进行培训，以便为学生创造更多实际应用的机会。例如，在上课时做笔记或在开始写作之前先进行“说文”等活动。

（三）培养学生良好的听说读写的习惯

当我们深入探讨语文的教学流程时，会意识到从开始到结束，听、说、读、写都是不可或缺的环节。学生通过直观地观察来吸收知识，并利用思维和手写来理解这些知识。然后，他们可以通过口头或书面的方式来应用这些知识来解决实际问题。因此，我们可以说，语文教学的目标是通过教师和学生在读、写、说、说等方面的综合应用来达成。作为教师，我们应该努力培养学生综合应用四种技能的好习惯。当学生阅读时，教师应鼓励他们经常查阅参考书籍，学习如何标记和批注，上课时要经常做笔记，课后则要做读书笔记。老舍在其著作《谈读书》中分享了自己的感悟：“不论我对某事的理解是否准确，或者我的观点是否成熟，那些曾经写下笔记的人都会留下深刻的印象。随着时间的推移，当我开始阅读更多的书籍，重新翻阅那些旧的笔记，我会发现过去与现在在观点上的差异，并因此取得了进步。”在日常生活中，如果你听到他人的观点或从书籍、报纸上发现有价值的信息，你应该及时地将其摘录、分类和整理，这样，你的学识会持续增长。唐代的诗人李贺，每次外出都会背着一个破旧的锦囊，“有所得，就投书囊中”，他想到了一些妙言警句，总是记录下来，不断积累，最终成为一名杰出的诗人。这些建议的方法对学生来说都是值得学习的。

我们高度重视课外活动的引导，并组织了各种形式的综合语文课外活动，旨在为学生创造一个全方位的训练环境。由于课堂时间的限制，大部分完整的听、说、读、写技能，如读完文章后的心得体会和编写“手抄报”等，在课堂上往往难以完成。因此，综合的听说读写训练需要得到课外的大力支持。教育工作者应当高度重视课外活动的引导，并根据学生的思维、技能和兴趣等多种因素，将听、说、读、写的全面训练扩展到课外，确保学生的整体能力得到真正的增强。

（四）应注意的问题

1. 要根据实际安排训练内容和训练方式

进行综合训练时，并不是每次都需要对四种技能进行均衡地培训。根据课文的具体内容、学生的实际需求、教学环境的实际情况以及社会的实际状况，我们可以适当地规划训练的内容和方法。例如，当组织参观图书馆时，他们可以组织采访、听取介绍的笔记或制作阅读卡片等活动；举办辩论、讲座和报告活动；参与展览活动并对杰出的模范人物进行访谈；稍等一下。

2. 防止简单结合

综合听、说、读、写的训练，应根据教学内容进行合理地安排，既要考虑学生的实际情况，也要考虑训练的顺序和科学性。避免简单地结合，不考虑客观环境和训练顺序，这样的做法可能导致训练的不同步，并最终打击学生的学习热情。

五、课内语文学习与课外语文学习互相促进的原则

（一）原则提出的依据

1. 语文学习与生活本身是天然联系的、统一的整体

语文的学习与我们的社会生活是紧密相连的。有位著名的教育家曾经提到："语文学习的范围与生活的范围是一致的"。这句话至少传达了这样的观点：语文学习的范围与生活一样广泛，学习语文是与生活密不可分的，生活中的每一个角落都有学习语文的机会。语文本质上与我们的日常生活紧密相连。美国的教育专家杜威非常重视在学习过程中积累的经验，尤其是学生之前的经验和知识。他强调了"教育即是生活"的观点，这意味着教育必须与日常生活紧密相连，也不能忽视解决学习者生活中遇到的问题。学生需要掌握如何在日常生活中学习语文，整理各种实用的学习材料，运用所掌握的语文技能，每日进行阅读和写作，并在任何时间和地点抓住学习语文的良机。

教师鼓励学生深入社会生活这一“自然的教室”，让他们根据自己的生活体验来解读课文，并将课堂上学到的知识应用到实际生活中——描述自己的日常生活，从而自然地减少语法、词汇和阅读分析教学的重要性。这样做不仅能激发学生对语文学科的热情，还能帮助他们更好地理解社会和承担责任。学生们通过积极、主动和独立的方式学习语文，他们面对和了解这个世界，努力塑造自己的世界观，充分挖掘自己的潜力，并培育出强大的能力与自信。这种课堂教学与课外学习相互补充的教学模式，不仅有助于学生以生动活泼的方式进行学习，也有助于将所学知识应用于实践和文化教育。此外，它还有助于学生掌握认知、实践、与他人共同生活、个人发展和关心他人的能力，从而充分激发学生的个性、多样性、自主性和潜能，同时也促进了学生气质、观念和思想的现代化。此外，将课堂上的语文实践与课外的语文生活经验紧密结合，有助于培育学生在日常生活中“处处都是语文”的学习态度和习惯。养成这种习惯后，学生将能够广泛地探索和获取课本之外的自然、生活和社会等多维度的生活内容。这将为他们在课堂上的语文学习打下坚实的基础，帮助他们从单一的语文课堂扩展到更广泛的社会语文领域，在学习语文的过程中也能学习如何做人，从而达到个性的全面发展。

2. 语文学习的社会性与语文教学的有限性

语文的教育方式是受限的——常规的课堂教学受到时间和地点的制约；内容的选择必须受到教材内容和教师专业素养的制约；在教学方法上，我们需要受到物质条件的制约。因此，在课堂上进行的读、写、听、说的训练很难满足社会生活中丰富多样的语言交流需求。因此，语文教育应当与日常生活紧密相连，深入生活的每一个角落。有些教师将课堂内的学习与课外的学习比喻为鸟的双翼，这种比喻真的很生动。如果一只鸟失去了它的任何翅膀，那么剩下的另一只翅膀的功能将会大大受限。

尽管各个学科都高度重视课外与课内的协同学习，但语文学科强调课外学习与其他学科存在独特的意义和条件。我们所教授的是母语，而母语教学所提供的广泛学习环境正是语文教学的强项。社会用语环境为语文学习创造了有利条件，可以这样表述：在所有的言语交流场合，都可以学习语文，学到有用的知识就能应用，边学边用，两者相辅相成；对于课堂内的语文学习，需要有明确的规范，并为课外的语文学习提供内容和方式的指导，同时，课外的语文学习也要强化和应用课堂上的语文知识与技能。这两者之间也存在着相互促进的关系。

3．语文能力形成、发展的客观规律

掌握语文技能实际上是一种全面的能力。能力的塑造和成长需要多个条件，其中最关键的是：首先，能力的建立依赖于大量的实际操作，而能力的进一步发展则更多地需要与实际操作相结合。语文能力的塑造依赖于知识和智慧作为基石，这里讨论的知识涵盖了社会常识、传统习俗、历史传统等多个方面，但由于语文课堂教学时间的限制，不可能覆盖如此广泛的教学内容。其次，培养语文能力的核心目标是实际应用。如果脱离了充满活力的课外生活环境，仅仅依赖课堂上的特定情境训练，那么所教授的语言内容很容易与实际生活脱节，形成刻板的“学生腔”。这种与实际脱节的“学生腔”不仅在社会中不适用，还可能对学生未来的学习、工作和生活带来挑战。第三点，语言不仅反映了人类社会的各种事件、情感、逻辑和志向，还展示了民族的精神、情感和审美品位，同时也承载了丰富多彩的文化内涵。在进行语文的培训时，如果不能深入理解文化的内涵，那么就无法真正领会语言的表达力，也无法有效地使用语言来表达自己的情感；一旦深入理解了这些文化元素，我们就能更准确地把握语言的表达能力，更有效地通过语言来传达情感和意图，因为语言本质上就是人类生命意志的具体体现。从古至今，杰出的文学创作，其触动人心的部分，往往是对社会日常生活的真挚描述。因此，我们在语文教学中应该跳出传统的“小课堂”模式，采纳更为开放的教学方法。

4．发展学生个性、培养创新精神、推进素质教育的客观需要

传统的班级教学模式是基于大部分学生的实际能力来进行的，它具

备了标准化、同步和集中化的教学特色。这样的教学模式存在一个明显的缺点，那就是它很难充分考虑到每一个学生在知识、智力、能力以及个性和心理方面的差异。在当代社会中，我们需要培育那些思维敏捷、学识渊博、富有创意、积极进取、实践能力出色、社会适应性高以及擅长团队合作的各种人才。采用班级制的集体教学方式，很难让每位学生完全展现他们的独特才华。课外的语文活动为具有不同个性和发展阶段的学生提供了一个轻松、多样地锻炼和展示自己才艺的平台。在一个轻松和谐的学习氛围中，学生能够充分发挥自己的特长，发掘自己的特殊潜能，感受到成功带来的快乐，从而推动他们在课堂上的学习进步。[①]

（二）原则贯彻的途径和方法

1. 树立“大语文”教学观，扩大教学视野，拓宽教学空间，使语文课程成为开放而富有创新活力的课程

语文课程是以母语为基础的教育，其中的学习资源和实践机会无时无刻不在为学生提供。教师需要巧妙地应用多样的教学方法，主动地开发教学资源，并指导学生在实际操作中掌握学习技巧。我们致力于在课堂内外进行有效沟通，最大限度地利用学校和社区的教育资源，组织各种综合性的学习活动，以扩大学生的学习视野，并为他们提供更多的语文实践机会。追求语文知识的完整性和系统性是不适当的。我们应该鼓励学生更频繁地与语文材料直接互动，并在众多的语文实践中理解和应用语文的基本原则。语文的课程设计应当是开放且充满创意的，旨在满足各个地区、各种学校和学生的特定需求，并能根据社会需求进行持续的自我调整和更新。我们应该高度重视现代社会的信息化发展，并努力推进语言课程的创新与进步。

2. 鼓励学生深入社会实践，独立开展丰富多彩的课外语文活动

一个完整的知识体系应当是由书本上的知识和实践中的知识所构

---

① 包树珍. 核心素养下的语文课堂教学实践［M］. 北京：华文出版社，2023.

成，而一个完整的能力体系则应该是认识能力和实践能力的结合，缺乏实践能力和认识能力则意味着失去了其真正的价值。宋代的著名诗人陆游在他的《冬夜读书示子聿》这首诗中提到："古代的学者们学识渊博，年轻时就开始努力学习，但随着时间的推移，他们发现纸上的知识逐渐变得浅薄，要真正理解这一点，必须亲身实践。"这是他在学习和实践过程中的心得体会。作为语文老师，我们应该激励学生深入社会实践中去，让他们在实际操作中学习和应用语文。

（1）鼓励学生进入学校或社区的图书馆，或者引导他们使用网络资源，以掌握如何查找和引用资料的基础技巧，从而拓宽他们的阅读视野并积累更多的知识。

（2）引导学生独立地成立文学团体，并在出版、表演和讨论等各种活动中，让他们感受到合作和成功带来的快乐。

（3）我们鼓励学生将注意力集中在他们在学习和生活中感兴趣的议题上，共同探讨，选择研究的核心主题，制定简洁的研究方案，并从各种报纸、书籍或其他媒介中收集相关信息，进行问题的讨论和分析，最后独立或合作完成简洁的研究报告。

（4）我们鼓励学生对学校、所在地区以及国内外的重大事件保持关注，针对大家共同关心的焦点、热点和问题进行资料收集、实地调查和交流讨论，并能通过文字、图表、插图和照片等方式展示他们的学习成果。

（5）充分发挥广播、电视、电影和戏剧的优势，组织听评活动，并组织欣赏讲座。

语文的课外活动形式和内容繁多，只要教师真心投入，便有无尽的教学资源可供利用。

3. 给学生创设语文课外活动的条件和环境

教育工作者应当主动营造有利环境，并首先呼吁学校为语文教育提供必要的教学设备；我们还应该与社区形成稳固的合作关系，积极寻求社会、家长等多方面的支援，并组织各种方式的语文教育活动。

4. 重视课外活动的指导和检查，使之持之以恒

由于课外阅读具有很高的自由性和学生的分散性，语文教师需要根据学生的具体情况和自身的特长，给予他们认真地指导和建议。

(1) 有针对性和计划性地推介阅读材料。在选择读物时，我们应确保其内容和形式与课文紧密相连，从而在课堂内外都能相互推动。推荐给学生的是那些思维健康、能够激励他们向上发展、语言和文字规范值得效仿的书籍，同时也要考虑到学生的年龄、心理状态和阅读能力。为了拓宽学生的知识视野，我们应该确保读物的种类和种类既广泛又多样。

(2) 基于中华民族的传统文化，我们为学生提供了人文知识的基础教育。例如，在书法、写作、朗读、文学欣赏、人物传记和文化知识等领域，我们可能更注重情感的熏陶，或者更注重培养健康的人格，或者更多地关注审美情趣的引导。为了遵循活动课程的实践性原则，我们可以组织各种形式的读书会、诵读会、演讲会、辩论会和文学社团。通过各种形式，如讲座、阅读、讨论、参观、访谈和考察等，我们可以积极地组织各种活动。基于这些活动，我们的目标是引导学生去了解和学习世界各民族的优秀文化，从而营造一个既具有中国特色又具有时代特色的学习人文氛围。

(3) 我们需要对课外阅读的表现进行及时的评估和检查，对于课外活动的安排，我们也应该进行检查、给予鼓励并给予表扬，确保其持续进行。这种方式主要包括：对学生的阅读内容、字数、笔记和卡片等进行调查和统计；组织各种形式的阅读比赛、读书讲座以及经验分享活动等；展示出色的读书笔记、卡片和经验，并对课外阅读的积极参与者进行评选和表彰；稍等一下。

（三）应注意的问题。

1. 深入学生实际，了解学生心态。

2. 注重课外活动的有序、扎实、活泼，提高质量。

第四节 中学语文课堂教学改进策略

一、基于深度学习理念的课堂教学改进

现阶段，中学的语文课程设置过于繁琐，导致许多学生难以跟上教学节奏。从小学阶段过渡到中学，这无疑是一个关键的转变点，而语文课程则是一门旨在提升学生的理解和语言技能的科目。因此，在这种深度学习的大背景之下，我们需要思考我们应该处于何种状态，这样才能真正地解决核心问题。

（一）改善教案设计

教案的设计通常被视为教学流程中的首要步骤，教师在授课之前都需要进行备案，因此教案的设计直接影响到一堂课的成败。教案的设计并不是固定不变的，我们应该根据新的课程标准进行必要的调整和完善。教师在教案设计中起到了关键的指导作用，因此，拥有扎实的专业知识是成功设计教案的基础，并且必须对其给予足够的重视，不能随意进行。部分中学的语文老师，由于他们深厚的教学背景，往往忽视了教案的设计。教案的设计往往是草率的，这导致了课程的目标不够明确，缺乏明确的计划，最终使得教学效果未能达到预期。因此，在制定教案的过程中，教师必须确立清晰的方向和目标，深入考虑学生的实际需求，并依据学生的特定需求来规划教案。[①]

（二）注重有效提高课堂教学氛围

如果我们希望提升课堂教学的效果，就必须重视教学方式的多样性，教师需要在课堂教学中灵活运用各种方法，以便学生能更快地进入学习的状态。采用这种方法，我们成功地打破了原先乏味的课堂环境。

① 张春英. 语文课堂教学研究及策略［M］. 天津：天津科学技术出版社，2019.

在这一阶段，教师应当重视对学生思维模式的适当引导，以便让学生在参与课堂教学活动时表现得更为活跃。

（三）注重在课堂教学中引入讨论

当我们努力提高中学语文的教学效果时，一个不可忽略的方面是激发学生的思考能力。通过对学生语文思维能力的培养，可以让他们对某一问题有更深层次地理解。

（四）精心布置练习

作业练习的目的是帮助学生更好地巩固他们所学的重点和难点。然而，目前仍然有很多教师在布置作业时毫无组织，总是以数量为基准，这在不知不觉中给学生带来了额外的压力，反而使学生对中学语文课程产生了畏惧，最终导致他们停滞不前。我个人觉得，作业的分配需要进一步地完善，我们应该有目的性地进行作业布置，而不是仅仅根据数量来评价作业的效果。当然，我们也不能仅仅局限于形式，作业的安排可以更具实践性，也可以采用多媒体工具来实现。在分配作业的过程中，可以依据课程主题来决定如何布置作业。

（五）分段评价，多个维度

在语文的教学过程中，由于学生的知识范围广泛且深度难以预测，因此仅通过期末考试很难准确评估学生的学习进展。因此，在进行语文教学时，教师有责任进行分阶段的评估，并可以根据学生在本班级的具体状况，采用不同的测试维度来深入了解学生的学习进展。在进行分段评估时，教师能够在各个不同的时间段内清晰地识别出学生的进步和不足，基于这些发现，教师可以制定更为全面的学习方案，并针对学生的不足进行有针对性的指导。

二、基于问题教学的课堂教学改进

在 20 世纪 80 年代，语文教育经历了翻天覆地的改革，其中语文问题教学模式（策略）吸引了众多教师的目光。随着新世纪的到来，在新课程改革的大背景之下，问题导向的教学方法受到了前所未有的关注。这是因为新课程所推崇的基于问题的教学模式，在某种程度上是探究式教学的代表。在这个阶段，理论研究者也从多种视角对问题导向的教学方法进行了深入探讨，为实际的课堂教学提供了更加稳固的理论依据。

（一）建构多种问题教学范式，实现课文学习和培养学生问题意识的统一

1. 问题导学式

长时间以来，问题教学仅仅被视为一种教学方法，教师和学生在课堂上通过解决问题来完成教学任务，实现教学目标。在真实的课堂环境中，我们遵循以下步骤：首先设定教学目标，然后由教师（或学生）提出疑问，接着在师生之间的问答环节中解决这些问题，最后完成教学内容的学习，并最终实现教学目标。这种以“问题”为核心的教育方法可以被称作问题导向的教学模式。

这类课程的核心目标是完成所学内容并实现教学目的，但学生在发现和提出问题上的能力并未受到应有的关注。与传统的其他教学模式相比，问题导学的一个显著优点是它的教学目标非常明确，不仅能够解决实际问题，而且教学过程既简洁又高效：从呈现问题（紧密围绕目标）到解决问题（紧密围绕内容）。这种类型的课程的核心问题是问题的质量，能否提出能够统摄整篇文章的高质量问题，这将决定课堂是否能够达到预期的效果；这种类型的课程存在一个明显的缺点，那就是其课堂推进方式过于固定和形式化。如果教师不能巧妙地穿插和指导学生，仅仅依赖机械的展示方式来解决问题，那么整个课堂就会显得单调和缺乏活力。

这种类型的课程教学模式通常更为显著，通过融合新的课程观念和最新的语文教学研究成果，有可能进一步优化这一教学模式。首先，我们需要根据课程内容和教学目标来确定教学内容，接着根据学生的实际情况将这些内容转化为教学问题，最后再利用教学情境将这些问题转化为实际的教学活动。该教学设计流程主要包括以下几个步骤：首先明确

教学目标，然后确定教学内容，接着提出教学问题，最后设计教学活动。整个教学过程可以简化为问题的展示，活动的展开（结合文本来解决问题），最后实现教学目标。

2. 问题发现式

这一教学模式的目标是解决问题教学在课堂价值功能上的单一性，也就是说，问题教学不只是为了完成课文的学习任务，更是为了培养学生的问题意识，以及他们发现和提出问题的能力。

问题发现式课型和问题导学式课型的教学目标有所不同，前者在完成课文学习任务的同时，也要求学生去发现更多未解决的问题。该教学流程主要包括以下几个步骤：首先是创建问题情境（由教师提出），然后是提出问题（由学生提出），接着是解决问题（由师生共同完成），最后是再次发现问题（由学生提出）；也可以将其简化为：首次阅读时提出问题—仔细阅读后解决问题—再次阅读时发现问题。实际上，这是一个永无止境的循环过程：先是发现问题，然后解决问题，最后重新发现问题。这个过程打破了课堂和课外的时间限制，使得阅读变成了一个以“问题”为中心，不断发现和构建的过程，这也正好反映了阅读的本质。

问题发现式的教学方法更多地强调了学生的中心地位，同时也更注重课堂内容的动态变化。值得特别强调的是，这种教学模式尤其适用于文学作品的教学，特别是小说，因为高质量的小说通常包含多个主题，而经典作品则是持续更新的，更加强调读者的参与和构建。

（二）突出学生主体、教师主导的问题提出方式，实现问题解决的“双为主”策略

1. 学生是提问主体

新课程的核心思想是“以学定教”，而学生的真实学习状况和他们的初步体验构成了教学设计和课堂教学的出发点。从这个角度看，问题教学的出发点应该是“问题”，因此“问题”应当由学生主动提出。学生在提出问题时主要采用两种策略：一是在课前的预习阶段提出，另一是在课堂上进行实时的提问；前者为教师在课前制定教学计划提供了基

础，而后者则为教师在课堂上提供了动态调整教学进度的宝贵资源。

2. 教师是提问主导

尽管学生是问题的提出者，但他们提出的问题的种类和层次都会有所不同。因此，教师需要发挥其引导作用，对学生提出的问题进行筛选、筛选、整合和总结，挑选出真正有价值和代表性的问题，并对相似的问题进行整合和总结。

3. 教学过程实现学生、教师“双为主”的策略

学生显然是问题解决过程中的关键参与者，因为“问题”首先是学生自身的问题，只有依赖学生来解决问题才具有实际意义。如果没有学生的积极参与和主动构建，问题解决的教学活动将无法顺利进行；然而，这也需要教师的细致规划、创新性的设计，以及在教学过程中的实时指导和适时的调整。然而，我们必须清楚地认识到，在教学活动中，教师的主导角色本质上是服务于学生这一主体的。因此，从宏观角度看，“双为主”策略必须确保学生处于核心位置。

（三）注重问题呈现的静态预设和动态生成的和谐交融

1. 课前精心预设问题

在问题教学中，最核心的部分是“问题”，而这个“问题”在整个课堂教学过程中都是不可或缺的。不论是学生还是教师提出的“问题”，大多数情况下都是基于预先设定的；站在学生的立场上，他们应该基于自己的知识背景和阅读倾向，真诚地提出初次阅读时的疑惑。从教育者的视角看，一方面需要基于自己对文本的理解提出疑问，接着参考相关的文献资料，以进一步完善这些问题；从另一个角度来看，我们需要根据学生提出的疑问来调整自己的问题，寻找那些既符合学生实际情况又与文本紧密相连的问题。

通常情况下，预先精心设计的问题需要满足以下几个特性：首先是与语文相关的问题，而非与语文无关的问题；第二个是真实的问题，而非虚假的问题；第三点是，问题的性质需要适中，要与学生的实际学习情况相匹配，并突出文本的文体特色；第四点是关于问题的有效性，问

题出现在学生感到困惑和兴奋的地方，而问题则出现在文本中的关键障碍区域；第五点是，问题之间存在层次关系，它们之间存在深刻的内部联系，这与从表面到深层、从简单到复杂的认知逻辑是一致的；第六点是，问题需要具有总结性，并且数量不应超过5个。

2. 课中智慧生成问题

问题教学的关键是解决问题，但如果解决的过程是线性的、机械地推进，那就不是真正的课堂。正如华东师范大学的叶澜教授所指出的，课堂上发生的所有事情，既不完全是教师备课时的预设，也不完全是教师单方面决定的。教学过程的实际进展和最终结果，更多地取决于学生的学习情况、课堂的具体进展状态和教师的处理策略。因此，在基于问题解决的课堂教学中，如果教师和学生未能在实际的教学环境中创造新的问题，那么这种教学方式可以被视为是不成功的。

如何在不断变化的环境中创造出新的问题？在课程开始之前，我们需要对问题进行精心的预设，但也不能过于细致，确保为课堂内容提供充足的准备空间；从另一个角度看，教师需要拥有充分的教学策略，能够根据课堂上的实时情境来指导学生，识别他们的问题，并基于这些问题作出明智的决策和选择，从而推动教学的持续进步。

（四）引进问题研究最新成果，搭建真实有效的课堂对话平台

为了解决课堂中“满堂问”的问题，教师们提出了多种有效的解决方案，这使得问题教学课堂从教师和学生之间的机械式问答转变为基于“问题”的师生之间的真诚对话。这个观点是值得学习的，但仍需进一步地完善。

1. 主问题

余映潮，这位著名的特级教师，提出了一个核心问题。余老师持有观点，核心问题是经过深入的总结和提炼得出的；针对主要问题的教学方法，对教师在掌握教材质量和进行课堂对话方面提出了相当高的标准；广泛应用主要问题将在很大程度上改变语文教师在课堂上提问的习

惯。主要的问题有助于在课堂上进行大量的语文实践活动，有助于简化教学流程，强调内容的综合性。课堂上出现的主要问题是预先设定的；课堂活动是由主要问题触发的生成过程。

2. 问题流

孙建军教授是问题流这一观点的提出者。在大部分的课堂教学过程中，提出的问题往往是随机的，并且这些问题之间往往缺乏紧密的联系。这些问题被简洁地组合在一起，我们把它们命名为问题群。一旦问题获得了独立性和复杂性，各个问题之间便形成了层次性和相应的密度，赋予了它们整体的含义，并在整个交流过程中持续存在，从而导致了问题流的形成。孙教师持有这样的观点：为了构建一个科学的问题流程，我们需要妥善处理以下五个核心问题。

首先是学生的自主性，他们可以主动提出疑问。

其次是难度，教育测量中的难度概念可以为设计问题的难度控制提供数量上的依据。

第三种是梯度，这种特定的梯度确保了“问题流”不会停滞不前。心理学家将从提出问题到解决问题的整个过程称为“解答距”，并据此将其划分为四个不同的梯度：微解答距（即不需要思考，只需看书就能回答），短解答距（模仿和简单变化书本内容），长解答距（综合运用已学知识进行解答），以及新解答距（采用自己独特的方式进行创造性解答）。

第四点是提问的密度，我们在提问时需要确保密度适中。

第五点是，在提出问题之后，教师还需要给予学生足够的时间来进行深入地思考和探索。

类似的说法还包括问题束、问题链、问题连续体等。其核心目标是解决课堂中问题的随意性问题，并通过调整问题的内在机制，将教师与学生之间的机械式问答转变为真实的、多角度的师生对话。

3. 话题

虽然巧妙的提问方式可以有效地激发学生的思考，但大多数问答活动都是以教师为核心，学生往往只是被动地回答教师的问题。虽然从表面上看，学生的思维似乎非常活跃，但实际上他们的学习态度并不是那么积极主动。因此，在设计问题的同时，我更倾向于提出几个话题，并与学生共同就这些话题展开平等的对话。话题与问题的主要区别在于，学生的思考范围更为广泛，他们更多的是围绕特定话题发表观点，而不是直接回答教师的问题，这导致答案的重要性逐渐降低，而通过交流获得的知识也更为丰富。

实际上，问题与话题之间存在着紧密的联系，或者可以这样理解，大型、概括性强、张力丰富的问题本质上就是话题。

三、基于核心素养培养的课堂教学改进

对于中学生而言，语文这一学科具有极高的重要性，现代教师在知识传递方面已经开始给予更多的关注。在新的课程改革背景下，强调了对学生核心能力的培育的重要性，确保中学语文在学生的学习和日常生活中占据核心位置，进一步完善教学方法，全方位提高中学语文教学的品质。

（一）改变教学观念，注重核心素养的提升

在中学的语文教学过程中，我们应当充分利用各种丰富的学习资源，以激发学生的学习热情，助力他们拓宽知识视野，培养创新思维，并加强他们的逻辑思维和领悟能力，而不应仅仅局限于课本所教授的内容。在已有知识体系的基础上，融入现代实例或小故事情境等元素，可以迅速地吸引学生的注意，增强他们的学习兴趣，从而让学生在学习过程中由被动转为主动。以诗词学习为例，学习诗词不仅仅是让学生背诵内容和词义，更重要的是让他们身临其境地感受到作者的情感，包括高尚的、安逸的、悲壮的等。只有当学生深刻地体验到情感的升华，他们才能真正理解诗词的深层含义。

（二）丰富教学形式，使学生综合发展

在中学的学习过程中，学生的学习目的不仅是为了积累知识和取得

满意的成绩，更关键的是为了提升自己的综合素质，为未来的学习打下坚实的基础。在中学的语文教育过程中，教师的角色不仅仅是简单地传授知识给学生，更重要的是鼓励学生进行自主学习，并通过教师的协助来解决学习过程中遇到的难题。在教育过程中，为了更全面地提升学生的综合素质，有必要加强情境设计，以激发学生的好奇心和参与度，使他们在愉悦的氛围中更容易吸收和学习更多的知识。此外，在教学过程中，教师需要与学生建立更紧密的互动关系，这不仅可以直接提高学习效果，还有助于形成和谐的师生互动，从而使学生更愿意与教师共同完成学习任务，并推动他们向更好的方向前进。

（三）突出语言中心地位

语言、思维、审美和文化这四大核心素质，并不是每一个语文学科都有其独特之处，有些则是其他学科共同拥有的。例如，思维和文化等，语文学科需要根据其独特性和固有规律，将这些核心素养进行学科化处理。在这四大核心能力里，语言的构建和应用是语文所特有的，并且是这四大能力中最基础的部分。在基础教育的语文课程中，语言的建立和应用被视为其生命线。在强调核心素养的教育环境中，教育者需要转变他们的传统观点，更加重视语言在教育中的核心地位。

在语文学科的核心素养中，四个方面既是各自独立的，同时也是相互依赖的，它们既有各自的重点，也实现了相互的融合。无论是思考的进化和升华，审美的欣赏和创新，还是文化的继承和理解，都离不开语言这一工具，都应聚焦于语言的构建和应用。因此，语文的教育应当从语言开始，最终达到语言的境界。

“始于语言”的理念强调，为了思维的进步和升华，我们需要对语言的各个层面进行细致的整理和分析；为了审美的欣赏和创新，我们需要深入地阅读和应用语言；而为了文化的继承和理解，我们同样需要从语言文本中获取信息。“终于语言”意味着学生的四大核心能力都需要通过语言来呈现和展示。

在核心素养这一概念的大背景之下，教师需要对语言的核心作用有明确的认识，并将提高学生在语言构建和应用方面的能力，视为提升学生核心素养的决定性因素。此外，这也标志着教师专业成长的一个新的突破点。

（四）加强对思维逻辑的培养

由于过去过分强调语文学科的人文价值，近年来的学者们在实践中往往放弃了科学主义的理性思维，而是对思维的发展和提升采取了有意或无意的屏蔽态度。另外，在高等教育机构的教学过程中，与思维逻辑相关的课程并没有得到应有的关注，这导致了语文教师在其固有素质中，在思维逻辑方面存在明显的不足。

在思维教学过程中，语文教师需要经历几次重要的转变。首先，我们需要实现从以知识为中心到以能力为中心的思维转变，思维的成长和进步的关键不是掌握思维逻辑的知识，而是培养相关的能力。接下来，我们需要改变思维模式，引导学生从单一的思考方式转向更为综合、优化、整体和系列化的思考方式。最终，我们需要转变思维方式，从主要关注形象和逻辑思维转向更多地培养学生的创意思维（如灵感驱动的思维）和综合的发散思维。与此同时，我们需要确保思维训练是在特定的环境中进行的。

（五）多角度开发课程资源

教师应鼓励学生自行创建各种社团，并组织各种语文学习活动，例如读书交流、写作分享、辩论演讲、诗歌朗诵和戏剧表演等。利用图书馆、博物馆、纪念馆、文化馆、美术馆、音乐厅、影剧院、名人故居、革命遗址、名胜古迹和其他文化遗产，通过实地考察，加深对某一文化现象的理解。

语文课程所提供的资源种类繁多，既可以是传统的纸质资料，也有可能是多媒体和网络的资源。各个区域都隐藏着丰富的自然、社会和人文等语文教学资源，我们应该积极地去挖掘和利用这些资源。语文课程可以利用自然景观、历史文物、革命的传统、当地的风俗和民情、国内外的重大事件、学生的家庭生活以及日常生活中的各种话题作为教学资源。为了将各类课程资源有效地转换为课堂教学内容，教师需要具备出色的课程设计和开发能力。仅仅依赖单一教材的传统教学方法显然不能满足新课程的需求。因此，语文教师需要充分利用自己的能力，参与到必修和选修课程的建设中，积极地开发和利用各种课程资源，并创新地组织各种活动，以提高他们的教学质量。与此同时，教师需要扩大语文课堂的教学视野，指导学生从日常生活中识别出问题，明确活动的主题，并加强在各种环境下学习和使用语文的意识，以便更好地将语文与社会生活相结合。

在传统的基于学科的教学方法中，很少有教育者从课程的本质和功能角度去思考和评估教学行为，这意味着教师在对课程的理解上存在不足。这导致了在 21 世纪初开始的课程改革试验中，校本课程的构建和课程执行的选择性方面并没有取得明显的进展。新的考试制度旨在提高课程学习的多样性，这也意味着教育者需要设计和执行更符合学生需求的课程。教师那种“一生只教一本书，终其一生”的传统观念即将受到挑战。教师有责任参与课程的构建，而学生在挑选课程的过程中，实际上也在选择教师的教学方法，这对教师而言无疑是一种压力。

（六）突出语文实践活动中的任务驱动

为了促进语文核心能力的发展，新的课程标准明确了语文学习的核心行为模式，这包括阅读与评价、写作与表达、整理与研究，并在语文实践中强调了多种方法的综合应用。学习任务群在教学组织上与传统的课文教学有所不同，它更加注重满足实际生活的需求，因此，教师应该指导学生在实际的实践活动中完成学习任务，从而培养他们的语文综合能力。

语文学习任务群既不是来自“天外来客”，也不是凭空捏造的。当 21 世纪初开始新的课程改革试验时，语文教育已经明确提出了改变教学和学习方法的需求。除了传统的“听、说、读、写”的练习，现在还引入了综合学习，作为将语文与日常生活相结合的组织策略，以实现学习语言应用的课程目标。①

（七）构建全面且科学的教学评价机制

对学生而言，教学评价具有极高的重要性，它主要涵盖了对教师和学生两个方面的综合评估。对教师而言，收集学生的反馈和评价可以帮助他们发现教学中的不足，识别学生的实际需求，并据此制定出合适的教学策略。对学生而言，他们可以通过教师对自己的评估来纠正自己的不当行为和学习方法，并在教师的激励下，进一步增强自己的自信。实施一个合适的评估体系可以促进教师与学生之间的相互指导和学习，为他们共同设定一个明确的目标方向，让学生在评估过程中能够识别出自己的不足并得到认可，从而推动学生的全方位成长和发展。

① 徐小平．语文课堂教学中的实践与评测［M］．长春：吉林人民出版社，2020．

第三章　中学语文阅读教学

第一节　语文阅读教学的意义

一、阅读是丰富人生经验的必要途径

瑞士的作家凯勒曾经表达过，一本书犹如一艘船，引领我们从狭窄的视野，进入生活的无边无际的大海。在我国的古代文化中，有一种观点认为“在家就能了解世界”，这表明阅读是古人积累经验和知识的关键方式。到了近现代，由于交通网络的高度发达和全球联系的日益紧密，外出进行长途旅行已经成为人们日常生活的一部分，同时也有大量的人在他们丰富的生活经验中记录下了自己的所见所闻和人生感慨。这批资料构成了学生探索外部世界的不可或缺的途径。尽管现在的学生从小就有机会四处旅行以拓宽视野，但由于他们年纪尚小，生活环境相对简单，再加上学业压力，因此他们在生活经验方面仍然非常缺乏。这也导致了他们的视角相对有限，对于问题的看法也显得较为偏颇。

书籍数量庞大，涵盖了各种各样的内容。在读书的过程中，每位学生都有机会与他人进行深入地交流，从而拓宽自己的视野，并丰富他们的生活体验。

二、增强学生与文本的精神交流

阅读不仅是一种复杂的思考活动，更是读者在筛选和处理阅读材料时所经历的复杂过程。在阅读的过程中，读者会主动地构建意义，掌握

高效的阅读方法，并对所读内容进行深入地反思。阅读本实质上是学生与文本之间进行精神层面交流的一种个人阐释。教师应当激励学生主动地投入阅读，并在阅读过程中与文本进行精神层面的互动。本质上讲，阅读是一种让读者和作者跨越时间和空间，通过文字和文字达到心灵共鸣的过程。因此，参与阅读活动能够极大地促进学生与文本之间的心灵沟通，持续地培养他们的道德品质，并净化他们的心灵。

三、提高社会适应能力

我们生活在一个充斥着大量信息的现代社会中。在大数据的背景下，每一个渴望生存和成长的学生都应该掌握如何从海量的数据中筛选和确定他们所需的信息和资料。其核心基础是具备出色的阅读技巧。对于现代人来说，掌握阅读技巧已经变成了他们生存和成长的核心技能。在新的时代背景下，文盲的定义已经发生了变化，他们不再是文盲，而是失去了学习和阅读的能力。阅读不仅是一种生活方式，也是生命中的一种活动。它代表了一种充满自由、精神和智慧的生活方式。正是在这种自由和愉悦的阅读体验中，人们沉浸在精神层面的生活中。通过语文的阅读教学，学生能够深刻理解生命的真正意义和价值，进而培养他们对生活的热情和对生命的珍视，从而更好地适应社会和时代的进步需求。①

四、阅读方法指导的重要性

于晓冰老师指出，目前中学生的阅读习惯中，存在如不阅读、肤浅阅读、狭隘阅读和实际阅读等迫切需要解决的难题。在这之中，有一部分学生完全没有进行阅读活动。一方面，学生由于学业压力过大，缺乏阅读的时间；从另一个角度看，大量的电子娱乐设备的加入导致了学生注意力的分散。所谓的浅阅读，指的是部分学生尽管阅读了书籍，但他

① 朱惠玲. 浅谈高中语文阅读教学 [J]. 今天，2023（23）：31—33.

们的阅读深度很浅，很多时候都被动漫或流行小说所吸引，有的甚至到了没有图片就无法阅读的地步。在“读图时代”中，肤浅的阅读显然并不有助于提高学生的思维质量。窄阅读指的是，尽管部分学生对阅读有着浓厚的兴趣，且阅读内容并不简单，但他们的阅读视角相对有限，通常只专注于某一种类型的读物。学生在阅读过程中的偏食习惯，可能导致他们的阅读能力受到影响。进行阅读，也就是试图通过增加阅读理解题的数量，来提升学生的阅读技巧，但这样做可能会让学生深陷于大量的题目之中。这样的做法不仅可能导致学生在文章末尾没有任何疑问时就无法阅读，不确定应该从阅读中得到什么，还可能极大地降低学生的阅读愉悦感。

于晓冰老师明确表示，考试阅读与日常阅读是两个截然不同的阅读方式。考试阅读是一种基于测试的阅读方式；在日常阅读中，这是一种鉴赏性质的读物。在测试性阅读中，为了实现选拔的目的，答案的方向可能是唯一的，或者可能是单向的。然而，鉴赏性的阅读方式与众不同，正如那句话所说：“每个读者都有自己的哈姆雷特解读”和“每个人都有自己的见解和智慧”。毫不夸张地说，鉴赏性的阅读确实是对语文技能的真实展现；在当前的考试选拔过程中，测试性阅读仅仅是一种不得已的选择方式。此外，于晓冰老师也强调，对于学生来说，只要他们具备了审美阅读的技巧，并深入理解了测试性阅读问题答案的唯一指向，那么提高他们的测试性阅读能力将变得非常简单。然而，如果学生并未将鉴赏性阅读作为学习的基石，那么所谓的测试性阅读提升就像是在沙子上建起了一座“塔”。学生在阅读文章时可能会感到困惑，即便他们掌握了再多的阅读技巧和理解了再多的原则，也可能变得毫无意义。

于晓冰老师提出，当涉及指导学生阅读时，我们应该有更长远的视角。对于我们的语文老师、学生以及他们的家长来说，应该减少急于求成的心态，而更多地保持脚踏实地的态度。正如古代智者所言：“练习千曲才能领悟声音，观察千剑才能识别工具”，只有真正将“阅读”这一任务落到实处，才是真正掌握语文的正确路径。

因此，传统的只向学生灌输知识的阅读教学方式已经不再适用，教育者需要构建一个以学生为中心的阅读课堂，协助学生掌握高效的阅读技巧，从而培养他们持续的独立阅读能力和较高的阅读修养。我们的目标是确保学生即使离开了教室和教师，也能进行有意义的阅读活动，从而促进他们的健康发展。这些建议的问题，都迫切需要语文老师进行深入地探讨和研究。①

第二节　语文阅读教学的理论研究及前沿动态

一、国外阅读教学的理论研究及前沿动态

自21世纪开始，关于阅读的本质，西方的当代文学阅读理论产生了各种不同的解读，包括“阅读即解码”“阅读即对话”“阅读即填补意义的空缺”“阅读即区分品味”以及阅读即“互文”等观点。在现代西方文学的阅读理论研究中，关于阅读心理的探讨呈现出多样化的趋势，并逐渐形成了如认同论、完形论、同化论、内摄论和极乐论等多种不同的文学阅读心理理论。在现代西方文学的阅读理论研究中，关于读者类型的探讨已经从多个角度和层次出发，形成了多种关于读者类型的观点，包括虚构读者、真实读者、隐含读者、理想读者、冒牌读者、模范读者、超级读者、内行读者和抗拒的读者等。

观察当代西方文学批评的演变历程，我们可以看到它按照时间的先后顺序，经历了以作者为核心、以文本为核心以及以读者为焦点的三个发展阶段。随着这三个发展阶段的确立，文学阅读领域也孕育出了三套不同的理论体系。首先，文本阅读理论应以作者为核心，也就是说，“什么是作品的意义”或者“我们应该在文本中理解什么样的意义”。按

---

① 叶丽新. 读写测评 [M]. 上海：上海教育出版社，2020.

照传统的文学观点，我们需要探寻作者在其作品中所表达的深层含义。既然作品是由作者所创作的，那么对于作品的真正含义，他拥有完全的解释权。其次，文本阅读理论以文本为核心。罗兰·巴特，一位法国的文学评论家，声称："一旦作品问世，创作者便会离世。"他不赞同以作者为核心的文本阅读观点，并坚信作品与作者之间并无直接联系。那些支持以文本为核心的文本阅读观点的学者相信，文本的真正意义在于其内容本身。第三点，文本阅读的理论应以读者需求为核心。此理论对以作者为核心的文本阅读观点和以作品为核心的文本阅读观点进行了修正，它不仅突出了作品与文学传统和历史社会的紧密联系，同时也确认了文本形式的实际存在。他持有这样的观点：文学创作中充满了众多的不确定性和未明确的内容，只有当读者通过文本阅读来明确这些不确定性并填补这些空缺时，文本才能被视为真正的作品。以读者需求为核心的文本阅读理论强调了读者在阅读活动中的正面影响，并专注于为读者提供个性化和独特的阅读体验。此理论为读者提供了新的视角，激励他们以更加主动的方式参与审美活动，鼓励他们根据自己的经历来构建文本的深层含义，并在此过程中培养他们的情感和精神。这种阅读方式不仅重新塑造了阅读的流程和技巧，同时也对学生在阅读过程中的感受和看法产生了影响。

这三个文学阅读理论之间的核心差异在于，文本所承载的意义是什么，以及这些意义是如何形成的。从多个角度综合考虑，如果作者和读者是阅读的两个极端，那么文本的解读就会在这两个极端之间摇摆不定。因此，当读者接近作者时，这意味着他们可以通过探索作者与文本间的各种关系来理解文本的深层含义；当读者试图与文本建立更紧密的联系时，这意味着他们需要通过将个人的生活经验与文本内容相结合来构建文本的深层含义。在这种描述里，我们并没有直接否定任何理论，但确实强调了文本自身在文本意义构建中的核心地位。无论是从作者的生活经历和时代背景中挖掘出的文本含义，还是基于读者的实际体验所构建的文本含义，都应当依赖于文本本身来实现其有效性。

艾德勒和范多伦这两位美国学者都强调，阅读是一项需要主动参与的活动，并主要探讨如何通过阅读来提高理解能力。该方法把阅读活动划分为四个不同的级别，它们是：基础阅读、检视阅读、分析阅读以及主题阅读。阅读通常有三个主要目标：一是为了娱乐和消遣，二是为了获取信息，三是为了提高自己的理解能力。仅通过最后一种阅读方式，读者的心智才能得到增长，并持续地进步。除此之外，艾德勒与范多伦也分享了如何阅读各种书籍的技巧。例如，你可以选择阅读实用书籍、创意文学、故事集、戏剧与诗歌、历史书籍、科学与数学书籍、哲学著作以及社会科学等。他们强调："优质的阅读不仅仅是对阅读的有益，也不仅仅是对我们的职业或事业的支持，更重要的是，它能够帮助我们的思维保持活跃和进步。"

培育学生的阅读能力是阅读教育的核心目标。国际阅读素养进步研究项目和国际学生评价项目测试的宝贵经验，能够为我们在培养阅读素养方面提供有价值的参考和借鉴。无论是国际阅读素养进步研究项目还是国际学生评价项目，它们都在信息收集、逻辑推理和反思评估这三个方面对阅读素养进行了深入的考察。在"整本书阅读"这一教学环节中，导读和研读是两个核心部分。教师的指导应侧重于信息收集、逻辑推理和反思评估这三个方面，以便更有效地培养学生的阅读技巧。对于从事语文教学的教师而言，如果能够集中注意力并在关键内容上取得突破，他们就有可能在主题阅读方面做得更为出色，从而构建一个目标更为明确的"整本书阅读"专题。为了培养学生的信息搜集、推理解释和反思评价能力，我们根据作家、作品、内容和形式等专题来选择阅读材料，目的是在有限的时间内培养学生的阅读素养和形成良好的阅读习惯。

外国的阅读教学理论研究揭示了读者在阅读过程中的心理活动特点和思维活动规律，并分析了影响阅读的各种因素之间的相互关系。对这些理论和著作的深入学习，无疑会对我们的语文阅读教育带来非常正面的效果。

二、国内阅读教学理论研究及前沿动态

（一）关注学生的发展

从内涵角度看，发展是指学生在知识和技能、学习过程和方法、情感以及态度和价值观这三个方面的和谐进展。在语文课堂的阅读教学中，一个有效的目标应当是通过这种教学方式促进学生的全面发展，这主要体现在两个关键方面。在认知层面上，学生从一无所知逐渐理解，从基础知识扩展到广泛的知识，但他们从未真正掌握过；在情感层面上，学生从最初的不喜欢逐渐转变为喜欢，从最初的不喜欢到后来的热爱，再从最初的不感兴趣到最终的兴趣。

把学生的学科素养作为教学大纲的一部分，这意味着学生的全方位发展已经变成了语文教学的基本要求。因此，语文阅读教学必须更加关注学生的发展需求，为提高学生的阅读技能和终身学习能力做好充分的教育准备。因此，学生的全面发展不只是现代语文阅读教育中最受重视的议题，也是未来从事语文阅读教育的专业人士需要特别关注和研究的重要问题。

（二）关注语文阅读教学的有效性

在现代语文教育中，学生的语文技能与语文修养的进步被视为最受重视的议题。课堂教学的成效意味着，通过参与课堂教学活动，学生在学术表现上能够实现收益、进步和提升。确保语文阅读教学的高效性，已经成为现代语文阅读教育面临的核心挑战。教学目标对于整体的教学过程具有指导作用，它反映了教学活动的整体情况。在设定具体的阅读教学目标的过程中，教师有责任对学生的语文阅读能力进行全面的调查研究，以便更好地了解学生的语文阅读水平，进而确保课堂教学的有效性。[①]

钟启泉教授持有的观点是，“有效教学”的最终评价标准应当是

① 王家伦．语文教学的“平民化”[M]．苏州：苏州大学出版社，2022.

“学生的成长”，而这种成长不仅仅是基于成绩的高低。余文森教授持有这样的观点：在相对较短的教学时间内，教师能让学生获得更为丰富和深入的知识与技能，同时也让他们体验到更为积极和丰富的情感。孙传远教授持有这样的观点：高效的课堂教学应当是以高品质完成教学目标为核心，是一种能够动态地激发师生在教与学方面智慧的教学方式，也是一种注重师生双方生命健康成长的教学方法。有鉴于此，我个人觉得，语文教师在理解阅读能力时，可以从以下十个维度来展开。

首先，要具备阅读和分析的能力。学生需要对文章中的单词、句子和段落有深入的理解和准确地评估；要对句子与段落的相互关系有清晰地认识，并能够深入分析文章的结构、层次以及作者的创作方向。其次，全面掌握的能力。学生需要从一个宏观的视角去解读这篇文章，并能够理解作者的情感倾向和隐含的意义，从而全面掌握文章的核心内容。除此之外，学生需要对文章的基础写作技巧、表达方法以及人物特质等方面有深入地理解。第三点，是对能力进行精炼和概括。学生有能力对文章中的各个段落、关键点、写作手法和技巧、作者的思维逻辑以及文章的核心人物进行精炼和总结。第四点，解释和阐述的能力。学生有能力按照文章标题的要求，对文章内容进行详细地解释、阐述和解释，包括图表、细节、段落、语篇意义以及答题的原因等方面的解释。第五点，关于文体的识别能力。学生有能力识别文章的文体、表达手法，以及文章的描述技巧、艺术技巧等。第六点，关于语言的审美能力。学生已经掌握了基础的文学鉴赏技巧，这包括对单词、句子、段落和文章的深入分析和反思。此外，学生可以在特定的语境中感受到这些方面的表达作用，包括对各种方法和写作技巧的分析、理解、分析和评价。第七点，体验评估的能力。学生有能力表达他们的阅读体验，探索情感倾向，并能对文章中的角色进行评估，为整篇文章提供自己的见解和建议。第八，对疑问的深入研究能力。学生有能力对文章里的困难之处提出他们的观点，并可以独立地思考并深入设计这些问题。第九点，关于联想的迁移技巧。学生不仅可以理解文章的核心内容，还可以基于这些内容，将其与其他学科的知识或已有的语文知识结合起来，对文本进行进一步的补充、解释和拓展。第十项，全面地理解技巧。学生有能力全面地阅读和理解文章的各个方面，同时也能拓展或集中自己的思维，寻找共同点并尊重差异，对文章的各个部分或不同的文章进行对比性的阅读。

在制定教学目标的过程中，教师需要对其进行明确和细致地规划，以确保阅读过程能够有效地进行。在这一教学过程中，我们应当涵盖教学的目标群体、学生的具体行为、确定这些行为所需的条件以及其程度。在这之中，行为确定的条件是指那些可能对学习成果产生影响的约束条件；行为的程度是由其速度、准确度和质量这三个方面共同决定的。无疑，自新课程改革实施以来，阅读教学的高效性已经成为语文阅读教学的核心特点。

（三）重视教师的成长

常言道，教与学是相辅相成的。在进行高效的课堂教学时，教师需要持续地反思自己的教学方法和策略，并不断地反思自己，例如思考“哪种教学方式更为高效”和“是否存在比这更出色的教学方法”等问题。通过持续地学习和实践创新，我们积累了大量的教学经验，从而提升了有效教学的能力，确保了教育质量的持续进步。

教师不仅是教学活动的策划者、组织者和执行者，他们的教学观念和行为方式也将对语文教学产生深远和根本的影响。因此，从根本上讲，重视教师的个人成长就等同于关心语文阅读教学的进步。尽管新的课程改革视学生的学习为教学的核心，但这并不意味着忽视教师在教学过程中的关键角色。实际上，这只是对教师在课堂中应有的职责和作用进行了进一步的调整和改进。毫不夸张地说，教师在教育过程中仍然是与学生同等重要的核心角色。显然，学生的个人发展与教师的专业成长是密不可分的，而教师所执行的语文教学活动的质量也反映了学生能够接受的阅读教育水平。尽管有一部分学生在阅读方面表现得相当出色，但绝大多数学生实际上是受到了教师的深刻影响。因此，语文老师应当努力发展成为既是专家又是研究型的教育者，并持续地提升他们的阅读能力。[①]

王栋生教师正是这段旅程中的杰出代表。他热衷于推动学生的阅读习惯，并在实践中始终坚守阅读、研究阅读指导以及写作和其他著作的原则，最终被誉为语文教育界的大师。教师王栋生曾经明确指出："使学生对语文课产生兴趣"，这恰恰是语文教育者追求的核心目标之一。他持有这样的观点：为了使学生对语文课程产生兴趣并增加其吸引力，教师首先需要具备深入地思考能力。在教学材料和每节课的教学目标上，无论是关于作家的作品还是社会的现象，教师都应持有自己独特且深入的观点。接下来，教师需要具备出色的艺术表达能力。比如说，采用对话的方式进行教学，并在授课过程中重视听取学生的反馈；在组织教学时，重点关注一两个有意义且高效的问题，为学生提供充足的思考和想象机会；我们需要有能力进行扩展和广泛引用。他曾经表达过这样的观点："由于某些教师资金有限，他们只能专注于课文的讲解，从课本延伸到课本，这种做法可能会降低学生对语文学习的兴趣。"

王栋生老师对语文教育的看法，为语文教育者提供了宝贵的思考方向。首先，在语文的教育过程中，我们必须强调培育学生的人文精神。尽管字、词、句、篇的重要性不言而喻，但语文这门学科的人文价值是最为深厚的，我们应该引导学生更加关心社会和人生的各个方面。接下来，在进行语文教学时，我们既要传授给学生传统的精髓，同时也要提供学生最新的知识和技能。我们建议学生"早日达到高峰"，让他们接触到经典的创作。经典代表了一个时代的人文与语文的最高标准，我们的语文教育应该鼓励学生与这些经典进行交流。

（四）共识：自主、合作和探究是语文阅读教学的基本模式

王荣生教授在其著作《阅读教学教什么》中，从理论角度深入探讨了"阅读教学研究的最新进展""文本教学的解读和关键点""如何选择

---

① 王家伦. 语文教学的"平民"建构［M］. 南京：东南大学出版社，2017.

教学内容和组织教学环节”以及阅读教学的三个维度。王荣生所著的《听王荣生教授评课》这本书，其核心是教学内容，而非单纯的教学方法。书中涵盖了名课研习、课例研讨、课例评析、课例简评和课例综述这五大部分，对众多具有代表性的语文阅读教学课例进行了深入的评析和讨论。这一措施不仅在语文课程和教学改革方面，以及在改进语文课堂教学和促进中学语文教师专业成长方面，都发挥了积极的推动作用，同时也为提升语文课的观课评教专业水平做出了有意义的贡献。

谭轶斌在其著作《阅读教学田野研究》中，根据研究的重点，将数十个案例集中在“应该教授什么”“如何进行教学”和“教学的目的是什么”这几个方面，并通过大量的原生案例收集和整理，进行了实证性的分析。他构建了一个名为“教学现场”的特殊研究领域，并通过“观教对话”的方式，揭示了研究对象的本质规律。这不仅仅是简单地评价课程的好坏，而是深入探索在语文课堂上遇到的各种问题，如何从“事实维度”“技术维度”和“价值维度”去理解、领悟、优化和提高。

詹丹教授在其著作《语文教学的批评与反批评》里，整理了数十篇与语文教学思维相关的学术论文。这本书从多个角度，如教学理念与实践、阅读教学与文本解析、教材的选择与修订、中、高考的命题目的与反思，以及作文教学的对错等，深入探讨了我国语文教学的独特性和存在的问题。詹丹教授所著的《语文教学与文本解读》这本书，精心挑选了语文必修或选修教材中的文本，重新解读了中小学语文教材中的一些经典课文，并以探讨文本文体为编排栏目，适当地纳入了一些文本解读与教学实施的案例探讨，从特定的视角进行解读。在吸收他人的看法时，他也表达了自己独特的观点。他不仅对文本的总体构造给予高度关注，还对细节中所隐含的独特含义进行了深入地研究。他致力于将语言的精心选择与文化背景的理解有机地融合在一起，从而为读者和语文教师在教学这些文本时提供了全新的视角，并进一步加深了他们对这些文本的理解。《阅读教学与文本解读》的续篇，对中小学语文教材中的经典内容进行了深入的重新解读，展现了其独特的视角和方法，为文本解读提供了深入的洞见。

第三节 语文阅读教学的规则

一、循序渐进

朱熹曾经指出："按照一定的顺序逐步进行，通过反复阅读来进行深入地思考。""要控制读书的方法，必须按照既定的顺序，持续不断地努力。"在循序渐进的教学方法中，"序"涵盖了知识的逻辑结构和学生阅读能力的成长模式。学生的阅读能力发展是一个从具体到抽象、从现象到本质、从简单到复杂的逐步深化的过程。

自古时代起，人们就普遍认为应该按部就班地进行阅读。在我国古代教育思想的早期文献《学记》里，已经有了这样的描述："如果不按照固定的节令进行教育，那就是'孙'；反之，如果只是简单地教育而不教育，那么就会导致社会的混乱和不完善。"在唐代，至少卿监的李恕在其著作《戒子拾遗》中明确指出："男性在六岁时，应学习《论语》和《孝经》，八岁时应背诵《尔雅》和《离骚》，十岁时应成为师傅，并在外居住，十一岁时应专注于两部经典的学习。这样的学习年纪，完全可以作为贡品。"因此，在进行语文阅读教学的过程中，教师需要按照循序渐进的教学原则，为各个学生设计合适的阅读能力提升方案，这样才能有条不紊地组织阅读活动，并确保每位学生都能在其现有水平上实现进步和发展。

二、博约结合

博，这意味着学生需要有广泛的阅读量和广泛的阅读范围。书籍所构成的海洋是如此之大，其内容也是五花八门。因此，学生在阅读过程中应当广泛阅读，从众多的读物中获取精神上的营养，积累知识，促进思维能力的发展，扩大眼界，并提高个人素质。

约，这意味着学生在阅读时应该有明确的焦点和方向。郑板桥在写给《潍县署中谕麟儿》的信件中提到："所有的经、史、子、集，都应该涉及狩猎，但必须完整地查看一种，然后再更换其他种类，绝对不能随意搜寻，这样只会浪费时间，没有任何收获。"他所倡导的读书理念，即"贵""精""专"，并不是说要全面阅读，而是要先深入研究，然后再广泛阅读，每一篇文章都要仔细阅读，每一个字都要仔细记忆，这样的阅读方式就像是无知的钝人。事实上，哪怕一个人付出了一生的努力，也难以完成所有书籍的阅读，因此，教师需要教导学生如何进行筛选。

"博"与"约"之间存在着辩证的统一关系。博约结合的理念是将广泛的知识（广泛的阅读）与简洁的（深入的研究）相结合，意味着阅读不仅要有数量和广度，还要有质量，即进行筛选和深入的阅读。在学校提供的校本语文阅读课程和教师的阅读指导中，我们更应强调博约相结合的教学方法，着重于引导学生接触不同领域的文章，深入了解他们的阅读兴趣，并鼓励他们进行深入的学习和讨论，进一步从约到博扩展到相关的阅读领域，以帮助他们选择更适合自己的阅读方向。

三、读思结合

孔子曾经指出："如果学习而不思考则是徒劳，如果思考但不学习则是危险的"，这意味着阅读和思考应该相互结合，相互促进，共同发挥作用。例如，在明代，何伦因其孝顺和宽厚的品质而闻名，他在《何氏家规》一书中明确指出："一旦有轻微的疑惑，就应当立即质疑，不要草率地揭开。待到一本书完全理解后，再听取先生对其困难部分的提问，如果回答不了，就重新思考，如果思考不通，再继续讲述。"

在进行阅读教学时，我们应该鼓励学生带着疑问进行阅读，深入思考，并积极向教师寻求指导。在读书的过程中，学生需要学会质疑和提问。这一疑惑不仅是对文章深入思考的产物，也构成了进一步阅读的出发点。当学生带着疑问去阅读，并在阅读过程中展现出质疑的态度时，他们的阅读行为可以转化为一个更高级别的思考过程。假如学生掌握了思考的能力，他们便有可能根据个人的具体需求，挑选出最适合自己的阅读材料，从而实现高效的阅读体验并提升他们的阅读能力。正如那句话所说："如果你完全相信书，那就没有书了。"在阅读时，我们应该深入理解并掌握核心思想，而不是仅仅局限于书中的零散描述。清代的郑日奎，担任礼部主事，在他的《与弟侄》信件中，以"养蚕"为主题进行了深刻的教诲："养蚕并不等同于养桑。用桑来喂食蚕，并不等同于养蚕。仅仅因为蚕吐出的茧是丝，并不意味着完全没有桑，蚕也就消亡了。从其精华中提炼，舍弃其粗糙；从其精神中提炼，去除其外形。这就是所谓的罗万卷藏于胸中而不留任何文字的道理。"

在进行阅读教学时，我们需要确保阅读与思考的结合，以及整体与特定部分的融合。教师有责任指导学生全面理解作者的思维、节奏、观点以及其表达方式。在进行阅读教学时，我们应该始终将文章视为一个完整的系统，并从一个宏观的角度进行思考。无论是对文章的某一部分还是某一小部分进行思考，都应当在一个宏观的视角中展开。从全民阅读的视角来看，文章的阅读应遵循感知、理解、巩固和应用的步骤。显然，对于文章的整体感受，并不意味着我们不能仅从某一部分或某一视角去理解，而是强调这种感受应当贯穿整篇文章，并展现出文章的全局视角。对于文章的整体认知，我们需要在思考课文中的某个部分或方面时，持有一个全面的视角，并从宏观和微观两个方面入手。

四、学生主体

以学生为中心，强调在学习的过程中，要将学生的被动学习转变为主动学习，也就是说，学生是认知的中心，应该以学生的思维活动为中心。把学生置于中心位置意味着教师应该更多地关注学生的认知过程，而不是简单地"以学生为中心，以教师为辅助"，这样可能会忽略学生的直接体验，替代他们的学习过程，并将知识强行施加给他们。当以学生为中心时，我们期望教师不仅仅是编剧或导演，更应该扮演指导者、协助者和参与方的角色。教师进行阅读教学的核心目标是确保学生成为阅读活动的中心参与者。[①]

以学生为中心的阅读教学特点包括主动性、独立性、创造性和基础性。在以教师为中心的阅读教学中，其特点涵盖了情感性、启示性、激进性以及反馈性。教师需要高度重视学生对各种现象的个人理解，倾听他们的思考，深入了解他们思想的根源，并激励学生间的相互交流和质疑，以更好地理解学生的观点。基于这一点，我们鼓励学生进一步丰富和调整他们的认知。作为教师，我们应当秉持“倾听的教育”这一核心思想，不仅要鼓励“学生去倾听教师”，更要重视“教师真正倾听学生”的重要性。李政涛曾经明确指出：教育的整个过程，实际上是教育者和受教育者之间的相互聆听和回应. ……聆听受教育者的叙述，是教师应尽的道德职责。这种倾听方式被视为真正的倾听，它有力地转变了教师的聆听方法，让他们能够从外部感受到内心的感受，从抽象的角度去感受具体的情境，以及从思维的角度去体验和理解。身为一名真心倾听的教育者，他的内心一定充满了谦逊和耐心，他用一颗充满温柔的心，张开耳朵，充满自信和期望地迎接那些纯真的生命旋律。这种倾听方式，由于深深植根于生命之土，具有强烈的根基，它随风摇摆，经常保持沉默，但同时也隐藏着创新的能量，其核心目标就是为了在天空中盛开花朵并凝结果实。

与教师的专业背景和丰富的经验相比，尽管学生已经积累了一些生活和阅读的经验，但他们在这些方面仍然有明显的不足之处。因此，在学生分享他们的探索体验和感受时，教师应该在学生详细解释了自己的观点后，以研讨者的角色，及时并平等地参与学生的讨论，分享教师对文本的个人见解、情感和理解，并听取学生的反馈、理解和支持。接下来，学生们可能会对这篇文本持有各种不同的观点，可能是赞同，也可

---

① 范凤娥. 语文阅读教学策略探析 [J]. 小学阅读指南（高年级版），2022（8）：42－44.

能是反驳。然而，无论如何，教师都应该尊重学生的主体性，激励学生对他们的阅读内容提出质疑和异议，从而让学生在质疑的过程中不断加深他们的阅读体验。

五、开放性

在教师的引导之下，学生应当进行阅读的实践教学活动。这样的活动应当是通过学生的阅读实践来实现的，而不应仅仅是教师单方面的授课方式。学生的自主阅读，构成了他们思考的主要途径。在进行阅读教学时，学生应当有权表达他们的观点和看法。教师在进行讲解和指导时，应该激发学生对阅读的兴趣和思考能力，而不是通过简单地告知来剥夺他们的阅读和思考权利。

与封闭性文本相比，一个具有开放性的文本是允许学习者参与的，这为学习者提供了大量的思考和拓展空间，以便更深入地解读和理解文本。在课堂教学中，更应该展现出开放的态度。每一节阅读课程都设定了明确的教学目标，因此教师有责任将这些目标灵活地融入课堂教学中，以学生为中心，专注于课堂的预设和生成过程，以确保学生在课堂互动的过程中不仅能获得基础的语文知识，还能培养出优秀的学习和阅读能力。

为了遵循开放性的教学规则，教师需要以一种开放的心态来管理与学生之间的关系，确保课堂互动在师生和学生之间是高效和有序的，这样才能确保课堂教学达到预期的效率和质量。开放性的课堂环境能够打破传统课堂教学内容的封闭性，使得社会、日常生活和自然元素能够源源不断地融入语文课堂中，并与阅读学习相结合，从而让语文课堂呈现出最深层次的人文关心和生命活力。因此，教师应当擅长指导学生跳出教科书的框架，走出教室，拓宽他们的视野，并释放他们的思维潜能。“教的目的是避免教。”新的课程改革追求的最终愿景是引导学生改变他们的学习方法，确保他们在语文学习中培养出独立学习的技能。因此，教师有责任精心策划一套全面的阅读教学指导方案，确保自主性学习的理念贯穿于教学活动的每一个环节，把培养和提升学生的自主学习能力视为一项关键目标。通过开展开放性的阅读活动，可以帮助学生真正掌握学习方法，培养出优秀的学习品质，从而为实现终身教育打下坚实的基础。

遵循开放性的教学原则，我们要求教师采用多种方式来培育学生的学习技巧，并增强课堂教学的实际效果。除了独立学习，合作式学习、探究式学习以及在线学习都被视为课堂开放性的核心方式。在合作学习的过程中，讨论与分组讨论成为学生获取知识的核心方式。在团队合作的过程中，学生不仅学会了有效地沟通和相互帮助，还学会了分享经验，从而实现了优点和缺点的互补，进一步培养了团队合作的精神。在探索性的学习过程中，教育者应当鼓励学生积极地探索和提出疑问，并积极地采用调研、讨论、实验、设计和制作等多种方法来进行问题的分析和解决。此外，为了满足特定的教学需求，教师应该将语文阅读课程与信息技术紧密结合，这样可以以更直观和具体的方法来构建教学场景，并展示阅读的目标对象。

这样一种开放的阅读教学模式，不仅有助于激发学生的自主阅读和思维能力，还能加强学生与教师在课堂环境中的多方面交流。尊重每个学生的独特性，注重他们的个性化成长，并鼓励他们表达自己的观点，这已经变成了教育的核心理念。教师有责任确保学生在学习过程中始终保持主导地位，而教师的角色主要是起到指导、示范、解答疑问和解答疑惑的功能。这种开放性的阅读教学方法，不受固定教学模式的限制，能够充分展示学生的独特见解，为学生的发散思维提供了一种独特的阅读体验和真知灼见，从而激发学生的创新热情。

在这系列的教学尝试中，学生的中心角色得到了进一步的强化和提高，他们的独立探索和团队合作学习的能力也得到了相应的加强和优化，这使得课堂教学变得更加充满活力和热情。显然，如果仅仅追求课堂的开放性和表面的活跃与热烈，可能会导致课堂活动的随机性增加，实际效果减弱，教学目标被淡化或甚至偏离，与实际教学情况脱节，从而导致教学的主次颠倒。因此，妥善平衡阅读教学课堂的开放与目标导向之间的关系，成为遵循开放性教学原则的核心要素。需要强调的是，开放性的阅读活动具有很高的不确定性。这意味着教师需要妥善平衡预设与实际生成之间的关系，熟练掌握课堂教学流程，并通过合理的引导，使阅读教学能够重新回到正确的轨道上。

第四节　语文阅读教学的任务与基本路径

一、对教材的新认识

根据现代的教育观点，教材仅仅是进行阅读教学的工具，并不是阅读教学的全部内容。因此，语文教师应当摒弃传统的“教授教材”的误区，坚定地确立“以教材为基础进行教学”的新理念。教材不仅是传递语文知识的基础工具，同时也是学校和语文教师进行教育和教学活动的主要参考依据。如果教师希望提高学生的阅读技巧，那么教材的支持是不可或缺的。然而，教材并不是课程的唯一资源，教师也需要有创意地运用语文教材，合理选择语文教学内容，以充分发挥语文教材在提高学生阅读能力方面的正面影响。

叶圣陶先生曾经指出，教材仅仅是一个示例，只有当它成为互动过程中的积极元素，并且满足特定学习场景的问题、需求和兴趣时，教材才具有课程的意义。因此，这套教材拥有极高的适应性和灵活性，可以根据不同的学习场景来做出相应的选择和取舍。通常情况下，教材的处理方式是灵活的，涵盖了增加、删减、替换以及整合这四种普遍的方式。显然，对教材的内容进行调整时，必须确保它与考试和检测是一致的。在处理教学内容时，最普遍的做法是增加或减少教材的内容。在对教材内容进行增减的过程中，教师必须明确了解增删教材的目标、方式和具体内容，这样才能确保他们处理教材时仍然满足教学标准和教学需求。

（一）增加教学内容

在教学过程中，通常会在三个不同的场景中增加教材的内容。首先，当教材不能完全反映课程标准所规定的学生应当掌握的知识点时；其次，当教材的内容不能使学生完全理解和掌握相关的知识时；第三点是，当近期发生的重要事件与学生的日常学习和生活紧密相连时。

（二）删减、替换和整合教学内容

减少教学内容与增添新的教学内容是完全对立的做法。为了确保教学的进度和效果不受影响，教师有责任删除那些与教学实际不符或不适合学生学习的部分。同理，在减少教学内容时，不能完全依赖教师的主观判断。与仅仅增加教学内容相比，教师在删减教学内容时需要更为审慎地操作。他们必须确保删减后的语文教材不会损害教材的完整性和系统性，并确保删减的幅度是合理的。

所谓的替换教材内容，意味着教师有能力更换某些特定的语言资料。例如，某些阅读资料的难度与我们班级学生的语文能力不匹配，而且这些资料缺乏创新性和真实性。在这种情况下，教师有责任及时地进行教学内容的更新和更换，以确保所选内容与学生的学习状况相匹配。

在整合教材内容时，我们不只是对某本语文教材进行内部融合，还涉及不同版本、不同年级和不同学科知识的有机结合。绝大部分的教师对他们所教授的教材都相当了解，并且能够对这些教材进行有效的内部融合，从而增强教学的效果。然而，仅有一小部分教师有能力整合各种版本的教材，同时也很少有教师能成功地完成不同学科之间的融合工作。

接下来，我们将通过作文教学与思想品德课程的融合来进行详细阐述。在学校所开设的多个学科领域里，作文教育与思想品德课程之间的横向关联无疑是最为密切的。值得强调的是，在目前两个学科教材的编纂过程中，以“人文”为核心主题，能够让这两个独立体系的学科内容紧密结合，其内部联系清晰可见。经验告诉我们，当学生撰写记叙文时，他们应该以自己的日常生活作为写作的灵感来源。然而，有相当一部分学生觉得他们周围的人和事实在是太普通了，因此他们会借用《作文大全》等教辅材料中的信息，或者是对别人的文章进行重新包装，或者是编造虚假的故事。很明显，这种做法并不有利于提升写作技巧。当学生撰写议论文时，他们往往只关注于老生常谈的观点、千篇一律的论据，以及“论点+论据”的简单组合。在思想品德的教育过程中，有相当一部分学生过分强调对内容的感知和基础概念的记忆，而忽视了与实际情况相结合和能够举一反三的能力，导致了知识与行动不同步的问题。例如，部分学生能够熟记课文内容，但当他们尝试运用书中的道德观点来分析实际生活中的人和事件时，他们可能会感到困惑，甚至不知如何是好。如果我们能够将思想品德课的教学与作文教学紧密结合，将两个学科的教学内容和要求有机地结合在一起，以人文话题作为切入点，这将有助于教师更有针对性地进行教学，针对性地进行教学，从而提高学生观察生活、反映生活和思考生活的能力，提升学生的阅读、写作和道德认知水平，最终实现事半功倍的教学效果。

二、阅读教学的基本路径

（一）阅读文本的选择

俄国的文学评论家别林斯基曾经表达过这样的观点：阅读一本并不适合个人阅读的书籍，其恶劣程度甚至超过了不阅读。我们需要掌握这样的技能：挑选最具价值且最符合我们需求的书籍。18 世纪最出色的英国作家和戏剧创作者菲尔丁曾经指出：劣质的书籍也有可能像劣质的朋友一样，对你造成伤害。俄国的另一位著名作家屠格涅夫曾经告诫我们：我们不应该轻易地选择书籍，而应该选择那些经过严格筛选的书籍。

至今，关于如何挑选合适的文本进行阅读，尚未有一个普遍接受的观点。在古代书籍资源相对匮乏的背景下，西汉时期的知名儒生对书籍有着广泛的阅读兴趣，晋代的著名学者葛洪在获得书籍后便开始抄写，而北齐的李结则是在看到书籍后便开始阅读。即便是在这个时代，面对繁多且质量参差不齐的书籍，人们往往会感到迷茫，或是故意选择，或是不经意地忽视了阅读材料的重要性。因此，对于那些阅读经验和基础知识相对有限，以及阅读时间和空间更为有限的学生来说，如何挑选合适的阅读材料变得尤其关键。对于教师来说，指导学生如何选择阅读材料变得尤为紧迫。[①]

教学的根基在于学情，当阅读内容与学情相匹配时，学生的兴趣才会被激发。教师在选择阅读材料时，必须考虑学生的实际学习情况。阅读是一种具有个性的活动，它是通过读者的主观想象和逻辑分析，将文字、图画等元素重新呈现在大脑中的一种感知过程。学生在阅读时的感受和心得体会，会对他们解读阅读材料的方式产生直接的影响。因此，在进行阅读教学时，教师应当最大限度地赋予学生阅读的自由权利，并鼓励他们根据自己的兴趣选择合适的文本。当然，这不是完全不加管理，而是需要教师通过监督和交流等手段来了解他们选择的阅读对象和阅读进度等。在与学生的交流过程中，教师有能力在适当的时间为他们推介经典的阅读材料，以便学生能从中做出选择，进而确保读者对学生具有强烈的吸引力。

（二）唤起和补充学生的生活经验

基于生活化的教学方法，我们可以激发并增强学生的日常生活体验。仅当生活资源被用作阅读教学的有益补充，并激发学生对生活的回忆时，他们才能与所阅读的内容产生深厚的情感联系。这意味着语文老师需要在日常生活中，为学生策划与生活紧密相连的阅读活动。为了使语文阅读更加贴近日常生活和社会，我们需要使语文阅读课程超越传统的“学科为核心”的模式，更多地与生活和社会相结合。这要求教师设计的语文阅读活动必须与日常生活和社会紧密相连，让学生始终感受到语文的存在，并深入理解语文与社会生活的紧密联系，同时关注与社会

① 矫立红. 语文阅读教学的策略［J］. 新教育时代电子杂志（教师版），2020（17）：51.

相关的各种问题，进一步培养他们的参与意识和对社会的责任感。

从学生的视角出发，如何设计出满足学生需求的语文阅读材料，已经成为语文教育者当前的主要挑战。当我们阅读这些文本时，我们所记录的是过去的历史和日常生活，这反映了作者在某一特定历史时期所塑造的精神和情感世界。因此，教育工作者应当擅长从日常生活中深挖能协助学生体验当下和当地生活的资源，并培养他们的创意思维。

第五节　语文阅读序列化教学

一、序列化阅读方法概述

对于高中生来说，序列化的阅读技巧是一种关键的阅读方式，同时也是语文老师辅助学生理解阅读材料和增强阅读技巧的核心教学策略。在进行语文阅读教学的过程中，教师可以采用序列化的阅读策略，合理地组织阅读材料，并构建一个系统化的阅读框架，以便学生能够更有针对性地进行阅读活动，从而逐渐提升他们的语文阅读技能。

以《红楼梦》为例，这本书中详细描述了各种人物和情节。为了帮助学生更好地理解作者想要传达的核心思想，教师可以为特定的角色绘制人物关系图，并从原文中提取对该角色的描述，使学生能够集中精力进行阅读。例如，对于“秦可卿”这一角色，教师可以列举出《红楼梦》中与“秦可卿”相关的主要人物和情节，以帮助学生更深入地理解这个角色的形象。

另外，教师还可以结合教材内容来对文本内容进行编排。

二、序列化阅读方法的具体应用策略

（一）分组分类，引起学生自主阅读的兴趣

在组织阅读的方式上，教师可以将学生分组，允许小组成员一起阅

读同一篇文本，并对文本的内涵进行合作探索。在学生们的相互激励和支持之下，他们深入探索了文本的深层含义，从而对文本产生了浓厚的兴趣。在兴趣的推动下，这种挖掘方法会变得更加深入。当学生完成阅读后，他们会得到更为深入的知识和更强烈的成就感，这也激发了他们对下一轮合作阅读的期望，从而形成了一个积极的循环。

在选择阅读材料时，教师应首先对各种阅读材料进行分类，然后鼓励学生根据个人的兴趣和喜好，选择适合自己的阅读内容进行独立阅读。教师会根据各种不同的内容类型，为学生提供指导，帮助他们掌握合适的阅读技巧，并指导他们进行有条不紊地阅读。例如，当学生对《诗经》产生浓厚的阅读兴趣时，教师可以指导他们深入了解《诗经》中的各种主题和背景知识。接着，教师可以鼓励学生从他们感兴趣的视角去解读和分析文本，最终通过设置任务来帮助学生对文本内容进行归纳和总结。采用这种方法能够有效地激发学生对阅读的兴趣，促使他们主动学习和掌握正确的阅读技巧，从而有助于提升他们的阅读能力和语文修养。

（二）设计问题，激发学生主动阅读的欲望

在教授语文阅读时，教师可以采用设计问题的方法来激发学生的阅读兴趣。当问题被提出后，教师首先鼓励学生基于他们的理解来回答，然后通过对学生答案的深入分析，帮助他们明确在阅读过程中可能遇到的问题，从而更有针对性地指导学生掌握正确的阅读技巧。值得强调的是，当教师提出问题时，这些问题应该是开放的，并且能够对文本进行高度的总结，这样学生可以更好地利用相关的学习资源，对文本有更深入的理解。

另外，在课堂中，一些富有趣味性的活动也能有效地激发学生的主动阅读欲望。

（三）关注个人情况，提高阅读教学质量

在进行阅读教学的过程中，教师需要紧密关注学生的学习状况和阅读能力，并以此为基础，精心选择合适的阅读策略和教学内容，以促使

学生在其最近的发展阶段中取得明显的进步。[①]

从另一个角度来看，教师不应过分依赖于自己掌握的学习情况，而应学会“持而盈之，不如其已”，在教学设计过程中应给予学生更多的自由发挥空间，使他们能够根据自身的学习状况有针对性地阅读文本内容。

（四）及时评价，帮助学生正确掌握阅读技巧

在他们的阅读旅程中，有些学生由于未能熟练掌握阅读方法，经常忽略了他们不理解的部分，导致他们对文章的解读模糊且缺乏自我认知。为了协助学生更有效地应对这些挑战，教育者应当指导他们对自己的阅读成果进行深入地反思和评估。

总体来说，在实际教学活动中，教师应依据各类文章的独特性质来挑选最适合学生需求的教学方法，并鼓励学生积极地参与到教学过程中，进行自我阅读。只有这样，我们才能更有效地提升学生在语文学习方面的能力和水平，同时也能帮助他们培养出优秀的学习习惯，并全面提升他们的综合素质。

在新的课程改革背景之下，语文老师在阅读教学中融入了序列化的阅读策略，这不仅能够激发学生的阅读热情，还能刺激他们的阅读欲望，帮助他们养成健康的阅读习惯，掌握正确的阅读技巧，并持续提升他们的语文修养。因此，教育工作者需要持续地吸收新的理论知识和探索新的教学方法，同时也要积极地与其他教师进行深入地交流和讨论，以便找到更为高效的语文阅读教学策略，从而更有效地提升语文阅读教学的整体质量，并更全面地促进学生的全面成长。

---

① 张文豪. 中学语文教学加强读写能力训练［J］. 新作文（中小学教学研究），2019，(11)：81.

第四章　中学语文写作教学

第一节　语文写作教学的内涵、特征与意义

一、语文写作教学的内涵

写作不仅是一种通过语言和文字来传达思想和情感的关键手段，也是一种对世界和自我进行创新性描述的过程。它代表了一种充满创意的思维活动，从外观上看，写作是利用文字和语言来记录思考成果的过程；本质上讲，写作不只是一个人情感的释放和表达，同时也是一种在思想交流和信息传播方面进行创造性精神劳动的过程。它展现了独特的创造力、实际操作能力和动态的综合特性。

语文写作教学是一项由教师引导学生使用语言和文字进行综合表达和交流的实践活动，目的是培养学生的基本书面语言表达能力，使其能够适应实际的需求。学生的写作能力反映了他们的语文综合素质，因此，写作教学的整个过程都是为了提升学生的语文综合素质。经过写作的培训，学生不仅可以增强他们的语言表达技巧，尤其是规范地使用母语，还可以促进思维的发展、加深阅读理解、规范口头表达，并在培育审美情趣、培育科学的理性思维和形成完整的人格特质上起到关键作用。[①]

① 杜文斌. 关于中学语文写作教学的思考与探索［J］. 中华活页文选（教师版），2020（17）：43－44.

二、语文写作教学的特征

（一）个体性

写作不仅是一种写作活动，更是一种充满个人精神和智慧的劳动。在实际的写作教学过程中，当面对相同的写作对象时，不同的写作主体可能会有不同的观点和理解，这是因为在写作过程中，主体和客体的对象化（如主体客体化、客体主体化）是在具体的、单一的写作主体的思维中进行的，而每个主体的心理体验和思维活动都是不同的。因此，在写作的每一个环节和阶段，从感知、审美到最终的表述，主体的个体性都有充足的表现空间。

（二）综合性

写作教学活动融合了写作主体的多种能力和智慧，这种综合体现在写作过程中，写作主体的生活、思维、技巧三个方面的综合运动，以及思维、心理、审美等活动的有机结合。其次，这展示了写作能力的全面性，写作不仅仅是单一能力的简单体现，而是对写作主体的智力因素、非智力因素、各种素质和多方面能力的优化。最终表现为“四体”的结合：写作的主体与客体的融合，从而产生了写作的内容；当写作的主体与其载体相结合时，便诞生了具象化的文章；当写作的主体与其受体相结合时，它们之间产生了深厚的情感交流和信息传递效果。从“四体”写作的“一体多向论”到“四体化”，都揭示了写作过程中普遍存在的综合性特点。

（三）实践性

不管是关于写作的知识还是个体的素质智慧，都需要通过实际的写作实践来展现。写作实践不仅有助于将个体的思维和情感具象化，而且只有通过实践活动，个体的“写作”才能真正实现，从而使写作技巧成为一种客观存在的技能。因此，写作不仅是“写”的过程，也是“作”的过程，只有通过实际的写作经验，写作才能真正完成。

三、语文写作教学的意义

（一）培养学生健康的情感、积极的人生态度和正确的价值观

这篇文章主要是为了传达内心的情感和思考，它所描述的是学生对于自然、社会和人生的深入了解和感受。文章的质量和品位并不是通过文字表达出来的，而是由作者的情感、态度和价值观自然流露出来的。语文老师在进行写作教学时，应以培育现代社会中具备高尚品质的公民为目标，培育学生的爱国情怀和社会主义的道德观念，逐渐塑造他们积极的生活态度和正确的价值取向，同时提升他们的文化修养和审美品位。作为教师，我们应该充满激情地致力于教育学生，确保他们在写作和为人处世这两个领域都有所进步。

（二）提高学生书面表达的能力

在写作教学中，最核心的目的是确保内容既具体又明确，并能流畅地从每个字传达出自己的观点。能够根据日常生活的需求，采用常见的表达方式进行写作。为了实现上面提到的目标，首要任务是解决与写作内容相关的难题。我们鼓励学生从日常生活中吸取知识，探索生活的奥秘，并从其中获取所需的营养，从而提高他们的智慧；我们应当高度重视文化的积淀，深入了解中华文化的深厚与博大，并积极吸纳各民族的文化智慧。这种做法对于拓宽学生的精神视野、提升他们的文化素养以及丰富他们的写作素材都具有极大的价值。为了增强学生的书面表达技巧，我们还需重视写作的实际应用，即“在实际操作中掌握和应用语文知识”；还明确了写作次数和字数的具体要求。要想提升学生的书面表达技巧，最核心的部分无疑是学生作为学习的中心——他们的积极态度和创新精神。

（三）发展学生的思维能力，激发学生创造潜能

思考与语言实际上是两个不同的概念。思维可以被理解为人类大脑

对于客观事物的核心特性以及事物间固有联系的规律性进行的总结和间接反映。这种独特的功能是人类大脑在经历了漫长的进化过程后所发展出来的。语言是一个由词汇根据特定的语言规则构建的符号体系，它代表了一种社会的现象。从个体的角度看，思维与语言之间存在着紧密的联系。尽管语言不是思考的唯一手段，但思维在很大程度上依赖于语言，思维是语言的决定因素，思维也会受到语言的制约。培养语言技能可以有效地推动思维能力的成长。写作的整个过程都是充满了活泼的思维活动，而作文所要传达的，恰恰是这种思维活动的产物。在写作的教育过程中，培养学生的思考技巧，特别是逻辑和形象的思考能力，是写作成功的关键。教师应当有意识地组织各种思维训练，不仅包括逻辑思维和形象思维，还应涵盖发散思维、直觉思维、辩证思维和横纵思维等多种思维方式的训练，这对于激活学生的思维活力和激发他们的创造性潜能具有非常积极的影响。[①]

（四）巩固从阅读课中获得的知识，并提高阅读能力

语文这门学科由两个核心部分组成：阅读和写作，这两者之间存在着相互推动的联系。学生在学习语言时，经历了从模仿到创新的转变。在基础教育的过程中，模仿语言显得尤为关键。通过在阅读过程中模仿和学习写作，学生不仅能提高阅读能力，还能提高写作水平。此外，学生在阅读课程中需要吸收新的知识，并努力培养他们的独立阅读技巧。这些知识和技能构成了再次阅读的根基，并且也是写作的根基。在写作教育中，强化从阅读课程中获取的知识的掌握应被视为主要的教学目标之一；将阅读教学与写作教学紧密融合，不仅可以全方位地提升学生的语文修养，还能有效地增强教学的效果。阅读为写作奠定了坚实的基石，而写作又有助于加强和推动阅读，这两者之间存在着互补的联系。

① 李素芳．中学语文写作教学的理性思考［J］．中文信息，2020（8）：206．

第二节 语文写作教学的原则与过程

一、语文写作教学的原则

（一）真实为先原则

真实性构成了写作的核心。写作不只是为了满足学生的自我表达和与他人的交流需求，它更深层次地代表了学生独特的生活经历，是他们真挚情感的自然流露。在进行语文写作的教学过程中，教师需要紧密结合学生的日常生活，激发他们写作的主观意识，指导他们去感受和表达自己的真实情感，使他们在一个轻松和自由的环境中释放思想，并成功完成写作任务。

（二）兴趣性原则

兴趣可以被理解为一种内在的渴望，它可以让我们在意识中保留已有的观念，并使之前的观念在意识中得以恢复并持续存在。

兴趣性原则强调，教师应当激发学生的自主兴趣，这通常涉及教学内容和教学的艺术性两个方面。例如，在准备课程时，教师需要深入研究教材，了解学生的相关情况，可以从知识性、科学性等方面对教学材料（如课本）进行深入地分析，以便根据实际的教学情况进行处理，同时也要了解学生的基本情况（例如水平、年龄、人数、学习动机）。由于知识之间存在相互影响，教师有能力找到一条将已知知识引向未知领域的途径，从而激发学生的学习兴趣。教师的职责不只是激发学生从已掌握的知识转向新知识的热情，还需要激励他们将现有的知识进行整合；我们需要探索与学习者的好奇心产生共鸣的方法，并对学习者的兴趣实施外部管理。当然了，通过提高教学的艺术性，学习者的兴趣也能得到满足。

（三）多写多练原则

提升写作技巧是一个逐渐累积的旅程，它需要长时间地持续练习。

不管是用第一语言还是第二语言进行写作，都需要不断地练习和练习，因为无论你听多少，读多少，如果不亲自动手写，就无法在写作方面取得进步。正如理解汉字，能够阅读汉字，但未必能够书写汉字；那些浏览过众多文章的人，未必能够创作出优美的文章。在书写过程中，学生不仅可以深入了解汉字的书写规则，思考如何用汉语来表达，还可以根据教师的批改意见，逐渐纠正自己的错误。只有通过大量的写作和练习，我们才能更稳固地掌握所学内容，并在实践中持续提升。然而，在当前各学校的课程设置中，写作课的课时通常都相对较少。因此，教师不仅需要高效地利用课堂时间进行学生的写作训练和指导，同时也需要明确任务分配，以便学生能在课余时间进行有效地写作练习。

（四）开放性原则

开放性原则的核心思想是，在作文教学中，我们不应仅仅局限于传统的教材、写作模式或语言应用技巧。相反，我们应该深入地培养学生的思维，鼓励他们进行大量的阅读，并在此过程中锻炼他们的思维能力和收集写作材料。只有这样，学生的写作能力才能得到真正的提高。

（五）主体性原则

在进行语文写作的教学时，我们必须给予这方面足够的重视，确保学生在教学中的核心地位，并努力培养他们的主体意识与能力。在进行语文写作教学时，教师需要确保学生能够主动地设定自己的写作学习目标，选择合适的学习策略，持续监控他们的学习进度，并对其学习成果进行评估。更明确地讲，学生自主学习写作的驱动力来源于他们自己，他们选择的写作内容，自主调整的写作策略，以及自我规划和管理的写作时间。学生可以主动创造有利于写作学习的物质和社会环境，并对自己的写作学习成果进行自我评估和判断。从另一个角度来看，我们应该鼓励学生根据社会的期望和未来的需求，主动地参与学习。他们应该利用自己的知识、经验、认知能力和情感结构，主动地去吸收和融合教师的教育影响，从而将新的和旧的写作经验结合起来，进一步提高自己的写作能力和整体素质。

（六）循序渐进原则

写作不仅是一种关键的技巧，而且需要经过长时间的培训才能真正掌握。因此，在语文写作的教学过程中，我们必须坚持循序渐进的原则，确保从简单到复杂、从简单到复杂、从简单到复杂，每一个环节都要紧密相连，这样才能真正地培养和提升学生的写作技巧。为了实现这个目标，教师需要首先帮助学生打下坚实的基础，并通过各种语言技能、词汇练习和思维指导来不断提高学生的语文修养。同时，教师还应鼓励学生将他们所掌握的文学知识以书面的方式展现，这将有助于提高学生的写作技巧。

（七）实践性原则

实践性原则所指的是，在进行语文教学的过程中，应当着重于培养学生的写作实践技能，并通过参与相关的写作实践活动来有效地提高学生的写作能力。

在实际的教学活动中，学生需要经过长时间的实践和探索，这样他们才能更深入地理解生活，并通过实际操作来丰富写作内容，从而真正满足现代教育对语文写作的特定需求。

二、语文写作教学的过程

（一）命题

在写作过程中，首先要做的是命题，这种命题是确定题目的方法，教师为学生提供题目，学生则根据这些题目进行写作。这样的教学方法能够直观地反映出写作教育的目的，并有助于防止学生在写作过程中偏向某一特定领域；这有助于学生的思维快速聚焦，并能在较短的时间里向某一目标进行思考；这有助于与阅读教学紧密结合，进一步巩固和扩展阅读的成果；这有助于学生之间进行相互的评估和批改。然而，在命题写作的过程中，学生很容易陷入仅仅为了写作而进行写作的窘境。为了实现命题作文的目标，他们可能会与实际情况脱节，硬着头皮进行随意的文章拼接。考虑到这些因素，教师在设计题目时必须重视以下几个方面的内容。

1. 设计题目时，应确保其具有实际的生活意义，使学习变得有价值，既对学生有益，也对社会有益。在实际应用中，只要题目不产生负面效果，教师应当鼓励学生去撰写与日常生活相关的文章。

2. 我们经常观察到，因为题目的随机性，与学生的思维和日常生活脱节或不够贴近，这导致学生在没有实际锻炼的情况下，仅仅完成了书本上的任务，然后草率地完成，这不仅对提高他们的写作能力没有帮助，反而可能导致他们感到厌烦，这是无益且有害的。因此，题目设计必须与学生的思维和日常生活紧密相连，只有这样，学生们才能有事情可以记载、有事物可以描述、有合理的理由可以表达、有情感可以表达。

（二）指导

语文教师对学生的写作指导大致上可分为取材指导、构思指导、指导修改三方面的内容。

1. 取材指导

关于写作内容的指导被称为取材指导。在选择素材的过程中，往往也是在设定主题的过程中，一旦有了合适的题材，大多数情况下也就有了更深入地了解。教师在指导学生选择题材时，主要可以通过以下两种方法来实施。

(1) 引导学生与日常生活互动，体验到直观的感觉，获取第一手的信息，并积累新的经验。通过这种方式，学生不仅可以有机会创作题材和表达思想，还能激发他们的写作热情和主动性。此外，这种方法还能让学生从多个角度得到锻炼，实现多种训练元素的融合，以及多种训练方式的综合应用。为了实现这一教育目标，教师需要教导学生如何观察和思考各种事物，以便他们能逐步掌握观察和思考的各种技巧。

(2) 引导学生回想过去的生活，激发他们的联想，使其更加直观，并利用他们过去的经验。在引导学生进行素材选择的过程中，每一道题目都会引领学生走向实际场景。事实上，无论是哪位学生，他们对于花草树木、各种鸟类、动物、昆虫和鱼类的形态、变化，以及事物的特性和动态，还有人物的外貌和心理状态，都有一定程度的观察和了解，这都为他们未来的作文创作奠定了基础。因此，在引导学生进行素材选择的过程中，教师需要特别关注让他们回顾过去的经历，以便从中挖掘出有用的素材。

2. 构思指导

构思实质上是一份预先准备好的草稿，它对写作的流畅性有着直接的影响。对学生而言，在开始写作之前，他们通常只会有一个大致的构想，而文章的结构通常是在思考的同时进行组织的。在写作的旅程中，我的思维方式会经历不断地演变，而我的思维方向也会逐渐变得清晰。在开始书写之前，我们需要进行初步的构思，通常只能得到一个大致的轮廓。因此，学生在构思写作时也需要教师的引导。考虑到写作教学的实际需求，教师应指导学生确定文章的起始、核心和结尾三个部分的大致结构，然后按照这个顺序进行写作。

通常情况下，最普遍的构思建议是制定大纲。在开始写作之前，提纲就如同建房前的设计图纸，它为学生提供了明确的指导，帮助他们理解开始和结束的内容，以及首先要写的内容和随后要写的内容。这种方式使得写作过程更为流畅，内容集中、焦点明确、结构有序。如果不这样做，可能会导致内容层次模糊、描述不精确、焦点不明确，甚至出现信息丢失或遗漏的情况。

3. 指导修改

虽然学生写作和教师改作文是传统的写作教学方式，但它们并不是完全科学的教学方法。从教育方法学的视角来看，其在教育方面的作用实际上是相当有限的。学生的写作速度缓慢，其中一个关键因素是教师修改了作文，而学生本身却没有做出相应的改变。写作教学的本质是指导修改和指导修改是密不可分的，只有同时指导修改和指导修改，才能形成完善的写作教学，才能实现高效的写作教学。因此，在写作教学过程中，引导学生进行必要的修改是一个不可忽视的重要环节。

在写作的过程中，除了可以继续提供关于材料选择、主题构思、文体等方面的指导外，还应该包括确定文章的题目（选题作文）、字词选择、词汇运用、句子构造和修辞技巧的指导，同时也需要对书写格式和学生提出的问题提供指导。虽然写作的格式和标点符号的应用看似是个小问题，但实际上，它涉及正确的书写态度和良好的写作习惯，这是一个不应被轻视的问题。另外，特别需要强调的是，我们应该引导学生将篇幅较长的文章缩短，也就是让他们对自己的文章进行缩写。人们常常认为，学生能够写得更长更好，甚至将文章的长度视为衡量其写作能力的一个标准。文章的长度与其出色的写作能力，在某些方面确实存在相似之处；然而，我们必须认识到，短篇文章往往写起来更为困难。为了创作出简短而精炼的文章，作者不仅需要具备更高的写作技巧，还需要更好地满足社会的需求。因此，写作训练的焦点也应当转移到短文写作上。①

（三）批改

在写作教学中，批改学生的作文是至关重要的一步，它不仅是对学生在语文写作教学中成果的一种评估，同时也为学生的作文提供了方向性的指引，其在教育上的价值是不可忽视的。在进行作文批改时，首要任务是遵守写作教学的基本准则，但同时也存在一些需要特别关注的批改要求。通常而言，以下几个方面的问题需要受到高度关注。

1. 老师建议学生进行批改。在传统的语文写作教育模式下，大部分的作文批改任务都是由教师来完成的，这导致学生与教师完全分离，这种做法对学生的写作能力发展并不有利。因此，在教师对学生作文进行批改时，主要应侧重于指导学生进行批改，而教师的批改应作为补充。只要学生有能力进行修改，教师将保持不变，并指导他们进行改

① 史金珠．读写结合用于中学语文写作教学中的对策［J］．新教育时代电子杂志（学生版），2021（29）：105－106．

进；在学生无法进行修改的情况下，教师有权进行多次修改和批评，以激发他们的思考。

2. 我们必须明白，教师修改文章的真正意图并不是让学生认识到每一个具体的问题，而是让他们理解作文的技巧，这也包括鼓励学生自主地修改文章的方法。当教师进行大量的修改并替代他们时，他们可能无法主动地意识到，如果没有意识到这一点，他们的写作能力将很难得到提升。因此，在指导学生进行批改工作的同时，教师也需要亲自动手进行修改。由于学生的批改能力受限，他们未能意识到的内容，需要由教师进行修改。教师在修改文章时，应遵循“多则少改”的原则，尽量保留原文的原意，只有在必须修改的部分才进行修改。

3. 在批改过程中，最容易出现的问题之一是过于全面，没有明确的重点，这会分散学生的焦点，让他们感到不知如何开始改正。因此，在进行作文批改的过程中，教师需要聚焦于一个特定的方面和中心思想，以便给学生留下深刻的影响，并促使他们未来的作文质量得到提升。在确定批改中心时，应依据每篇作文的目标和学生的具体情况来做决策。

4. 在进行批改工作时，我们既要进行书面的批改，也要面对面地进行，这两种方式相互协作，能够产生更为显著的效果。

（四）讲评

作文的讲解和评价是语文写作教育的最终环节，对于学生来说具有极大的吸引力。良好的讲评对于帮助学生克服自身的不足，发挥他们的优势，并鼓励他们追求进步，具有不可替代的教育意义。对作文进行批阅和评论，实际上是对作文成果的一种回馈。通过批改和讲评的方式，让学生了解到反应的效果，这不仅可以加强他们已经掌握的反应能力，还能提升他们未来学习的水平。

对于语文写作教学而言，作文讲评应满足以下要求。

1. 所选择的案例具有广泛的适用性。演讲应该能够反映出普遍的倾向。只有这样，我们才能真正感受到大部分学生在写作上的起伏，激发他们的情感共鸣，并促使他们有所领悟和进步。避免有意选择过于极端的素材，也不要引述滑稽和可笑的实例，以防止内容变得肤浅和庸俗。

2. 评估的范围不应仅仅局限于作文的内容，还应涵盖写作的态度和习惯，这应该是对认知、经验、技巧和行为的全面评估。

3. 充分激发学生的学习热情。学生也可以参与讲评，这不仅能帮助他们更深入地理解作文的核心思想，还能帮助他们掌握如何评估作文的准则和技巧。为了确保学生的讲评质量，首先需要学生对本次作文的主题有深入地了解，其次是教师需要提供必要的指导和帮助。

4. 他们的态度充满热情和真挚，展现方式既生动又充满活力。只有当学生充满热情、充满活力时，他们的兴趣和责任感才会被激发，从而使他们能够自觉地将讲评的内容牢记于心，并在未来的作文实践中不断地进行改进和提升。

5. 具有明确的焦点和中心思想。在每一次的讲评中，我们都会根据这篇作文的核心目标和标准，特别关注一个普遍存在的议题。切勿过度纠缠，使目标四散，从而妨碍基本目标的实现。

第三节　语文写作教学的设计

一、语文写作教学的设计

（一）语文写作教学的设计环节

1. 需求分析

需求分析主要涵盖了三个核心领域：首先是针对语文教师的指导需求；其次是对环境的需求，这涉及学生所居住的社区、家庭和学校；第三点是关于成长的需求，这主要是针对学生自身的。

2. 确立写作教学目标，制定作文计划

在语文课程标准里，写作课程的总体目标和各个阶段的目标，以及写作教材的单元目标，都是制定语文教学方案的重要参考。在明确了写作教育的目标之后，教育者应依据这一目标来规划他们的作文方案。在制定作文训练计划时，教师不仅需要深入研究语文课程标准和其他相关规定，还要明确这一阶段在整体作文训练体系中的重要性和作用。同时，教师还需要明确该阶段的训练目标和要求，以及实现这些目标所需的具体步骤。基于这些，教师应将各个阶段的目标进行细分，并据此制定出相应的训练计划。从另一个角度来看，当我们制定分阶段的作文教学计划时，需要对学生进行深入的研究，全面了解他们作文能力的历史背景和当前状态，同时也要认识到学生作文的总体水平和个体间的差异，基于这些信息，我们可以确定既具有针对性又科学的教学策略和方法。[①]

3. 选择教学内容，设计教学方法

在制定了明确的教学方案之后，教育者应根据学生的具体状况和教育目的来挑选最适合的教学材料。在挑选教学内容的过程中，我们必须认识到教学内容应与教学目标紧密相连，因此，写作教学的内容布局应依据作文的教学目的来设定。从另一个角度看，教学内容应该是丰富的，要通过内容的教授来实现教学目标和完成教学任务。因此，在作文教学设计中，如果内容不足，就需要补充；如果内容冗余，就需要删除。另外，在教学过程中，我们需要确保重点明确，难点被分散处理，以及教学中的疑难问题被清晰地指出。

为了实现作文教学的既定目标并顺利完成教学任务，教师有责任以科学和合理的方式来设计和应用教学方法。在选择教学方法时，我们必须基于科学的依据，这样的选择与配合都是基于作文教学的基本规则和原则。

4. 编制教学方案

写作教学方案代表了语文教学设计的书面成果，它具备了教学的实

---

① 孙义超. 基于文体意识的中学语文写作教学研究［J］. 中华活页文选（教师版），2021（24）：30—31.

用性和操作性。教案主要涵盖了单元的规划、课题的规划以及课时的安排。单元计划中的课题计划，涵盖了单元题目、教学目标以及教学设想，构成了教案的核心内容。课程的时间安排涵盖了教学的主题、步骤以及方法，它构成了教案的核心内容。

5. 开展作文指导

在教师进行作文指导的活动中，作文前的指导主要是观察学生、收集作文素材以及制定作文大纲；在写作过程中，它为学生提供了审题、立意以及构思文章的方向性指导；作文完成后，指导学生对其文章进行必要的修订和润色。实施作文指导可以帮助教师更好地了解学生的实际情况，找出教学过程中的不足之处，并有助于评估教学目标的实现情况，从而提高学生的作文自信和训练效果。

进行作文的指导工作，确保关键点与整体相结合，并确保掌握恰当的节奏。作为教师，我们应该强化巡查，并鼓励学生亲自撰写文章，这样他们可以对可能出现的问题有深入地了解，为普遍的问题提供指导，同时为特定的问题提供个别的指导，确保既有明确的教学内容，又有明确的教学方法；我们既要妥善处理问题，同时也不能越权干涉，以确保教学活动能够顺利进行。

（二）语文写作教学设计的要求

1. 预见性

预见性指的是在进行教学设计之前，对课堂教学环境、教师与学生的互动、教学内容和方法的执行和变化、教学目标的实现、可能出现的教学问题，以及课堂教学效果等多个方面进行深入的分析和科学的预测，以确保课堂教学能够成功。只有当我们根据学生的具体情况、特定的场景和详细的文本，对即将到来的教学进行科学的预测，我们才能制定出周全的课堂教学方案。

2. 目的性

如果没有明确的目标，设计就不会成功。我们的目标是确定设计的方向。经过一到两节课的持续努力，课堂教学设计的最终目标应当得以实现。设定的目标过于宽泛或过高，仅仅通过一到两节课的努力是难以达成的，这可能导致课堂教学内容的组织变得松散；设定的目标过低，可能导致课堂教学效果不佳，也难以激发学生的学习热情。在确定教学设计的目标时，我们需要结合课程的目标、教材的内容以及学生的真实需求，确保内容既具体又实用。

3. 可行性

在进行教学设计时，必须深入思考设计内容和策略的实施可能性。在特定的时间段内，我们需要合理地分配时间；在教学过程中，我们需要确保教学方法与学生和教师的教学风格高度一致。相同的教学方案，如果由不同的教师授课或在不同的班级中执行，可能会产生完全不同的效果。因此，在借鉴和模仿他人设计方案时，应避免盲目复制，而应充分考虑到设计执行者与设计实施对象之间存在的差异，以确保设计方案能够成功地得以实施。

4. 开放性

教学设计中的一个显著特点是其开放性。普遍的设计理念强调了设计在执行过程中的约束性，也就是说，一旦设计被确定，它将对完成任务的具体活动产生指导和约束效果。在执行任务和安排时间时，都必须严格遵循预定的计划。然而，在教学设计中，除了强调预先设定的目标外，也同样注重开放性。这一点是由教学对象所具有的特殊性质所决定的。教育的核心对象是人，即那些拥有主观能动性的学生。正因为教育对象具有其独特性，课堂教学因此变成了一个既复杂又开放的体系。在这套系统里，确保设计能够顺利执行的关键因素包括任务、文档、目标和教师，但也存在一些不确定的元素，如学生的反馈、教师与学生的互动以及课堂环境的变化。因此，在进行教学设计时，教师必须重视“留白”的概念，即预测课堂教学中可能出现的各种不稳定因素，并保持一个开放的心态，灵活地根据课堂教学的各种“变化”来调整原有的设计，以确保教学目标能够顺利实现。

二、语文写作教学的陈述

（一）记叙文写作教学的陈述

记叙文是一种描述人物、叙述和描述事物的文学形式。记叙文的内容涵盖了通讯、特写、游记以及回忆录等多种形式。在语文教材里，记叙文占据了相当大的比例，因此学生在作文时选择记叙文的情况也相当多，这就要求教师必须精心设计记叙文的写作教学方案。

通常，以叙述为核心的记叙文是以现实生活中发生的、真实的、有意义的具体事件作为叙述的对象。从理论角度看，这既可能是社会生活中的事件，也可能是我们日常生活中的事件，或者是大自然中的事件。在进行记叙文写作教学的陈述和设计时，教师需要遵循教学大纲的规定，深入理解记叙文的独特性，并充分考虑学生的实际能力和接受程度。在教学设计中，形式应当是多种多样的，既可以是常规的，也可以是探索性的；你可以选择简洁的方式，也可以选择详细的内容。简言之，我们应当注重实用性，并展现出教学改革的核心理念。

（二）说明文写作教学的陈述

说明文是一种写作方式，其主要目的是解释某一事物或某一过程。为了撰写出色的说明文，首先需要对所要描述的对象有深入地了解和认识。通过分析和比较某一事物与另一事物的差异，我们可以更好地理解事物的独特性。只有深入了解这一特性，我们才能清晰地描述事物的本质。

在进行说明文写作教学的陈述和设计时，教师应确保说明文为学生提供了必要的知识，这也是学生对即将教授的内容有深入了解的基础，并为教学顺序提供了合理的安排。除非你对泰山有深入的了解和丰富的知识储备，否则如果你没有细致地进行游览，那么即便你掌握了有关空间和时间顺序的各种技巧，也无法使你的描述给人一种身临其境的感觉。解释事物的逻辑关系也是如此，如果对事物的内在逻辑关系模糊不清，那么就很难确定逻辑的顺序了。

另外，无论是说明文还是记叙文，它们都涉及条理性和顺序的安排问题。在记叙文中，时间顺序的安排被广泛应用，因此在撰写说明文的时候，可以有针对性和选择性地进行参考和借鉴。此外，在记叙文的写景和游记类文字中，方位安排的技巧是常见的，这也可以在说明文中应用。

第四节　语文写作教学的对策

一、激发学生写作兴趣

在传统的写作教育模式下，学生对写作的热情相对较低，这使得他们很难真正地转变自己的写作习惯和状态。因此，在面对以语文核心素养为导向的教学目标时，教师应以“写作兴趣”为核心，对写作教学方法进行持续地优化和改良，以不断提高写作教学的实效性。

首先要做的是，要丰富文化和人文的内容。更具体地说，教师可以根据学生的具体需求，定期为他们推荐阅读材料，并在阅读结束后引导他们进行分享和交流，这样可以在鼓励学生的同时，为他们提供丰富的写作资源，为他们打下高效写作的基石。

接下来，实施情境式的教学方法，以激发学生对写作的热情。鉴于目前高中学生对写作的兴趣相对较低，面对核心素养的写作教学标准，教育者可以结合这些要求，巧妙地采用各种方法来构建写作教学环境，引导学生在这些特定环境中，逐步培养他们的写作热情。

最终，与日常生活相结合，加强写作的驱动力。在激发学生写作积极性的过程中，教师应以学生个人的情感体验为出发点，引导他们围绕日常生活中的热门话题发表观点，并据此进行写作实践训练。

二、培养学生的作文创新意识

在高中的作文教学过程中，我们不应限制班级中学生的发散性思维，而应努力为学生的创新精神提供最佳环境。在现阶段的写作教育中，过时的教学方法导致学生形成了固定的思维模式，这进一步削弱了他们的创新思维能力。因此，在实际的教学活动中，语文教师有责任引导学生突破固有的思维模式，通过自我个性和创新思维、新颖的作文素材以及独特的写作视角等方面，不断地丰富和丰富他们的文章内容。作为一个例子，语文老师有能力帮助学生创建自己的作文资源包，将他们日常收集的所有资料进行整合，并在班级中组织学生进行深入的交流和讨论，从而进一步增强班级学生之间的合作精神。在高中阶段的语文作文创作中，其内容必须展现出新颖的题材、丰富的内容和独特的文体创意。因此，教师持续努力提升学生的阅读数量，并激励他们勇敢地进行写作上的创新，从而创作出卓越的文章。[①]

三、提升思想格局

文章的核心和精髓在于其立意，而作者的思维模式在很大程度上决定了文章是否能触动读者的情感。在高考作文中，文章的立意尤为关键，而学生的思维模式大小则决定了其作文立意的深度。

学生在进行作文创作时，需要从几个关键领域开始。

首先，作文的核心思想可以从细微之处展现出来。在选择题材时，作者倾向于选择那些我们亲耳听到和亲眼所见的日常小事。通过这些生活中常见的小事，作者可以利用它们来表达自己的情感。这样，作者可以捕捉并深入挖掘文章的深层意图，从而更好地理解和拓展文章的思想深度。通过这种方式，所写出的文章能够深入挖掘并传递深远的思想内

① 刘德祥．中学语文写作教学思维训练的研究［J］．内蒙古教育，2019（24）：84—85.

涵，使得即使事情很小，其立意也能非常深刻。

其次，学生需要采取各种方法来提高自己的文学修养和道德水平。文章所散发出的气势很大程度上是由作者的精神特质所决定的，一个人的思想修为能够塑造文章的核心思想。只有当作者在写作过程中充满了强烈的使命感，他们才有可能创作出触动人心的作品。

第三点，如果学生希望撰写出色的文章，他们应该更加关心日常生活。写作本质上是一种对生活和生命的深度关注。当学生对任何事物都表现出漠不关心或置身事外的态度时，他们很难形成一个宏观的思维模式，这将导致他们的文章在情感导向上缺乏正能量。在三国时代，魏国的曹丕在他的《典论论文》中对思想结构与文章之间的联系给出了这样的评价：“文章主要以气为核心，气的清浊都是有形态的，不能仅凭力量来描述。”文章中的“气”实际上反映了作者的思维模式，而学生的思维模式则决定了文章的思考深度。

学生的写作能力反映了他们在语文方面的全面素质，因此，在整个语文学习过程中，学生的写作技巧扮演着至关重要的角色。学生在进行作文创作时，应该虚心听取教师的建议和指导，重视生活中的素材积累，提高自己的人文修养和思维模式，只有这样，才能真正提高自己的写作能力。

四、联系生活，交流情感

由于中学生的生活经验相对有限，这使得他们在写作过程中传递的信息和思维主要聚焦于日常生活和学术活动中。因此，在进行写作教学的过程中，教师需要高度重视与日常生活的紧密联系和情感交流，采用多样化的教学策略，以逐步提高学生的写作技巧。从一方面来看，教师需要密切关注学生的写作完成度和文章的完整性，避免让学生写得过于夸张或不切实际。教师应鼓励学生用易于理解的语言来传达明确的主题，将日常生活中的点点滴滴转化为文字中的每一个字、每一句话，并充分利用生活中积累的素材来进行写作。面对过于庞大的写作主题，教师应指导学生与实际情况紧密结合，避免写得过于抽象、宏大或空洞；从另一个角度看，教师需要深化与学生之间的情感交流，并采用多种策略来引导学生进行创意思考。对于学生来说，尽管他们接受了多次的培训，但很多人仍然不能独立进行创作，这主要是因为教师与学生之间的情感交流存在问题，导致他们对写作的真正含义感到困惑。因此，作为教师，他们应该以自己的经历和写作技巧为例，向学生展示，并在此过程中加强与学生之间的联系。例如，教师可以选择“我第一次……”作为主题，与学生分享第一次写作时遇到的问题，并毫无保留地将总结的经验分享给学生，鼓励学生根据自己的生活实际来补充题目，例如游泳、徒步旅行、做饭、骑行等，将深刻的生活回忆转化为幽默或尴尬的故事，从而加深写作的深度。

五、理解教学，说写结合

在进行语文写作的教学过程中，教师需要最大限度地利用理解教学的优点，实现口语与写作的有机结合，并在教学开始前加以限制。首先，教学应用的理解强调了“三个核心环节”，分别是课前的目标和设计理解、课中的情感和活动理解，以及课后的个性理解和评估。从一方面来看，为了让学生能够将各种写作技巧内化到内心，并在书面表达中体现出来，首先需要引导他们进行“倾听与理解”。为了加强教师和学生之间的理解，高效的沟通是不可或缺的。同时，也需要指导学生制作自己的“写作素养思维导图”，以便他们能更深入地理解写作，并找到提升认知能力的途径；从另一个角度看，课堂教学应强调教师与学生之间的平等交流，主要采用合作式和讨论式的教学方法，并通过讨论、演说和辩论等手段来激活课堂气氛，从而加深学生的思考和理解。另外，在课程结束后，应依据激励和跟踪等基本原则，对学生的写作过程和成果进行全方位和深入地评估，以激励他们持续进步。

其次，在写作教学中，我们应该强调内容和题目形式的开放性，并对学生的情感、社交生活和写作能力进行开放调整。面对说和写这两种截然不同的表达形式，教师应努力将它们有机地融合在一起，从而使课堂教学达到1+1>2的教学效果。举例来说，教师以“十年后的我”作为教学主题，激励学生去想象和表达他们未来的生活和职业生涯。有些学生期望在十年后能够成为宇航员、白衣天使、解放军或作家等，但也有一些学生认为，在未来的十年里，由于学业不努力，他们可能会在社会上遭遇各种挫折，无法理解电子设备的说明，也不知道如何操作新型计算机，从而产生各种不寻常的表现。然而，通过这种活跃的表达和想象力的释放，教师成功地拓宽了学生的写作视野，让他们在写作过程中充满了思考和灵感。

六、注重写作素材的积累

对于学生来说，想要创作出高质量的作文，首先需要激发他们的写作热情，其次是积累写作所需的素材。积累素材时，存在以下几种策略。

首先，我们需要积累一些基础的素材。语文教科书中的必修和选修课本构成了学生获取素材的最主要和最直接的来源。语文的必修教材和选修教材是教师在课堂上多次讲解的内容，学生可以直接将其收集作为基础教学材料。

其次，收集额外的学习材料。虽然积累基础素材是最根本的方法之一，但如果学生想要提升他们的作文和写作能力，扩大课外阅读是不可或缺的，唯有增加课外阅读量，才能达到最有效的提升效果。通过大量的课外阅读，尤其是对经典名著的深入研读，学生的知识领域得到了进一步的拓展，这也使得他们在作文和写作中积累了更多的素材和知识。随着素材知识的积累和广度的扩大，学生在写作时的应用效率和写作速度都会相应地提高。

第三点是，不断地积累与生活相关的素材。积累写作素材的方式有很多种，不应仅仅局限于书本上的信息。网络上的各类新闻、报纸和杂志，以及社会现象，都可以作为日常作文的素材来源。另外，学生也应该积极参与各种学校和班级组织的集体活动，因为这些活动是最优质的生活素材。当学生的素材积累达到一定水平时，他们的写作能力自然会有更多地提升空间。

七、对学生观察能力进行培养

一般而言，想要创作出无懈可击的作文，优秀的写作技巧和充沛的写作情感是两个至关重要的因素。在当前的高中作文教学环境中，教师通常会特别重视对学生写作技巧的教授。在实际教学活动中，许多学生已经能够熟练地掌握写作技巧和方法。然而，在情感表达方面，大多数学生的作文内容相对空洞，因此不能被认为是高质量的作文。因此，在实际教学活动中，培养学生的观察能力是至关重要的。通过引导学生观察日常生活，可以迅速积累学生的情感素材，并在实际应用中，结合自己的写作技巧，创作出更高质量的文章。

八、制定科学合理的作文教学目标

教学目标不仅构成了所有教学活动的核心基石，同时也是进行教学评估工作的关键参考。因此，在进行语文作文教学时，确立科学且合适的教学目标也是一个至关重要的策略。在具体的语文写作教学实践中，教师需要根据教学内容和学生的具体需求来设定明确的教学目标。通过制定一系列具有可行性、人性化和科学性的教学目标，不仅可以有效地提高课堂教学的质量，还能在很大程度上促进学生写作能力的全面提升。

九、立足自主实践，形成写作风格

在面对以语文核心素养为导向的教学目标时，教师在加强写作训练的同时，也应侧重于学生的自我实践，引导他们从日常生活中寻找写作灵感，并在这一过程中逐步塑造出自己独特的写作风格。在进行写作教学的过程中，语文教师需要跳出传统的写作教学理论和经验框架，具备对时代变迁的敏感认识。他们应紧密跟随时代的发展趋势，针对语文核心素养的教学内容，对写作教学理念进行全面的优化和更新。结合现有的写作训练内容，教师应依据学生已有的知识体系来设计写作场景，并有针对性地安排写作任务，以促使学生在有效地写作训练中逐步塑造出自己独特的写作风格。在优化写作教学的过程中，教师应当以学生的实际生活经验为起点，引导他们在开始写作前仔细观察周围的人和事，收集相关的写作素材，以确保所写的文章更能贴近学生的日常生活。①

十、重视写作评价环节

虽然写作评价是写作教学的一个重要环节，但在实际的教学过程中，很多语文教师并没有给予这一环节足够的重视，评价的主体大多是教师自身，评价内容也相对简单，评语缺乏针对性和指导性。实际上，写作评价对于激发学生的写作热情是非常有益的。一个客观和合理的评价不仅可以帮助学生更真实、客观地了解自己的写作能力，还能为他们提供更多关于如何进一步提高写作技巧和水平的建议和方向。

因此，语文教师需要高度重视写作评价这一环节。在评价主体的选择上，可以不只是教师一个人，也可以尝试扩大评价主体的范围。教师不仅可以进行评价，学生之间也可以进行相互评价。同时，也可以扫描学生的习作，并在班级博客上发布，让学生的家长也能参与评价过程。当文章写得出色时，教师、家长和其他学生都可以对其进行欣赏和评价，并分享自己的观点。这种做法不仅能减少教师的批改压力，还能让学生的作品得到更广泛的展示，从而增强他们的自信和写作热情。无疑，教师给出的评价是学生最为重视的部分。在评价的内容上，教师也应该给予足够的关注。评价应当是客观和合理的，而评语则需要直击问

① 任淳杰．核心素养下的中学语文写作教学［J］．延边教育学院学报，2019（1）：107－109．

题的核心。只有这样，评语才能赢得学生的信任，并为他们提供更多有价值的指导和建议。

第五节　语文“微写作”序列化教学

一、微写作的概念与特点

（一）概念

微写作意味着在有限的文章长度和时间里，用简洁的文字传达完整的含义和情感。与传统的写作方式相比，微写作更加强调文字的简洁性和表达的准确性。随着互联网时代的到来，微写作已逐渐融入人们的日常生活，不论是在微信朋友圈分享文字消息，还是在微博和其他社交媒体上发布短篇文章，微写作都成为一种普遍现象。在语文的教学过程中，随着教育改革的深入进行，为了更直观地评估学生的写作和思考能力，许多语文老师在他们的教学活动中融入了微写作的训练，使其成为写作的序列化教学内容。

（二）特点

与传统的作文形式相比，微写作的特点是字数更少、主题更为明确、形式更为丰富和评价更为高效，这更能满足学生个性化的学习需求。

1. 字数较少，写作时间短

微型写作的一个显著特点是其字数相对较少，通常约为 150 字。这种写作的长度不只是减轻了学生的学习负担，同时也为教师提供了更深入地了解学生写作能力的机会。

2. 针对性强，写作目标清晰

微写作的核心主题具有很强的针对性，省去了过渡文本，直接解释核心内容，使得写作的目标变得更加明确。

3. 形式多样，写作主题灵活多样

微写作主要涵盖了缩写、重写、仿写和扩写等多样的表达方式。在实际的教学活动中，教师可以依据阅读材料或教科书的内容来安排微写作的主题，这有助于学生更深入地理解文本，从而提高写作训练的针对性。在写作过程中，学生不再受到字数限制的束缚，这使他们能够更为精确地表达自己的情感，进而提高文章的整体品质。

4. 评价高效，写作反馈更加及时

在进行微写作训练的过程中，由于学生作品篇幅相对较短，教师能够更迅速地进行评价，这为学生提供了一个机会，使他们能够及时地总结自己的不足，并据此优化作文内容。

二、微写作的流程

（一）模仿参照

中学生展现出了出色的模仿才能。教师有能力指导学生根据范文的内容进行模仿写作，这样可以激发学生的主动学习意识，并使他们对写作保持高度的兴趣。在实际操作过程中，教师可以首先组织学生独立地分析范文，不仅可以探讨范文的结构和展示方式，还可以深入分析论文的写作技巧。接着，教师可以引导学生将范文的这些独特特点应用到自己的文章中，以此来培养他们的思维能力。在培训学生的微写作模仿技巧时，教师应遵循循序渐进的方法，鼓励学生首先进行模仿，然后再进行创新。

（二）大胆想象

当学生积攒了足够的写作材料后，教育者应当给予他们更多的创意和想象的机会。在引导学生进行写作的过程中，教师应擅长给予适当的指导和留白，鼓励学生通过观察图像、进行换位思考和思维拓展等多种方式，来主动填补或拓宽文章中的不完整部分，从而丰富文章的整体结构。

（三）重新组合

简单地说，重新组合就是从范文中提炼精华，去除不良之处，将你认为是优美的句子转化为你自己的语言，并在保持句子含义不变的前提下，对其进行重新组合。这个环节有助于全方位地提高学生的思考能力，使他们能更深入地理解范文的深层含义，并感受到作者在文章中表达的情感。

（四）写读后感

每一篇文章都融入了特定的主题和作者的情感，如果学生在阅读过程中能够产生新的思考和感受，并能将这些新的想法或感受准确地表达出来，那么这就是他们的读后感。通常来说，读完后感觉的字数不需要过多，最好控制在100—200字之间。教师在指导学生写作时，应强调语言的简洁性，确保能够准确地传达情感，而不是为了字数而添加不必要的修饰，这样可能会降低文章的整体质量。

三、写作序列化的内涵

所谓的写作序列化，并不是简单地把作文“技术化”。从深层次的角度看，序列化重视其科学性、流程性和实用性。在中学的写作序列化教学中，初一阶段特别强调培养学生的写作热情，并指导他们从模仿写作开始，确保写出高质量的入格作文；在初二这一阶段，主要目标是规范学生的写作习惯，通过嫁接的方式，引导他们完成高质量的作文；在初三的学习阶段，我们特别强调培养学生的出色写作技巧，并从作文的专题训练开始，指导他们撰写高质量的作文。

在中学阶段实施写作序列化教学，教师可以根据中学生的心智特点和语言表达能力的发展情况，对他们进行逐步、分阶段的写作序列化训练，这不仅可以创建高效的语文课堂，还可以减轻学生的学习压力，帮助他们在短时间内提高写作能力。

四、微写作序列化教学的价值

（一）深度挖掘学生的潜力

随着人们年龄和经验的逐渐增长，他们的认知能力也会持续地得到提高。在中学的语文教育中，利用微写作的方式进行有序的写作教学，可以帮助学生在辩证、形象和逻辑等思维领域得到锻炼，从多种角度发掘学生的内在潜能，并持续提高他们的写作技巧。[①]

（二）适应时代发展的需求

在当代社会中，人们的思考能力受到了越来越多的关注。在进行语文写作教学时，教师需要改变知识和技能单向传递的现状，除了教授写作相关的理论知识外，还需要加强对学生写作思维能力的培养。在语文教学过程中，教师采用微写作序列化的教学方法，这有助于激发学生的创新思维，使他们更好地适应现代社会的需求。

（三）强化学生的语文学科核心素养

学科的核心素养不仅是学生所需的关键技能和性格，也是教学过程中的一个重要目标。在新的课程标准下，语文学科的核心能力涵盖了语言的构建和应用、思维的成长和提高等方面，微写作的序列化教学方法与此方向保持一致。在语文教学过程中，教师采用微写作序列化的教学方法，这有助于学生建立一个多层次的语言结构，增强他们的逻辑思考能力，并进一步提高语文学科的核心素质。

五、微写作序列化教学的策略

（一）基于学生的思维发展，加强微写作序列化设置

通过对中学语文教材中作文素材的分析，我们发现作文素材呈现出

---

① 马萍．中学语文写作教学的理论思考［J］．新教育时代电子杂志（教师版），2018（37）：170．

多元化和复杂化的特点，这不仅增加了写作序列化教学的复杂性，也使得教师在整理和应用这些素材时遇到困难，进一步影响了微写作实践的效果。考虑到这一点，教师应当从学生思维发展的视角出发，充分运用现有教学资源，加强微写作序列化教学的实施，从多个方面深入挖掘和整理教材内容，并与学科情感目标、教学目标和单元目标等进行深度整合，以提高微写作序列化教学的整体质量，并引导学生建立一套相对完善的写作流程。根据认知发展的理论框架，正处于中学学习阶段的学生们的思维模式正逐渐从具象逻辑转向更为抽象的逻辑思维。教师需要系统地分析学生思维发展的特性，基于中学语文教材，并结合学生的日常生活，从微写作的角度，如题材、训练关键点、范围等，整理教材中的写作资源。

（二）创设宽松的写作环境，引导学生开展个性化写作

在微写作序列化的教学实践中，教师的主要目标是培养学生的创新思维。为此，教师应为学生提供一个轻松的写作环境，提供丰富的写作材料，适当地减轻他们的学习负担，并鼓励他们进行个性化的写作，以解决学生作文中语言表达不足和内容缺乏的问题。在微写作序列化的教学环境中，教师应确保学生是课堂的焦点，避免过度干预学生的思维，不应将自己的观点强加给他们，而应鼓励他们表达自己的看法。

微写作序列化课堂的写作教学目标应根据课堂的实际情况或氛围的变化而调整，以激发学生的写作成就感，而不是过分关注细节。

此外，一个轻松的微型写作环境不应只被限制在课堂之内。教师应该引导学生走出教室，深入日常生活和大自然与社会中去，让他们有机会观察和接触到新的事物，体验人生的各种面貌，并积累丰富而多样的写作素材。

（三）引导学生关注生活实践，积累微写作素材

一些学者认为，生活就像是一个源源不断的泉源，而文章则像是一条持续不断的溪流，因此溪水也会持续不断地流淌。考虑到这一点，教师在进行写作序列化教学时，应该根据序列化教学的特性，引导学生更

加关注日常生活，以激发他们的创作热情，并积累丰富多样的微写作素材。在进行课堂教学时，教师需要提前对学生感兴趣的内容进行全面的调查，并融入一些日常生活的元素，这样可以扩大学生的写作途径，使他们在写作过程中能够表达自己的情感和表达自己的观点。为了帮助学生提高他们的观察技巧、独立思考和准确表达情感的能力，教师应当有针对性地引导他们深入日常生活的各个方面，从琐碎的日常事务到社会热议的话题。[①]

为保障微写作序列化教学有序推进，教师可从以下四个方面入手。

1. 扩展课堂教学内容，在日常或课外活动中培育学生观察生活的能力，鼓励他们根据自己的生活体验撰写日记，从而积累更丰富的写作内容。

2. 为学生分配课前的学习任务，确保每节课都有五分钟的时间来分享和讨论新闻或社会上的热门话题，这样可以鼓励学生更加关注国家的重大事件，掌握相关的热门素材，并鼓励他们从多个视角对这些话题发表评论。

3. 为学生推荐各种不同主题的课外读物，助力他们培养出健康的阅读态度。阅读和写作各自起到输入和输出的作用，只有当学生确保有足够的输入时，他们才能产出高质量的文章。

4. 我们鼓励学生养成轻松摘抄和记录的好习惯，主动地写下一些优雅的句子，并将这些句子应用到微写作的练习中。通过对名人案例和经典文献的摘录，学生能够显著提高自己的文学修养，并获得更为开阔的写作视角。

（四）优选训练内容，培养学生的写作兴趣

为了提高微写作教学的成效，在进行写作序列化教学时，教师需要精心选择高质量的训练内容。同时，考虑到学生的认知水平，教师可以从日常生活的角度出发，确定写作的主题，并遵循循序渐进的教学原

① 闫红梅．中学语文写作教学思维训练的研究［J］．考试周刊，2018（67）：75．

则，逐步提高写作的难度。与小学生相比，中学生现在正经历青春期，他们的内心更加敏锐，情感更加丰富，并且他们的行为经常受到周围环境的影响。例如，当你看到秋季从树上掉落的叶片时，你会深深地怀念那些曾经的朋友；当你听到小鸟的清晰叫声时，你会觉得自己充满了活力；目睹家长们焦急地等待孩子放学，深感父母对孩子深沉的爱意。日常生活中的这些细微之处，都有可能激发学生表达情感的冲动，引发所谓的“微情感”，并为微写作提供更多的思考方向。在这种情况下，教师需要充当指导者的角色，设定合适的写作主题，使学生能够用文字表达这种情感，从而激发学生的写作兴趣，使他们更加热爱生活。

当教师进行微写作的序列化教学时，他们需要明确各个单元写作的序列化特性，以确保微写作的内容与学生的真实需求相匹配。例如，在进行人物描述的微写序列化教学时，教师可以组织学生以周围的人物为参考，绘制肖像画，以此来训练他们的肖像描写能力。除此之外，教师也有可能运用语文教科书里的各种资源，以微写和作序的方式进行教学。

（五）及时开展作文评价，重视学生的交互性评价

在写作序列化的教学过程中，作文评价起到了至关重要的作用。这不仅可以帮助教师更好地了解学生的实际写作能力，明确未来的教学目标和方向，还能帮助学生认识到自己在写作方面的长处和短板，并为自己未来的进步指明方向。因此，在进行微写作序列化教学时，教师应该重视作文评价环节，可以考虑引入交互性评价的理念，根据实际需求选择书面、口头、讨论等不同的评价方法，以确保作文评价结果的全面性和真实性。在实际教学过程中，教师有机会与学生进行深入的对话，接纳他们的合理观点，以突出学生在课堂中的核心地位，并确保微写作序列化教学质量得到保障。

在进行交互性评估的过程中，应优先考虑学生之间的相互评价方式。教师有能力组织学生以小组形式进行评估和讨论。在这样的讨论中，每位学生都能清晰地认识到自己的不足，识别出写作过程中的问

题，并从同学那里吸取经验和技巧，从而达到提炼精华、摒弃糟粕的效果，进一步推动小组成员的共同进步。

当学生进行交互性的评估时，教师的评价也应作为补充，因为教师能够从其专业视角出发，指出学生作文中可能存在的问题。在进行具体评价时，教师应主要采取鼓励的方式，肯定学生在写作方面的优点，然后简要指出存在的不足，以激发学生的写作热情，并帮助他们明确自己的改进方向。除此之外，教师还可以设计一些激励性的展评环节，将表现出色的学生作品上传到班级或在网络平台上展示，以此来提升学生的写作自信。

六、结语

综合来看，在中学的语文课程中，运用微写作序列化的教学方法不仅减轻了教学难度和学生的学习压力，还能有效地提升学生在写作和表达方面的能力。在进行微写作序列化教学时，教师若采纳科学的教学手段，将有助于最大限度地发掘学生的能力，从而提高教学成果。

第五章　中学语文读写结合教学的研究

第一节　语文教学中读写结合的内涵

阅读和写作是两个互相影响的领域，它们之间的互动和联系是非常紧密的，并不是单一方向的。在读写相结合的教学方法中，关键在于教师需要有独立地思考，并将其与自己的实际经验相结合，而不仅仅停留在理论层面。语文教师应当擅长将读写两种技能自然地融合，从而激发学生的思考。

为了进一步提升语文教学的品质，教育者应考虑到阅读和写作的独特性，使其与教材内容更为匹配，从而帮助学生全面发展其语文综合技能。通过将写作素材与学生的日常生活紧密结合，并在课程设计中适当地融入这些元素，可以帮助学生在阅读与写作之间建立起有益的联系。

在这段时间里，我们需要刺激学生的口头表达技巧，增强他们的微观写作体验，并协助他们从零散的口头交流扩展到深入的长篇大论。随着新的课程标准逐渐得到执行，语文教育对于语文的教学方式也提出了更新的标准。因此，在这个基础之上，教师有机会从一个全新的视角来更有效地解决语文教育方面的问题。我们应该摈弃传统的教育思维，融合多种方法，以增强语文教育的实际效果，并更有效地提升学生的整体能力。[①]

在进行语文教学时，如果能够将阅读与写作紧密结合，那么阅读和写作这两个教学环节可以得到进一步的拓展。通过实施“读写一体化”

---

① 杨宗武. 中学语文读写教学整合的写作训练模式探究 [J]. 侨园，2020 (2)：111.

的教学策略，可以有效地促进知识的持续吸收、思维能力的锻炼，以及提高学生的写作和表达技巧。该模式不仅促进了学习和表达能力的最大化利用，同时也营造了一个积极的语言环境，形成了一个在阅读过程中提升写作技巧，并在写作过程中进一步提升阅读能力的双赢局面。这两种方法的成功融合，极大地激发了学生的学习热情，降低了他们对写作的畏惧，并使他们体验到了阅读与写作的愉悦。更进一步地说，将阅读与写作紧密结合，不仅可以加深学生对文章的理解，还能让他们在解读具体文本时更加深入地感受到作者的意图，从而提升学生的整体技能。

一、读写结合的内涵

“读”是培养理解能力，“写”是培养表达能力。把这两种能力结合起来去学习语文，对于学生是十分重要的。

（一）阅读与写作的关系

早在西汉时代，杰出的辞赋家扬雄就已经从文学创作的视角阐述了阅读与写作之间的紧密联系，他说：“如果能读完千篇赋文，那就是真正的写作之道！”这里提到的“善为之”实际上是指擅长写作的人。在涉及读写关系的教学中，有些人曾经强烈反对模仿“读什么，写什么”的教学方法，这与学生的心理需求是截然相反的。叶圣陶先生也曾明确指出，语文教材本质上只是一个示例，学生通过学习这些例子就能举一反三，从而在阅读和写作方面达到熟练和熟练。因此，将阅读与写作的实际应用相结合显得尤为关键。

西方学者普遍认为，读写之间的知识共享主要集中在语义学、词义和文本的上下文关系等方面。通过文本知识，读者可以促进读写之间的互动，因为知识是由人创造出来的。除此之外，阅读与写作在某些方面也有一定的相似性。不管是对文本的解读还是对新生成的文本的解读，我们都应当从相同的知识领域中抽取有价值的信息，并利用这些信息来解读和书写我们所掌握的知识。读与写的处理方式是相似的，它们基本上是两个一模一样的流程。一个领域内的能力将促进另一个领域能力的提升，从而共同推动对方的认知机制的发展。

（二）读写结合的含义

阅读与写作的融合可以被视为读与写的融合，它们并不是两条永不相交的“平行线”，而是相互交织和相互影响。在语文学习过程中，读写相结合不仅是一种有效的学习策略，同时也是一种特定的教学方法。它不仅仅是对阅读或写作的单一训练，而是将阅读与写作有序地融合，使阅读服务于写作，并从阅读中获得收益并将其应用于写作。

在语文这一学科里，阅读与写作的结合主要涵盖了阅读和写作两个方面，强调了阅读教育的重要性，这样学生在阅读的过程中不仅能提升他们的阅读技巧，还能拓宽他们的知识视野，从而获取更多的学识。此外，写作教育旨在帮助学生对其写作技巧进行分类，激励他们掌握写作方法，并在写作过程中真实地表达自己的情感，从而进一步增强学生的理解和表达技巧。这意味着阅读与写作之间存在相互影响。虽然乍一看，阅读与写作似乎是两种截然不同的学习方式，但它们在实质上是相互关联的。通过阅读，学生的语言感知能力得到了培养，阅读材料变得更加丰富，同时也增强了他们的理解和鉴赏技巧，这有助于他们积累写作材料，为他们提供新的思考方向，并进一步提升他们的写作水平。同理，通过学生的观察、思维和写作，可以帮助他们更好地理解文本内容，从而提高他们的阅读效率和整体的语文能力。因此，在向学生传授语文知识的过程中，教师应当重视这一方面，旨在增强学生的写作与阅读技巧，并推动他们的全方位成长。

阅读是学生的独特活动，而阅读教学则是学生、教师、教材编写者和文本之间的互动对话。在阅读教学中，我们应该鼓励学生深入研究文献，增强对阅读技巧的引导，使他们逐渐掌握精读、略读和浏览的技巧，并着重于激发学生对阅读的广泛兴趣。写作不仅是利用文字和语言进行沟通和表达的关键手段，而且写作技巧也是语文修养的全面展现。在进行写作教学时，教师应当重视培养学生的观察、思考、表达和创新能力。通过将阅读与写作相结合，学生可以在实际的语文学习中掌握语文知识，并学会如何学习。

二、读写结合在语文教育中的意义

从目前的语文教学读写实践来看，绝大多数学生仍然能够独立地运用他们的读写技能。在教师的指导下，这种教学方法取得了不错的效果。然而，仍然存在一些学生在读写结合方面遇到了一些困难和问题。在语文的教学过程中，当阅读与写作紧密结合时，阅读起到了至关重要的作用，有助于学生建立写作的结构。因此，强化读写技能的培训被视为语文教育中的一种创新方式。将语文的阅读与写作紧密结合，并不仅仅是简单地引导学生模仿或寻找“画瓢”，更重要的是要将学生的思维与实际操作相融合，实现学习与应用的完美结合。

当我们充分利用读写相结合的方法时，读写结合的教学效果才能得到真正的体现。俗话说得好，“教无定法”，我们应该寻找读写结合的方式，让学生愉快地沉浸在语言中，不仅要让学生深入理解课文内容，还要在实践中提高学生的语言文字运用能力，使读写结合的方法在语文教学中更加有效。

我们应当注重在阅读中学习写作，并在写作中找到正确的方法。在进行语文教学时，我们不能仅仅停留在表面或将阅读与写作分开，而应该深入理解读写相结合的重要性，并据此制定科学的教学策略，以促进学生的全面素质提升。

第二节　语文教学中读写结合的理论依据

一、心理学理论

（一）阅读与写作的心理过程

一般而言，阅读的心理过程是一种从内心深处吸收意义的过程。它基本上分为两个“阶段”：一个是从宏观到微观、从微观到宏观地研究核心思想，以明确作者是如何选择材料和编写句子的。另外一种方法是从文本的形式和内容出发，通过语言和文字，从句子到整体来深入理解课文的核心思想。这两个“循环”是截然相反的，只有在完成上述两个循环后，我们才能认为是一次完整的阅读体验，因为阅读和写作是两个截然不同的心理活动。写作不仅是一种心理活动，更是一种从内心深处向外界传达思想的过程。从心理学的角度来看，写作可以被视为主体在面对刺激情境时的一连串反应。在写作过程中，学生的大脑会形成一种特定的写作路径，这就是写作的心理过程。根据年龄的不同，学生的心理状态可以被划分为三个阶段：开放期、封闭期和断乳期。在其中，所谓的开放期是指从初一至初二的上半学期，在这段时间里，学生容易产生强烈的好奇心，对外界的客观世界表现出浓厚的兴趣，并且具有一定的开放性。在初二的下半学期至初三的上半学期这一封闭时期，学生的好奇心明显下降，表现出懒散的态度，同时他们的积极性也大幅度降低，导致他们的内心变得更加封闭。断乳期是从初三的下半学期延续到未来高中的时期，在这一阶段，学生的身体和心理发展逐渐趋于稳定，其逻辑也逐步走向成熟。在语文学科中，写作的心理过程是一种独特的心理活动。为了提升学生在语文写作方面的心理素质，我们需要促进他们在语文技能和综合心理活动方面的全面发展。

学生在写作上的心态与他们的阅读心态有着明显的差异。在写作的心理过程中，首先需要观察联想和立意选材，然后规划写作的结构，最后进行修改和鉴赏。为了掌握写作的主导权，我们需要对写作的心理过程进行深入的思维训练。教师教导学生如何准确地审题和读题，如何深入地分析所用材料，并鼓励学生将整个写作思路直接写在纸上，以便让学生对自己的写作方法有更清晰地认识。结合学生个人所积累的素材和知识储备，教师需要对他们进行有组织、有条理的文字表达，并对他们进行深入地培训。[①]

① 史金珠．读写结合用于中学语文写作教学中的对策［J］．新教育时代电子杂志（学生版），2021（29）：105－106.

（二）青少年的心理特点

1. 模仿性

青少年具有出色的模仿能力，由于他们年纪尚小且缺乏足够的知识和经验，模仿已经变成了他们学习的心理需求。考虑到这群青少年的心理需求，我们可以用形象生动的方式向学生展示一篇范文，并通过具体实例指导他们如何撰写一篇文章以及应该写什么。接下来，学生将有能力进行仿写、创写和改写这三种不同的写作模式，并可能在仿写和创写之间找到平衡。选择范文时，应确保它们在学生的理解范围之内，并根据读写相结合的培训目标来制定，这样才能实现最佳的教学效果。

2. 表达欲

在他们的成长过程中，青少年展现出了强烈的表达欲望。在学校的日常生活中，班级可以被视为一个组织或群体，这不仅丰富了他们的学习体验，还为他们提供了丰富的语言和写作资源，从而激发了他们的写作欲望，也就是对文字的表达欲望。

3. 阅读写作心理障碍

由于学生对阅读和写作缺乏热情，他们觉得阅读和写作的难度甚至超过了物理化学知识，再加上教师指导不当，这进一步加剧了学生对阅读和写作的恐惧。为了解决这种心理障碍，我们应该结合读写两种方法，即边读边写，这样可以实现读写两个部分的相互转换，激发学生的学习热情，使他们对读写结合产生浓厚的兴趣，并进一步提升他们的阅读和写作技能。

二、教育学理论

（一）教育学的基本内涵

教育学是一门专注于研究教育现象、教育问题和揭示教育规律的学科。随着社会进步，教育也作为一种社会现象而不断演变。教育在各个历史时期都有其共通之处，但它们的本质和独特性也各不相同。教育学的各个领域都在快速发展，其中包括斯宾塞的实证教育研究、杜威的“实用主义”教育、梅伊曼的“实验学教育”、布鲁姆的“教育目标分类”和“学科基本结构”、赞可夫的“最近发展区”、多尔的“后现代课程”和 20 世纪以来的新发展，这些都对语文教育产生了深远的影响。

（二）教育学对读写结合教学的作用

我们强调培养学生的核心素养、社会进步和终身的品格发展能力，这不仅反映了地方教育的基本标准，也体现了“以学生为中心”的教育哲学。在教育课程设计中，核心素养不仅深刻地反映了教书育人的核心价值观，还在教育目标、教学内容、教育活动以及教育评估方面有着全面地渗透。为了培育学生的核心能力，教育者需要在课程内容上进行明智和科学地选择，并不断创新教学策略和手段。从语文学科的角度出发，语文教育的核心目标是全面提升学生的综合素质，并在实际生活场景中加以应用。阅读和写作能力的提升是在语文学习的各个环节中达成的，因此，结合读写教育的教育模式改革迫在眉睫。阅读和写作是语文教育的核心内容。在进行阅读教学的过程中，学生有机会深入学习并体验语言所带来的吸引力。在写作的过程中，学生不仅要掌握语言和文字的运用，还要表达自己的情感，这样可以加深对文字的理解和认识，从而达到和谐统一的效果。

三、建构主义教学理论

构建主义的理论实质上代表了认知领域的进一步拓展，与此同时，它也涵盖了多种不同的流派和观点。事实上，在教育心理学的早期发展阶段，已经出现了与之相对应的构建主义理论，但这些理论尚未达到一个固定的思想规模。因此，在教育心理学领域，构建主义经过不断地探索和发展，已经达到了当前的发展水平，并为构建主义理论的进一步完善和发展注入了强大的动力。

（一）建构主义的由来

教育心理学构建主义的诞生，在思想和教育心理学的早期发展中，已经伴随着相应的理论框架的形成。在布鲁纳的思想体系中，构建主义的概念曾经引发了不小的关注和深远的影响。在那个时期，由于各种思维方式尚未完全成熟，他们主要是片面地认为，认知学习观的核心是解释如何将实际的知识结构转变为与之互动的个体认知结构。因此，这种片面的理解方式并不能真正塑造出教育心理学的构建主义。随着时间的推移，特别是在20世纪70年代的尾声，像布鲁纳这样的教育学者成功地将苏联的教育和教学理念引入美国，这使得教育心理学的构建主义在真正的意义上经历了空前的进步。

此外，构建主义历来都存在众多的分支，因此，对于构建主义的基本理念和定义，各方都持有截然不同的观点。从他们的共同之处来看，他们普遍认为这个世界是客观存在的，但对这个世界的解读和其深层的含义是基于每个人的主观体验和理解。尽管大部分人倾向于根据自己的经历来洞察这个世界和体验现实，但由于人们之间的生活习惯和思考模式的差异，他们对这个世界的理解经常会有所不同。

（三）建构主义教学理论的观点

1. 关注学习者先前的经验

建构主义者持有这样的观点：学生进入教室并不是“脑海中什么都没有”，他们对生活的每一个细节都有自己独特的见解。当面对从未接触过的问题时，他们可以依靠自己过去的知识和经验来为问题找到答案。在教学过程中，我们不应忽略学生过去的某些经验，而应将这些经验视为已有的知识和经验。为了提高教学效果，教师不仅需要观察和理解其他学生对各种问题的看法，还需要深入了解他们的观点，并进一步探索这些观点的根源，从而激发学生的创意和思考。

2. 关注学生的未来发展

一个人的成长可以分为两个阶段：一个是真实的成长阶段，另一个是潜在的成长阶段。教育的目标不应仅仅满足于目前学生的能力水平，而应该持续地指导他们的智慧从一个阶段提升到另一个阶段，确保他们能够持续地成长，并将他们的未来潜力转化为实际的发展机会。

3. 教师的作用

教师的核心职责是从单纯的知识传递者转变为学生之间的交流和合作伙伴。教师应当充分发挥其角色，努力为学生创造一个有益的学习环境和条件，使他们能够主动地识别并解决问题。在学生无法解决问题的情况下，教师既不能忽视他们，也不能为他们提供全面的解决方案。教师有责任采取某种手段来纠正学生的行为，最终目的是让学生也能自我纠正。

从建构主义的教学理论中，我们可以认识到知识不只是客观和确定的，它还带有主观和不确定的成分。因此，在我们的语文读写结合教学中，同样存在主观、客观以及确定性和不确定性的特点。我们应该鼓励学生在现有的读写结合知识水平上，构建新的学习方法，并持续地进行创新学习。将读写相结合的教学方法从单纯的教师传授逐渐转向学生的自我构建，这有助于不断提升学生在读写结合方面的技能，并进一步推动语文教学的全面发展。

第三节　语文读写结合教学的基本形式

一、以读促写

（一）中学语文实施“以读促写”教学的意义

1. 整合中学语文教学内容

（1）整合课内外阅读对象与内容

为了在课内和课外阅读中掌握写作技巧，有必要将教材的内容融合为一个统一的体系，这样学生可以在相关的阅读材料中更好地学习写作方法。尽管课外阅读的种类繁多，但并不是每一篇阅读材料都对学生的写作有所助益，因此我们需要有策略地、有针对性地进行阅读。为了更好地激发学生的阅读兴趣，我们可以选择与课堂内容相关的课外阅读材料。将课内和课外的阅读内容相结合，不仅可以扩展学生的阅读知识，还可以加深他们对写作教学的理解，进一步巩固在课堂上学到的写作技巧。

（2）整合各单元知识结构

主要采用中学的语文教材进行“读促写”的写作教学，并按照课本的单元来进行授课。每个单元的主题都是独特的。为了满足学生在读写方面的实际需求，我们需要根据实际内容和学生的学习模式来制定具体而实用的写作教学目标和方法。这样，教师在进行阅读教学时，可以有一个清晰的写作目标作为指导，从而确保阅读教学能够有效地提高学生的写作能力，实现由单元阅读教学推动写作教学的目标。

（3）整合阅读与写作教学目标

读者所阅读的文章实际上是他人创作的，因此，阅读与写作之间存在着紧密的联系，阅读的教学方法对于写作的指导具有重要意义。“以读促写”的教学理念应当根据学生的实际学习情况来制定，并根据学生当前的写作状况来综合规划阅读和写作的教学目标。在中学语文教材中，通过设计阅读文本的片段来进行写作练习，将理论与实践相结合，及时加强实践，两者相互融合和渗透，在阅读教学中确立明确的写作教学目标，同时写作教学也形成了一个独立的系统。在完成了教材所规定的内容之后，我们充分利用了教学文本的最大潜力，使得阅读教学和写作教学能够相互补充，共同进步。[①]

2．由掌握基础知识向形成综合能力转化

（1）由字词句段的学习向谋篇成文转化

字构成了词，词构成了句，句构成了段，段最终组成了一篇完整的文章，这可以说是写作从内部言语到外部言语表达的一个过程。实际上，阅读分析也是这样，教师通常会按照字、词、句、段、篇的顺序，逐步引导学生深入分析和感悟作者的思想、情感、写作特点、风格和作用等。从文字语言到思维内容，这既是阅读的阶段，也是写作的阶段，因此，在进行“以读促写”的教学过程中，教师需要特别注意引导学生从字、词、句、段的学习转变为组织文章的写作。通过循序渐进和逐步整合的方式，我们可以使写作逐步升华，从形式到内容、从部分到整

① 史金珠．读写结合用于中学语文写作教学中的对策［J］．新教育时代电子杂志（学生版），2021（29）：105－106.

体、从文字到思想、从现象到本质。

(2) 由简单口语表述向富有文采转化

日常用语和写作用语有所区别，它并不追求文字的华丽，只希望表达得简明扼要，清晰明了。然而，在写作过程中，各种文体都有其独特之处，当然，不同的写作风格也有其特定的要求。一般来说，学生所写的文章往往显得单调和口头化，即便是用日常交流的方式进行创作，这样的文章也很可能不会引人注目。“以读促写”的教学策略旨在让学生在阅读过程中掌握写作所需的各种语言，这包括但不限于词汇、修辞手法、句子结构以及表达手法等。在写作过程中，如果要传达相同的观点，使用经过修饰的句子会比直接表达更为有效，也更具文学魅力。

(3) 由单一知识掌握向形成综合能力转化

采纳“以读促写”的教学策略，一方面旨在提高学生的写作技巧，而另一方面，这种教学方式有助于充分发挥语文教材的潜在价值。在教材里，每篇文章都有其特定的单元，每个单元都根据该单元的课文内容提出了不同的写作要求，这是从阅读教学向写作教学的过渡，而不是与之前的阅读教学分开进行。对教师而言，采用“以读促写”的教学方法可以使知识体系更为完善，内容也更为有条理，这对教学过程非常有利；对学生而言，他们一次性接触到的知识相对较少，而且通过及时的巩固练习，他们更容易理解和掌握这些知识。

3. 深化阅读教学实施“以读促写”教学

(1) 由领悟篇章结构走向学习谋篇布局

在教师的引导下，学生在阅读学习过程中深入理解了作者的思维、情感和内在含义，之后应深入探讨文章的结构，观察作者如何巧妙地组织和布局文章，使其成为一篇出色的作品。在教师的指导下，学生首先需要对中心思想进行深入分析，然后再探讨作者是如何选择材料、如何组织文章、如何详细叙述和描述，以及如何巧妙地使用词汇和句子来展现这一核心观点的。这代表了从阅读的本质到其表现的转变，同时也是学生将卓越的写作策略转化为他们能够掌控的写作技巧的旅程。“以读促写”的理念要求我们从理解篇章的结构转向学习如何策划篇章的布局。

(2) 由学习表达方法走向学生的自我表达

在阅读教学中，教授的是表达理论，而在写作教学中，教授的是表达实践，这表明两者之间存在共通之处。采用“以读促写”的教学策略的核心目标是让学生在阅读过程中吸收知识，并在实际写作中得到释放。换句话说，在进行阅读教学的过程中，教师应引导学生掌握特定的写作技巧，让他们能够深刻理解这些技巧的优点，并通过实际的写作练习来加以辅助，从而在需要的时候能够灵活运用这些技巧。“以读促写”的教学理念旨在确保学生能够流利地进行写作，因此，教师的核心任务是指导学生从掌握表达技巧转向实际应用这些技巧进行写作。

(3) 由阅读目标推动写作教学

教师在进行“以读促写”的教学活动时，需要精心设计一个能够将阅读和写作完美结合的、清晰明确且实际可行的教学目标。虽然“以读促写”从字面上看似乎是一个单向的过程，但实际情况并非如此。从一方面看，将阅读教学目标与写作教学目标紧密结合，可以更好地帮助学生掌握写作技巧并激发他们的写作热情。然而，从另一个角度看，教师鼓励学生及时地进行写作练习和将理论知识付诸实践，这也是对阅读教学方法的进一步深化。因此，有效地运用“以读促写”的教学方法有助于在阅读和写作方面达到互利共赢的效果。

(二) 中学语文实施“以读促写”教学的方式

1. 结合课内阅读“以读促写”

(1) 有效使用教材“以读促写”

①学习文体特征

各种不同的文体在写作风格、结构和体裁上都存在差异。在中学阶段，学生的主要写作技能是记叙文，因此，教师应该重点指导学生在阅读过程中学习记叙文的文体特点。记叙文主要采用记叙的形式，同时也融合了其他多种表达手法。记叙文通常可以被划分为描述人物、记录事件、描绘景色和描述物体四大类别，而它们在传达核心思想时采用的方式各不相同：描述人物、叙述事件、描述景物和描述物品。写作内容有所区别，有些是关于人物的记叙文，主要描述人物的外观、言语、动作和心理状态；这篇记叙文主要聚焦于事件的起源、演变、过程以及最终的结果；记叙文中描述风景的部分，主要是通过描述景物和借景来表达情感；描述物体的记叙文，主要以描述物体为核心，通过物品来表达内心的情感。

撰写记叙文时，可以选择顺叙的方式，根据时间的先后或观察的空间顺序进行叙述，这样做的优势在于文章的结构清楚、逻辑清晰；你也可以选择采用倒叙的方式，首先向读者描述故事的结局或随后发生的事件，然后详细叙述前一段的情节，这样做有助于为文章设置悬念并激发读者的阅读兴趣；在叙述主要事件的过程中，也可以加入另一个相关的事件作为插叙，这样的适当插叙有助于补充必要的信息，进一步推动情节的展开和人物形象的塑造，使得叙述更为全面、生动和详尽。记叙文可以采用第一人称的方式直接表达自己的情感，也可以使用第三人称来自由表达。在进行记叙文文体知识的教学时，应将其与阅读材料相结合，以协助学生更好地总结、理解和应用这些知识。

②掌握谋篇布局

在撰写文章时，我们不仅需要从微观层面去深入探讨字词和句子的运用，同时也要从宏观角度去思考文章的布局和布局，只有在微观和宏观之间找到平衡，文章才能达到完整性。因此，在“以读促写”的教学模式下，教师需要在阅读教学活动中引导学生去分析和安排阅读文本的结构和布局。显然，不同的题材会有不同的结构，因此需要指导学生对具体的文本进行深入地分析，并在写作过程中灵活应用。在阅读教学过程中，教师经常采用列框架图这种板书形式，一边抓取结构一边进行分析，这种表面上看似普通的设计实际上是一个有效的工具，可以帮助学生构建写作思路并激发他们对内容安排的思考。

③熟练遣词造句

在写作过程中，我们需要从细节出发，专注于词汇的选择和句子的构造，因为没有每一个词、每一句话，就不可能写出一篇完整的文章。无论是学生撰写的作文还是课文里的文章，他们的写作风格都是如此。然而，学生在写作过程中经常面临“词汇匮乏”的问题，因此，仅仅依赖日常生活中的语言积累是不足以支持写作的，还需要在阅读和学习过程中不断积累书面表达。教师有能力指导学生在阅读和学习的旅程中，深刻感受到作者词汇的巧妙运用和背后所蕴含的深远含义，从而逐渐培养学生在写作过程中的词汇运用和句子构造能力。

④完善思想情感表达

写作的核心是表达作者的情感和思考，一篇出色的文章需要首先打动作者的内心，然后才能打动他人。在学生进行写作的过程中，情感表达的“方法”和“度”常常难以精准把握，这就需要教师通过引导学生深入阅读文本，让他们感受到作者是如何恰如其分地传达自己的思想和情感的。通过阅读，我们可以理解人世间的冷暖和人情世故。

为了撰写一篇充满情感和真诚的文章，除了需要用语言准确地表达个人的情感和感悟外，还需要高度重视写作技巧的运用。如果我们将一篇文章视为一个人，那么其核心思想是灵魂，结构是骨架，内容是血肉，而写作技巧则是连接各个关键部分的纽带。

常用的写作技巧包括：照应、想象、悬念、联想、点面结合、叙议结合、抑扬结合、动静结合、衬托对比、情景交融、首尾呼应、托物言志、白描细描、正面侧面、比喻象征、借古讽今、承前启后、开门见山、烘托、渲染、咏物抒情、托物言志、动静相衬、虚实相生等。

(2) 结合教材片段进行练习

仅仅关注写作而不进行练习是不足够的，无论他人的文章多么出色，都是他们的作品。为了确保学生能够创作出高质量的文章，教师需要巧妙地结合文本学习来安排相关的练习片段。正如我们需要及时地复习以避免遗忘，当我们掌握了相关的写作理论知识后，必须确保及时地练习，确保学生真正将所学应用于实践，这才是“以读促写”写作教学方法的核心目标。

①概括、总结

进行写作片段的练习时，我们可以选择归纳和总结的方式，这与提高学生的写作技巧是紧密相连的。通过练习对文本的概括性阅读，可以帮助你在开始写作前更好地制定大纲和构建内容的总体框架。一旦整体框架得到进一步的完善和加固，其难度就会大大增加。实际上，对文本进行总结性的练习与中学生常用的缩句练习是相似的。教师会引导学生紧紧抓住文章的核心思想、中心句和整体布局，帮助他们对文本进行全面的归纳和总结，从而形成对文本的深入理解。

具体的练习方法可以是从第三人的视角来转述文本的内容，或者是用缩写较长的文本来练习学生的概括能力。

②引申、升华

在绘画中，留白是非常重要的，而在文章中，适当的留白也同样重要，这样可以激发读者的深入思考，并为他们提供更多的想象空间。在课文中，这种留白的方式为教师提供了一个绝佳的机会，使他们可以将其作为学生写作片段的练习材料，引导学生按照原文的核心思想、语言特色和角色形象进行进一步的续写或补充，从而培养他们的想象力和发散性思维。具体的写作练习可以采纳“换位思考”的策略，并从与作者截然不同的视角进行创作。

当学生进行写作时，他们往往只从一个特定的视角出发，例如，他们可能认为描述某人只会从一个方面出发，但没想到可以从另一个角度来描述与这个人有关的事情。即便进行了深入的联想，也容易偏离写作的核心理念，变得言之无物。这些练习活动旨在培养学生在写作方面的创新思维和发散性思考。

③模仿、创新

许多人的技能是通过模仿他人获得的，同样地，写作技巧也可以通过模仿来提高。因此，在教师进行片段练习时，可以鼓励学生使用模仿的方式。通过利用阅读教学中的文本来引导学生进行模仿写作，我们可以将从阅读中学到的写作方法迅速融入实际操作中，实现从阅读学习到自主写作的转变。然而，模仿的过程中也应融入创新元素，这将更有助于学生未来的自主写作能力。模仿写作的练习可以从以下几个方面来进行：模仿文章的构成元素——句子、段落。模仿写作的过程应该是步步为营的，首先从模仿句子入手。例如，当学生在阅读文本时发现有特色的句子或描述生动的句子时，他们可以模仿这些句子的词汇、修辞和句型，鼓励学生独立完成写作。在掌握了句子模仿技巧后，我逐渐转向模仿段落的构造，然后再转向模仿整篇文章的结构。无论是结构严密的文章还是结构相对随意的文章，都可以进行模仿，包括但不限于开头和结尾的设计、过渡句或段落的布局、详细与简略写作的安排、写作的顺序以及主题表达的方式等。

模拟写作流程——从立意到选材，再到表现技巧。“立意”实际上代表了一篇文章的核心思想，一个出色的立意是构建一篇高质量文章的基石。为了避免中心信息成为无休止的流水账，学生们往往误以为中心的范围越广越好，这导致他们写了很多内容，但真正想要传达的意义却变得模糊不清。在确定了主题后再决定文章的内容，这就是文章的内容，应该用能够明确表达主题的关键材料来写，而不是堆砌材料。为了使内容更具深度和可读性，我们还需采用恰当的展现技巧。通过学习，学生们认识到描绘人物可以从多个角度来塑造和反映社会。从教师的总结中我们可以看出：描述人物时，可以通过与自己或他人的比较来强调人物的独特性。但在写作过程中，我们需要注意，描述其他人物的目的是凸显核心人物，因此，其他人物的篇幅长度是基于他们对主要人物的影响程度来决定的。这种方式能帮助学生更清晰地认识到，在使用对比时必须恰到好处，既不能过于突出主题，也不能因篇幅过长而描述与主题无关的角色。

模仿写作的关键不在于数量，而在于质量，教师需要在练习写作时掌握适当的“度”和“量”，只有选择合适的文本作为模仿的引子，模仿才真正有意义。如果所有的课文都被用于模仿和频繁地模仿练习，这可能会产生反效果，导致学生对写作产生反感。

④感悟、评价

在完成阅读学习之后，鼓励学生记录下他们从文章中得到的感悟或对文章的评价，这也是一种片段练习的方式，同时还可以组织学生之间分享阅读后的感悟。当学生在思考和观点的互动中，他们对阅读材料的解读和理解能力会有所增强，这不仅会激发学生的阅读兴趣，还会让他们更加喜欢写作。[①] 其主要有以下几种形式。

第一种方法是：从一个例子推断出其他情况。当课程中的文章具有独特的内容或写作风格时，教师有能力引导学生寻找与之相似的阅读材料，并在仔细阅读和比较后，从一个或多个不同的视角进行赏析和记录。

第二类：进行综合性的归纳和总结。在完成一个单元课文的学习后，教师会指导学生从这些文本中挑选一个或多个相似之处来撰写一篇读后感，学生可以从写作、内容或其他方面进行选择。

第三种方法是：有针对性地进行总结。学生有机会突破教科书中的单元限制，甚至是单一教材的束缚，根据自己的观点进行自由总结，主要目的是记录下他们的真实阅读体验和感受。

第四种方式是：无限制地阅读。学生可以在教科书中自行选择课文进行多次阅读，没有特定的要求，但每周至少需要撰写一篇充满真诚情

① 张慧芳．中学语文教学中实现读写结合的策略探究［J］．中华活页文选（教师版），2021（4）．

感的感想文章。

2. 结合课外阅读“以读促写”

尽管课本里的文章在“以读促写”的写作教学中具有很高的价值，但仅仅依赖课本作为“以读促写”的教学资源是不足够的。在课程标准中，强调了需要拓宽语文学习的内容、方法和路径，以便学生能在更广泛的范围内掌握和应用语言。因此，不仅要基于教科书，还需要跳出教科书的框架，通过增加课外阅读来进一步积累出色的语言表达和思考写作技巧，从而提升他们的写作能力。叶圣陶先生曾经指出：“为了让学生能够更好地理解和琢磨国文课本，其内容和篇幅都不应过长或过多。过长或过多的内容并不适合进行深入的研讨。但要培养这种习惯，学生需要不断地实践和锻炼。仅仅依赖一本国文教本是不够的。因此，除了教本，学生还应该阅读更多的其他书籍。”由此可见，学生参与课外的阅读活动具有很高的价值。然而，课外阅读并不意味着教师应该完全忽视学生的“阅读”，而是应该有目标、有计划、有意义地“阅读”，真正实现将课外阅读转化为课内阅读的扩展和补充，真正实现“通过阅读促进写作”的目标。作为教师，有几个关键方面需要特别注意。

(1) 建立“以读促写”教学目标

首先，我们需要确定具体的量化目标。根据课程标准，中学生需要掌握如何制定自己的阅读计划，阅读的内容范围要广泛，每个学年至少要读两到三本经典著作，而课外的总阅读量应不低于 260 万字。接下来，我们需要明确阅读的具体内容。课外的阅读选择非常广泛，包括了各种普通杂志、经典文学作品以及网络上的各种读物，其中既有高质量的也有低质量的。由于学生还不能准确地识别这些内容，因此让学生自由选择阅读材料可能并不会带来预期的效果。因此，教师有责任为学生推荐课外阅读材料，这对于“以读促写”的课外阅读策略具有至关重要的影响。最终，我们需要高度重视阅读后的验收工作。仅仅阅读而不进行思考，实际上是在浪费宝贵的时间，我们需要确保学生在阅读过程中能够有所思考、有所领悟和有所收获。这意味着教师不仅要对阅读材料进行严格的筛选，还需要定期检查学生的阅读体验。他们可以将其写成赏析或赏评的文章，或者摘录触动心灵的句子进行赏析。此外，教师还应组织学生之间的交流，并对那些感到困惑的学生提供指导。学生通过阅读来累积写作的知识，通过阅读来练习写作，并在阅读过程中提升情感认知、思考和写作的能力。

总的来说，我们不能让学生在课外盲目阅读，因为这样做无法实现“以读促写”的教学目标。为了提升写作能力，我们必须制定实际有效的阅读目标。

(2) 明确“以读促写”训练项目

①引导学生阅读积累后，在写作中模仿借鉴创新

当学生在有明确目标的基础上进行阅读时，他们无疑会积攒大量的写作方法和素材。为了有效地达到“读促写”的教学目标，仅仅设定明确的目标是不足够的，还需要明确具体的训练内容。在高质量的文本中，优美的句子、生动的描述和独特的结构是不可或缺的。这些元素都在不知不觉中影响着学生的写作能力，他们会不由自主地模仿和借鉴，与自己的创新相结合，逐渐形成具有自己特色的文章，这种做法是值得推崇的。矛盾是这样表达的：在阅读书籍时，思考是否在生活中有相似之处，并设想如果自己去写，会有怎样的反应，以及应该如何去写。文学大师的指导不仅是基于经验的分享，也是对“阅读构成写作基石”这一观点的深入解读。如果我们能采取这种方式，那么作文肯定会展现出新的创意。

②开展课外阅读，注重阅读积累，做到读中悟写，“以读促写”

从课堂教学的实际经验来看，仅仅依赖课本中的课文内容是远远不足以满足学生阅读技能成长的需求的。语文的范围与生活的范围是一致的，同样地，作文训练的范围也与生活的范围是一致的。因此，仅仅依赖课堂上的阅读教学来进行作文教学是不足够的。为了让中学语文写作

达到更高的效果，教师应该指导学生突破课本的限制，让他们在课外阅读中吸收写作的营养。近几年，一些教师通过课外阅读兴趣小组和文学社团等多种方式，广泛地开展了课外阅读活动，鼓励学生进行自主阅读。同时，教师也鼓励学生通过观察社会现象、观看影视作品、收听广播等多种方式，来把握新时代的信息，从而增加他们的知识储备。有计划地鼓励学生每日或周期性地浏览时事新闻，这样可以积累时事资讯，加深对常识的了解，并有助于丰富他们的写作素材。此外，教师也积极地鼓励学生主动地进行练习，并展示他们的杰出作品，这样其他学生可以从中吸取经验，并在追求荣誉的过程中激发他们的阅读和写作热情。当学生把他们的读书笔记分享给其他学生时，他们必须深入理解文本的含义，这样所写的读书笔记才会更具深度和吸引力。只有通过不断地独立阅读，我们才能在内容、语言和艺术技巧上获得新的认识和领悟，这种方式下撰写读书笔记也是一种“读来写”的锻炼方式。

③开展主题活动，延伸写作

课程标准明确表示，要在课堂内外建立沟通，最大限度地利用学校、家庭和社区的教育资源，组织各种综合活动，以扩大学生的学习领域，并为他们提供更多的语文实践机会。学生不仅可以在课堂上学习写作，还可以通过有助于提高写作能力的活动，使写作教学得到扩展。每个人的思考能力都是有界限的，一个人所获得的洞察最终还是属于他自己，或者是有其局限之处。教师有能力组织各种形式的课外阅读交流活动，为学生提供一个表达和交流的平台。这样，学生可以在交流中听取他人的观点，从而拓宽思维、加深理解，并在提高阅读能力的同时，也能提升写作能力。在进行交流时，我们既可以选择口头方式，也可以选择书面形式。通过口头交流，我们可以组织如专题研讨、朗诵活动和情景剧等多种形式的活动。通过书面沟通，我们可以组织如阅读散文展览和读书报告评选等多种活动。还可以组织一场名为“读书达人”的竞赛，目的是在激烈的竞争环境中激发学生的阅读兴趣，进而实现“阅读促进写作”的教学目标。

3. 完善评价与写作检验手段

仅仅依赖学生的练习而缺乏教师的实际反馈，是无法提升写作能力的，因为学生需要有目的性地进行修正和提升。因此，我们需要改进教师的评估方法，确保评估既及时又有效，明确指出哪些方面需要进一步的完善和调整，并确保学生能够进行有效的修正。只有确保从学生的写作，到教师的评价，再到学生的改正，都不做无用的努力，这种“以读促写”的方法才是有效的。

尽管上面提到的“以读促写”的教学方法名称各异，但它们的核心目标都是通过写作练习来帮助学生更好地理解和巩固在阅读过程中所学到的写作技巧，最终的目标都是提高他们的写作水平。因此，在开始实施中学三年的“以读促写”写作教学之前，教师需要进行全面的教学规划。在具体的写作教学过程中，还需要制定详尽的教学计划，将课文文本视为作文教学的典范，并注重将写作和阅读相结合和转化；教师需要转变他们的教学思维方式，从仅限于课堂内的指导扩展到课堂外的指导，以精准地引导学生进行课外阅读，并在阅读过程中进行知识积累，以及在阅读完成后进行写作练习；教师还可以利用课余时间组织读书交流等活动，为学生创造一个积极的阅读和写作环境，提供一个轻松自由的表达平台，从而鼓励他们多读书、读好书，热爱写作、会写作。

4. 结合作文评改“以读促写”

(1) 阅读对象文本为作文范本

在阅读学习的过程中，“精读”是一种经常被采用的技巧，它涉及对每一段、每一句、每一个词和每一个字进行深入细致地阅读和分析。通过“精读”，学生可以更全面地理解文本的核心内容，深入体验文本的中心思想，并进一步培养和提高他们的分析和概括技巧。在进行“精读”教学的过程中，教师一般会首先允许学生自主地阅读课文，以便初步掌握文本的主要内容；再次阅读后，能够概括出文本的核心思想，如果有任何疑问，都可以与教师和学生共同探讨。接下来，我们将进行分段阅读：首先对内容进行概述，一边阅读一边标注段落编号，并在旁边简洁地标明这段文字的主要内容。完成第一步后的第二步是梳理思维逻辑和文章结构，并总结出用于课文情感表达的各种写作技巧和语言表达风格。在第三步中，我们鼓励学生结合自己的感受，深入思考阅读后的收获以及可能遇到的问题。在课程的第四个步骤中，教师会对整堂课的教学内容进行总结，学生则会对照笔记仔细聆听，以检查是否存在记忆错误、遗漏或其他疑惑，从而进一步加强对内容的理解和记忆。

“精读”这一概念似乎被固定为仅在阅读教学中使用，而没有意识到它实际上也可以在写作教学中发挥作用。“以读促写”不仅仅是将课内和课外的阅读材料作为写作学习的模板，还存在一种具有极高阅读价值的文本，即学生所写的文章。通过教师和学生共同深入阅读学生的作品，对不适当的部分进行修正，并吸取其中的精华，我们可以实现“读而写”的教学目标。在实际的作文评价和修改过程中，由于时间节约等因素，教师常常采用泛读法来指出学生作文中普遍存在的问题，即使是指出了某些学生的个别问题，在评价过程中也往往显得草率，效果并不显著。因此，我们可以观察到，许多教师仅仅关注了“以读促写”的写作练习的数量和种类，以及在练习过程中的积累，却忽略了作文评价和修改这一环节，导致很多学生写了很多但没有进步。

因此，当我们在作文评改中采用“精读法”时，我们应该明确其教学目的：通过深入分析自己和他人的写作成果，突出优点，避免缺点，并进一步对自己的文章进行修订和完善。

（2）不同阅读法有不同修改效果

①诵读法。朗读不仅能够体验到句子中的起伏和韵律之美，还为准确地修改提供了坚实的基础。当你认真地朗读自己的文章时，可以利用你的语感来识别语法和书写中的错误，并对其进行及时地修正；然后，从宏观角度审视文章的整体结构和布局是否达到了完整和合理的标准；

进一步探讨内容是否与核心思想相契合。

②圈点法。通过逐字逐句的阅读方式，学生可以带着“找茬”的心态，明确标注出文章中存在的书写错误、句子不流畅、词汇使用不当或其他潜在问题的部分。这种方式能够清晰地指出学生写作过程中可能遇到的问题，确保学生和其他的师生都能明白，从而更方便学生和师生在讨论后寻找到纠正的策略。学生往往对自己的文章中存在的不足感到困惑，认为自己仅能创作出这种类型的文章。关于如何进行改进，他们并不十分明确，需要教师的专业指导。然而，这种做法并不有利于培育学生的自我修正技巧。因此，这种圈点法有助于培养学生识别自身问题的技巧，这也是他们未来修订作文的基础。

③分角度阅读。从不同的视角出发并不意味着要从多个不同的角度进行分析，而是在每一次阅读中只从一个特定的角度出发，设定一个修订目标，直到所有的修改都完成，然后再从下一个角度进行深入的阅读和评估。文章的修改通常遵循“选材—顺序—详略—结构—中心—语言”的顺序，逐步确定修改的目标，并有针对性地进行阅读和调整，从简单到深入，直至对整篇文章进行全面的修订。在向学生传授多角度阅读修改法的过程中，教师应采用循序渐进的教学方法，即先让学生熟练掌握一个角度的练习，然后再进行下一个角度的学习。这样，通过多次的修改练习，学生就能全面掌握这六个角度，并在实际修改作文的过程中，按照一定的顺序进行应用，从而使学生在修改作文时能够更加有序、全面地进行修改。

④时间分隔法。也就是说，在完成一次作文的修改之后，间隔一段特定的时间后，可以再次进行修改，并且可以在不同的时间间隔内多次重复这个过程。随着时间的推移，人们的知识和思维方式都会经历变化。因此，在阅读自己的文章时，人们可能会有不同的修改和思考。反复地阅读、思考和修改一篇文章，可以使文章变得更加完整，并在“温故而知新”的理念下取得新的进展。

⑤交叉阅读法。为了进行交叉阅读，你可以首先将整个班级划分为不同的小组，每个小组中都应该包括具有不同写作能力的学生。在此基础上，你可以阅读其中一名组员的文章，并在读完后写下真实的评价，然后给出相应的修改建议，之后再更换其他组员进行文章的阅读和评论。这个小组可以是大的也可以是小的，甚至一个班级组成一个小组也是可以的，关键在于学生之间的相互阅读、相互评价和相互学习。随着对其他学生写作风格的逐渐熟悉，提出的问题变得更加具有针对性，这更有助于学生在不断地修改过程中取得进步。学生在对他人文章进行评价和修改的过程中，他们的作文评改技巧得到了加强，这有助于他们更好地修改自己的文章。当然，这要求学生在具备一定的修改技巧后才能应用。

5. 中学语文实施“以读促写”教学的效果评价

要评估“以读促写”的写作教学策略是否能有效提升学生的写作能力，教师需要建立一套明确的验证准则。这不仅可以评估学生的学习表现，还能为教师提供教学改进的方向和重点，以避免教学过程中的无效努力和浪费教师与学生的宝贵时间。为了评估“以读促写”的效果，我们可以从几个关键方面入手。[①]

(1) 表达意愿的积极主动性

首要的是，学生的主观积极性是他们成长的关键驱动力和核心要素，因此，为了真正增强写作技巧，激发学生对写作的热情是非常关键的。只有真心热爱写作，我们才能创作出充满真挚情感和高阅读价值的优质文章。因此，在“以读促写”的教学过程中，教师需要特别关注激发学生的写作热情，并通过观察和记录学生主动表达意愿的行为来进行一定程度的了解。例如，教师可以通过仔细观察学生在写作练习、片段练习和习作评改中的参与度等方面的表现，来获取有用的信息，并据此

① 曹琼. 中学语文阅读教学中读写结合教学 [J]. 新作文（中小学教学研究），2019 (11): 58.

编制记录表，以便对学生提供有针对性的指导和建议。

(2) 表达过程的逻辑性

在文章中，“逻辑”扮演着至关重要的角色。一篇优秀的文章不可能是逻辑混乱、前后不连贯、句子混乱或难以理解的。因此，评估学生写作能力的关键还在于文章的逻辑结构。例如，句子的流畅性、开头和结尾的呼应、过渡的流畅性、因果关系的明确性，以及铺垫和伏笔的适当性等方面，教师可以通过观察这些写作细节来检验学生在表达过程中的逻辑性，并据此评估他们的写作能力。

(3) 表达形态的修辞特征

尽管直言不讳的文章可能显得更为真实，但如果缺乏活力，文章可能会显得单调，但适当的修辞手法可以使其更加生动有趣。在中学教育阶段，学生需要掌握的修辞技巧包括比喻、拟人化、夸张、排比、对偶、反复、设问、反问、引用、借代和反语等多种方法。当教师批改学生的作文时，需要仔细观察学生是否能够灵活运用，并确保他们的使用方法是准确的。

6. 单元整合“以读促写”

所谓单元整合教学，就是将同一单元内的多篇课文整合在一起，并选择一个特定议题作为教学焦点，这种集中的教学方式可以被视为课堂内的“集体阅读”。在每一个单元中，所提供的课文都是相互关联的，但又各具特色和丰富的“类文本”。通过单元的整合，学生不仅可以理解这些作品的共性，还可以在此基础上识别文本之间的差异，这样可以使学生的学习或模仿任务更加集中，不同的文本表达更容易激发学生的阅读和创作兴趣。我们了解到，在先前版本的中学语文教材中，大部分采用了以主题为核心的单元结构来组织教学内容。目前，统编本的中学语文教材已经发生了很大的变化，并带来了许多创新。它采用了双线结构来组织单元，尽管每个单元都是按照主题内容来组织的，并且所选的课文也能反映相关主题，形成了一条贯穿整个教材的明确线索，但它并没有像主题单元结构的教材那样给出一个明确的命名。同时，在这个单元里，还存在一个可以被看作是暗线的线索，它涵盖了语文知识、语文技能、学习方法与习惯、写作技巧和口头表达训练等，这些都是构成“语文素养”的核心“元素”。这些核心的“元素”可以被划分为多个知识或技能培训的“焦点”，它们在不同的视角和程度上都在每个单元的课文指导或习题设计中得到体现。当教师采用这种编排方式的教材时，它更有助于进行单元的整合教学，并在单元阅读的教学过程中为学生提供写作指导。在实际的教学活动中，教师能够更有效地融合单元课文，激发学生从多个角度进行思考，并确定一个更为明确的教学议题。通过在课堂上详细讲解一篇文章，教师可以激发学生的思维活力，引导他们独立地探索和阅读单元中的其他文章，分析它们之间的相似性和差异性，并最终进行总结以达到教学的统一。此外，这也能激发学生将他们内心的知识、领悟和感受转化为个人的阅读体验，并通过写作来表达他们的学习、领悟和感受，真正实现“读促写”的教学理念。

（1）单元整合，积累写作素材

学生在写作时经常找不到合适的话题或话题，其中一个主要原因是缺乏足够的写作素材。如果将结构比作一艘船的骨架，那么所用的材料就是用于填充船体的甲板和船舷，如果没有足够的写作素材，写出一篇高质量的文章将会非常困难。从作品的创作之初和构造开始，它绝对不是一种无形的幻想；每一篇文章都应当首先拥有丰富的素材和坚实的基础，只有在有充足的写作材料支持下，作品才能长久地留在人们的记忆中。文章的主题提炼、结构布局和内容编排等方面，都受到了写作材料的直接影响。丰富的写作素材有助于确保写作的流畅性。

然而，目前中学生面临的实际情况是，他们所处的教学和生活环境相对封闭，面临着巨大的学习压力和繁重的学业负担，这导致他们很少有机会去体验和记录丰富多彩的社会生活细节。尽管艺术超越了日常生活，但它同样起源于生活和社会生活的缺失，这直接导致了写作材料的减少，而阅读则为这一不足提供了补充。对学生而言，阅读无疑是一种能够间接体验生活的简单而方便的方法，通过阅读，间接的体验也是一种能够迅速获取生活中写作素材的适宜方式。身为一名教师，我们不仅要指导学生从阅读教学中获取素材，还需要引导他们将这些积累的素材应用到实际教学中。

①积累写作素材

首先，我们需要积累更多的内容素材。根据统编本的中学语文教材的单元编排方式，每一个单元都围绕一个相同的主题，而所选的文章内容也都反映了这一主题。因此，采用单元整合的教学方法对于积累写作素材是非常有益的。在收集教学材料的过程中，教师还需要引导学生对这些材料进行合理地总结和归纳。教师需要根据各种不同的素材内容，为学生提供合理分类的指导。

其次，收集与语言文字相关的素材。我们可以将语言文字的素材视为一系列优美的词句和句子。文字的优美表达能为整篇文章增添不少魅力。对众多的中学生而言，能够把文章写得条理分明已经变得相当困难，更不用提文章的文采了。因此，通过积累语言和文字的素材，学生可以初步形成优雅和准确的写作思路，并进一步模仿这些素材，以实现具有文采的写作。在描述自然景色的单元中，你可以收集到一些描述自然美景的优美句子。在描述人物和事件的章节中，我们可以选择一些描述人物的外观、表情、动作等特点的文字，或者是描述事件的文字。

②运用写作素材

所选自教材的课文都是经过严格检验的经典之作，每一篇文章都蕴含了极为丰富的写作素材。教师的职责不只是指导学生挖掘和积累写作素材，还包括指导学生根据实际需求合理使用这些素材。

首先，教师有能力引导学生进行阅读笔记的撰写。阅读笔记实际上是对文本内容的深度加工，它是学生在深度理解和思考文本后，结合自己的独到见解所产生的语言表达。在阅读笔记时，形式和字数并没有受到限制，学生需要围绕文章的核心思想，充分激发自己的想象力和创造力。这样的素材积累方式不仅会使学生感到死背硬记，还能帮助他们与材料建立更紧密的联系，从而更好地理解与材料相关的知识。

如果学生能够严格按照教师的指示，确保质量和数量，那么他们无疑会吸收文章中的写作内容，并在大脑中更新和扩展他们的素材储备。我们已经积累了大量的素材，并对这些素材有了深入地了解，这使得我们在写作过程中能够以最合适的方法应用这些素材。若想增强写作技巧，必须进行大量的写作实践。学生对写作材料的深入理解和内部化是写作素材积累和应用的关键。因此，编写阅读笔记成为一种非常有效的方式，用以指导学生如何有效地利用各种素材。在具体执行的过程中，教师有权设定阅读笔记的数量，例如每周写一篇，并鼓励学生根据自己对课文的深入理解来撰写一篇阅读笔记；或者你可以根据你所积累的素材来撰写阅读笔记，分享你的感受。通过这样的规定，我们可以确保学生在数量和质量上都得到提升，同时培育他们的阅读思维方式，并鼓励他们通过阅读来加强写作能力。经过长时间的积累，学生的情感沟通技巧和人文修养都将得到提升。总的来说，做阅读笔记是一种非常有效的方式，它不仅能帮助学生积累所需的材料，还能激发他们的创造力。

接下来，我们可以融合一些写作方法，帮助学生根据实际需求调整素材的简化和排序。

(2) 单元整合，指导写作技巧

①写作方法的指导

写作技巧被视为一种艺术的展现方式，在阅读教学和考试中经常被提及，但学生在实际写作中的应用却相对较少，这使得他们的作文显得乏味。因此，在进行阅读教学时，教师应当有意识地引导学生如何运用他们的写作技巧。在进行单元阅读时，经常可以看到单元文章采用相同的写作方式，这为单元教学中的“读促写”策略创造了自然的便捷性。

②结构布局的指导

文章的整体结构布局体现了文章内部各部分之间以及各部分与整体

文章之间的内在联系和外在表现形式的融合。所有的文章都是围绕中心思想、所用材料和结构这三大元素构建的。文章的核心思想是其“灵魂”，必须清晰明确；所用的材料如同“血肉”，必须是丰富的，并能准确地反映其核心思想；文章的结构充当了一个支撑和连接的“骨架”，它是组织段落和整合全文的方式，也是围绕中心组织材料的方法。显然，文章的结构布局起着至关紧要的作用。尽管学生掌握了大量的素材，但他们仍需恰当地应用它们。

在单元整合教学中，以结构布局作为“以读促写”的交汇点，目的是让学生在全民阅读的基础上思考：“为了突出中心思想，作者选择了哪些教学材料？这些材料是如何组织的？哪些材料需要详细描述，哪些材料需要简略描述？这样做对于塑造人物形象有何意义?”当学生对这些问题有了深入地思考，他们会明白，虽然人物事迹众多，但在选择材料时，必须以文章的核心为中心，并根据实际情况进行适当的调整。

（3）单元整合，指导写作语言

语言文字充当了汇集写作素材、传达作者的情感以及连接读者和作者之间的桥梁。一个作品的语言和文字使用是否适当和优雅，是评价其质量的关键因素。对于中学生在写作时，语言上的首要标准是句子要流畅，只有在句子流畅的前提下展现出文采，才能被视为一篇相当出色的文章。

7. 课文重组以读促写

重组，也就是重新组织，意味着打破了教材原有的编排模式，以目标为中心对课文内容进行重新整合。新的课程标准明确表示：“我们应该深入研究教材，准确地理解和掌握其内容，并以创新的方式应用它。”在整合单元的教学过程中，可能会遇到某些单元仅与课文主题有关，而无法找到其他“读促写”的结合点的情况。在这样的背景下，教师能够更为灵活地根据各种教学目标对教材内容进行重新组织，并以创新的方式运用这些教材。

（1）类文重组指导文章立意

所谓类文，是指那些文章的内容与其核心思想非常接近的文献。通过选择不同的类文组合，学生可以采用比较的方式来识别这些文章之间的差异和相似之处，并深入探讨文章的核心思想。在教学过程中，教师首先会引导学生仔细阅读课文，以便更好地理解其内容。学生在掌握课文内容后，会对比和分析课文的选材、写作技巧和语言风格，进而深入思考和探索作者的思维和情感。然后，教师可以指导学生进行逆向推理，从作者的写作思路出发，分析作者是如何根据文章的主题来组织材料、下笔写作的，以更好地表达思想感情。

(2) 同文体重组指导文体知识

文体可以定义为独立的文本形式，它主要涵盖了散文、小说和诗歌等多种文学形式。把不同类型的文章融合在一起，可以帮助学生更好地掌握这种文学形式的文体知识，并在撰写此类文章时将其应用。

小说这一文学形式，其核心是对人物形象的细致刻画，并通过全面的故事情节与环境描述来展现社会的日常生活。小说包含三个核心元素：角色、情节和背景，而情节的进展可以进一步细分为开头、进展、顶峰和结尾四个部分。这是关于小说的基础文体知识。教师有能力在小说创作过程中提供专业指导，例如明确小说中主要角色的身份？故事的情节是围绕着人物展开的？这几个情节是如何逐渐演变而来的？在文章中，作者采用了哪些方式来描述环境？这些对环境的描述起到了何种效果？通过对这些问题进行深入地分析和思考，学生们能够大致梳理出小说创作的基本思路，以及在小说创作过程中哪些元素是不可或缺的。

例如，散文是一种表达作者真实情感的文学形式，其写作风格既灵活又自由。狭义上的散文涵盖了叙事散文、抒情散文等多种形式。散文的独特之处在于其形态分散而精神集中、语言既优雅又朴实，以及其意境深远。以此为教学目的，教师将各种类型的散文融合在一起，这样不仅能帮助学生更明确地掌握散文的文体知识，还能教授他们散文的写作技巧。基于深入地分析和比较，学生不仅可以掌握写景散文的描述视角，还可以了解叙事散文的创作次序。

(3) 多角度重组指导写作技巧

考虑到学生的写作需求，我们还可以从多种写作方法的角度来重新组织教材内容。选择一篇以第一人称描述的文章，为了帮助学生更好地理解叙事视角对文章内容的深远影响，可以鼓励学生从全知的角度来重新编写文章。在进行改编后，与原作做了比较，感受到了从不同叙事视角带来的各种效果。例如，部分学生在撰写文章时，由于缺乏对人物的详细描述，导致文章内容缺乏生动性和真实感，所描述的人物过于刻板。教师有机会重新组织那些充满精彩人物描述的课文，并掌握如何更好地描绘人物的技巧。当学生接受了具体且目标明确的指导，并结合他们的实际体验和个人情感，将理论与实践相结合，他们就有能力描述出栩栩如生的角色。

当然，上述仅是关于课文重构方法的几种思考方式，但根据学生的实际学习情况，我们也可以从不同的角度，如表达手法、修辞技巧和写作技巧等，来重新组织课文。针对学生在哪些方面的写作能力存在不足，教师可以基于这一点来设定以阅读推动写作的教学目标，并依据这些教学目标来确定需要重新组织的教学内容。

8. 按写作规律教阅读

“我们的大脑会对社会生活中出现在我们视野中的各种情况做出反应。这些不同的情况可以通过不同的方式进入我们的视野，有些可以与作者产生强烈的共鸣，有些可以引发作者的情感波动，从而激发作者的创作欲望。无论是谁，不管他是挥笔泼墨，还是游吟歌赋，总是有自己的意图或目的，可能是想表达一种思想感情，可能是对某种事物进行某种说明，也可能是想通过这些来阐述某个人生的道理。写作文就是这种意图的具象化，是希望通过一些特定的材料，将大脑中的意象，以适当的方式表达出来”。在写作过程中，首要任务通常是确立主题，也就是明确这篇文章的核心思想；接下来的任务是处理各种内容，这些内容通常涵盖了材料的选择和材料的安排；在写作过程中，最能展现文笔组织和语言表达的部分是三个关键环节：“情感的核心、内容的素材和语言的呈现”。这三个环节在写作时必须遵循特定的顺序，并且这个顺序是固定不变的。

然而，当我们阅读时，我们的思维模式往往是反向的，通常涉及

“语言的传达、内容的素材以及情感的核心”。通过文章中的文字和符号，学生可以更好地理解文章的核心内容，并利用形象的思维方式去感知具体的形象和感受其中的情感，最终达到理性的领悟和自我审美的体验。这一流程正是阅读教育的实践。阅读的旅程实际上是学生持续地与文本（课本）相结合，同时也是文章的内容逐渐与文章的核心内容相融合的旅程。对语言的感知构成了阅读的根基，这是因为文字和句子是课文最直接的展现方式，而真正的阅读关键在于深入理解。文章的阅读质量和水平是由对文章的理解广度和深度共同决定的，而理解的质量和水平则是由对文章语言的感知深度所决定的。为了培养学生的特定语感，他们必须深入理解课文的核心内容，这样他们才能更容易地接近作者，并更深入地感受到作者想要传达的情感和思考。古代的教诲中提到：“读过一百次书，其意义自然显现”，确实是这样的说法。

作品中的“义”并不是直接表达出来的，其深层的含义可能隐藏在文字之中，或者深藏在作品的意象之中。读者只能通过反复阅读和深思，然后通过想象自由地将各种进入视野的意象融入其中。在有序地进行处理后，通过相互之间的对比和整合，再结合理性的分析和顿悟，我们才能与作者产生深刻的共鸣或不同的启示，从而更好地理解作品的深层含义和个人引发的领悟。只有当达到这样的高度，写作才能得到真正的推动。

对于那些阅读和写作能力尚未达到很高水平的学生，按照阅读的固有规律进行阅读往往难以实现预期的阅读效果，更不用说深入理解和掌握作者的写作思路了。我们应当遵循写作的原则来指导阅读，这不仅能确保阅读的准确性，还能为写作带来更大的推动力。根据写作的教学原则来指导阅读，教师需要在阅读过程中调整通常的三个步骤的顺序，将“语言表达、内容材料、情感主题”的顺序改为“情感主题、内容材料、语言表达”。更具体地说，我们首先需要深入分析作者在文章中想要传达的情感和追求的核心目标，然后进一步探讨作者为了传达这种情感而选择了何种内容和素材，以及最终如何运用语言来完整地表达这些情感。这样的思考模式与我们通常的阅读习惯完全相反，但它与文章作者的思维逻辑是一致的，这也与人们的写作方法是一致的。正是基于这个原因，这一方法展现出了更高的合理性和时效性。[①]

（四）“以读促写”教学中应注意的问题

“以读促写”的教学方法与传统写作教学有所不同，它具有非常明确的目标和针对性，以阅读为基础，在此基础上有针对性地提升写作技巧。如果教师未能提供适当的指导，可能会导致学生在写作过程中出现机械重复的现象。因此，在执行“以读促写”的教学策略时，教师必须重视以下几个关键问题。

1. 符合学生实际水平，不要要求过高

对于中学生所在的学习阶段，课程标准希望他们能够“文字流畅”和“撰写叙述性的文章，确保传达的意图清晰，内容既具体又丰富”。从教材中挑选的所有课文都是经过专家和教研人员的仔细筛选，或者是时间检验后被选中的，被认为是经典之作。在“以读促写”的实际教学过程中，如果教师依赖这些经典的课文进行深入地讲解，可能会导致学生感到害怕和困惑。因此，在执行“以读促写”的教学策略时，教师应依据学生的具体能力，选择深度或浅度的指导方法，并对学生“以读促写”的教学成果不应设定过高的标准。

2. 找准“以读促写”结合点，不要生搬硬套

每一篇课文都展示了作者独有的写作风格，并反映了他内心深处的特殊情感。无论是单篇文章的“以读促写”策略，还是单元整合的“以读促写”策略，我们都需要准确把握每篇文章的独特风格。特别是在单元整合的“以读促写”策略中，我们需要在“同”中寻找差异，总结写作的普遍规律，并在“异”中对比每篇课文的亮点。我们应当重视一系列课文中的“相似性”，并将其视为“读与写”的交汇点，同时也要注意“差异性”，确保学生具备独立的分析和思考能力，避免简单照搬。在撰写具体文本的过程中，我们应当重视每一篇文章所具有的独到之处，并教导学生认识到，文章应当拥有自己独到的思想框架，而不是简

① 张文豪．中学语文教学加强读写能力训练［J］．新作文（中小学教学研究），2019，（11）：81．

单地照搬或模仿。

3．潜移默化促写作，不要操之过急

利用阅读来加强写作能力，这样的教育方法既具有目标导向又充满实用性。这样的教学方法可以帮助学生在阅读学习的过程中掌握必要的写作技巧和素材，但在实际的“以读促写”教学过程中，这并不意味着学生能够独立完成高质量的作文。这并不意味着“以读促写”的教学方法是无效的，实际上，写作是一个需要长时间积累的过程，而不是一个快速完成的过程。“以读促写”这一教学理念的核心目标是，通过在语文课程中不可或缺甚至占据主导地位的阅读教学方法，使学生能够在不知不觉中培养出对写作的热情，并掌握写作所需的基本技能，从而实现长时间的积累和提升。因此，在统编本中学的语文“以读促写”教学过程中，应当遵循“以读促写”这一独特的教学规律，并在阅读教学过程中逐步、悄无声息地提升学生的写作技巧和语文修养，不能急功近利。

4．尊重学生主体性，不要大包大揽

教师不仅是教学过程中的主导者，也充当着“指导者”和“引路者”的角色。学生是学习过程中的核心参与者，我们应该确保他们真实地融入课堂，成为学习的主导者。因此，在“以读促写”的教学模式中，教师需要高度重视学生的主体性，激发学生的主观能动性，并在教师与学生的互动过程中形成明确的教学目标和进行有效的教学活动。大多数学生对“满堂灌”的教学方法并不感兴趣，只有当学生真心地参与进来，我们才能真正点燃他们的学习热情，并实现更出色的教学成果。

因此，在实施“以读促写”的教学模式时，教师需要深入考虑学生的实际需求，并据此来设定教学目标。此外，我们还可以鼓励学生自行设定“以读促写”的教学目标。例如，在某个教学单元中，学生可以在深入分析文本的基础上，寻找与“以读促写”相结合的最佳方式。这种教学方法能增强学生的参与感，使他们真正认识到自己是学习过程中的主导者，所有可用的教学资源和工具都是为了更好地服务于学生。当学生设定了明确的教学目标后，他们的学习热情会增强，如果教师能够给予适当的指导，那么教学效果将会大大提高，达到预期的教学成果。

5. 培养学生的创新思维，不要机械模仿

“以读促写”的教学理念旨在通过阅读教学让学生掌握写作技巧，从而提升他们的写作能力。采用教材里的选文作为示范，帮助学生通过这些选文来增强他们的写作技巧。在“以读促写”的教学模式下，教师经常采用模仿写作的方法来鼓励学生进行写作练习。这被视为“读促写”的关键方法，但我们仍需重视激发学生的创新思维，避免他们在写作时盲目模仿。对于知名学者张中行而言，模仿写作就像是一把双面刀。他认为，“初学者可以快速掌握写作技巧，但过度依赖仿写可能会妨碍他们向更高的目标迈进。”“仿写就像是孩子们的学习之车，我们需要扶持它行走，希望有一天能与它自由地互动。写作时，我们需要汲取他人的优点，融合自己的观点和表达方式。这需要我们深入他人的文章中去探索，也需要自己在自己的随意涂鸦中去摸索，而仅仅坐在小书桌前进行模仿是不足够的”。在“以读促写”的早期阶段，模仿仅仅是学生寻找写作方法的一种方式，并不应被视为“以读促写”的终极目标。在教导学生如何模仿的同时，我们更应该注重激发学生的创新思维，帮助他们的作品跳出模仿的常规，从而实现更为深远的进步。在“读促写”的培训过程中，我们采用了多种视角和方法来进行练习；在进行单元整合或课文重组的教学过程中，我们鼓励学生采用比较法来分析每篇文章的差异和相似之处，从而思考更适合自己的写作方式，并在对原文的感知基础上，融入自己的见解和思考。我们应该重视学生之间的个体差异，鼓励他们自由地表达自己的观点，让他们明白，模仿仅仅是开始，纯粹的模仿是没有灵魂的，只有在文本中不断地探索和思考，我们才能找到自己独特的风格。

6. 平衡阅读与写作，不要顾此失彼

“以读促写”的核心理念旨在提高写作技巧，但这并不代表我们在阅读教学中应该为写作教学腾出空间，将写作教学置于核心位置。在最近的几年中，关于阅读和写作教育的重要性，人们持有各种不同的观点。一些人倾向于支持“阅读本位论”，并主张语文教育的核心应当集中在阅读教学环节上；还有一部分人持有这样的观点，即语文教育的核心目标应当是提升学生的写作技巧。从理论上的探讨可以看出，阅读与写作之间存在着紧密的联系，它们既是彼此独立的，又是相互补充的。因此，我们不应该把两种不同的教学方法分开，或者过分强调一种而忽略另一种的教学方式。在实施“以读促写”的教学模式时，我们必须高度重视阅读教学中的写作资源，但同时也不能仅仅依赖阅读教学来为写作教学提供一个“梯子”，而忽视了阅读教学原有的目标和意义。因此，作为教师，我们必须确保阅读教学与写作教学之间的均衡，不能偏重某一方面而忽视另一方面。

二、以写促读

（一）“以写促读”的含义

1.“读”是目的与归宿

为了深入理解“以写促读”的理念，我们首先需要明确其核心焦点是“写”还是“读”。虽然读与写是紧密相连的，但我们在这里主要要讨论的是“读”的概念。“以写促读”的理念是以“读”为最终目标和方向，通常的执行流程是“读—写—读”，而这一过程的核心环节应当是阅读。有些教师在进行阅读教学时，仍然重视写作技巧，并将其视为阅读教学的核心内容。在阅读过程中，他们过于专注于吸取有参考价值的写作知识，这可能会导致教学目标和方法之间的混淆。“以写促读”的理念应当聚焦于阅读，并把协助学生进行高效阅读和加深阅读理解作为最主要的目标。在阅读教学过程中，仅仅掌握文本写作技巧并不能实现真正意义上的“以写促读”，对文本的理解应当是全方位和深入的，不能有任何局限性。写作不仅是对已有阅读知识的应用和再现，更是一种能够激发学生阅读兴趣、加强阅读动机和深化阅读理解的方法，它是一种更具自主性的阅读教学方式。在进行阅读教学时，教师扮演着指导者的角色，鼓励学生通过“写”的方式全身心地投入阅读中，以文本为基础，将阅读和写作紧密结合，进而深入探讨文本的语言、情感和结构等多个方面，以提高阅读的效果。

尽管学生编写的句子可能从他们自己独有的视角出发，但仍可能暴露出某些不足之处。“以写促读”这一教学方法的核心思想是，通过分析和比较学生的作品与朱自清的文字差异，找出作者在选词或句式上的亮点，从而更深入地感受到作者细致入微的描述和情感表达的适当性。[①]

在“写”的旅程中，学生们会进行尝试、对比和体验，他们会意识到，在与作者有相似条件的情况下，自己掌握词汇的能力仍然难以超过作家自身的水平。因此，在最终的阅读思维中，我们仍需重新聚焦于文本，深入探讨作者写作中的巧妙之处。“以写促读”的教学理念要求学生将注意力集中在课文上，并以阅读作为他们学习的最终目标。通过个人的艺术创作，我们不仅积累了宝贵的经验和教训，而且在阅读过程中也会表现出更高的自觉性和敏锐度。“以写促读”的有效方法，其核心目标是增强阅读的效果。在中学语文的阅读教学中，学生可以在语言的“迷宫”中独立地探索和重新构建，从而深入体验作者的语言魅力，加深对文本的认识，更好地理解文本的核心思想，并真正领会作者的写作目的。

2.“写”是手段与途径

阅读教学的核心目标是协助学生跨越语文学习的经验差距，并构建他们与“这篇”课文之间的紧密联系。

因此，为了实现预定的教学目标，语文教师有责任选择适当的阅读教学策略和途径，以帮助学生更好地理解课文内容。每一条道路都通向罗马，当教学目标清晰时，满足阅读需求的方法可以有很多种。在众多方法中，“写”被视为一个有效的选择途径，但在推进“以写促读”的过程中，对“写”的准确定位显得尤为关键。

对于阅读来说，“写”是一种非常有效的辅助手段。余映潮老师曾经提到：“在阅读教学设计中遇到困难时，一个可行的方法是为学生设计一个‘写’的活动。至少，这是一种实际有效的实践活动，是一种学习和应用语言的课堂训练，也是一种能够培养学生语感的思维活动。”

---

① 吕雪梅. 中学语文读写结合的高效教学探究［J］. 新作文（中小学教学研究），2019（11）：19.

潘新和教授持有与此相似的看法，他主张将“写”视为激活阅读思维的手段。他认为，当读者在阅读过程中遇到模糊的部分时，可以尝试进行写作。写作不仅能让思维更为敏锐，也能使感受更为明确，并使思维更加有组织。可能许多人都有过这样的体验，阅读会激发出许多新的思考，并产生思考的火花，但这些思考很难用言语完全表达出来。因此，脑海中的思考与笔下的写作并不总是完美匹配，需要花费相当长的时间来仔细思考才能将其表达出来，这也证明了写作能够提升阅读体验的质量。

从中我们可以观察到，“写”作为一种辅助手段，在消除阅读障碍的过程中起到了关键作用。通过“写”，我们可以找到阅读的突破点，并捕捉脑海中瞬间形成的思绪。这进一步证明了“写”在“读”的过程中起到了巨大的推动作用。通过遵循特定的“写”要求，读者可以改变思维方式，在不断地解读文本的过程中，使阅读变得更为清晰和有组织，从而更容易感受到文章的独特性。当教师以文本为中心提出各种问题，并鼓励学生进行“写作”，学生便会在“写作”的过程中主动地去解读文本，寻找所需的信息，并激发他们进行深入的思考和探究。“写”不仅仅是一项任务，它为学生提供了某种程度的限制，激发了他们去“阅读”。然而，“写”的概念设计也是必要的，为学生提供了明确的阅读方向，使他们在“阅读”时有了明确的方向。在阅读教学过程中，教师巧妙地策划了“写”的活动，这不仅能帮助学生逐步减少对教师文本解读的依赖，还能增强学生的阅读学习自主性，并为他们未来更多的阅读活动培育出积极的自我意识。

激发学生对阅读的热情是“写”的核心。翟启明教授强调，培养学生的阅读兴趣是阅读教学的核心目标。为了实现这个目标，我们可以采纳吸引人的阅读策略，使学生的阅读更具形象性、生动性和吸引力，进而助力他们更深入地阅读。

在教育实践中，李百艳老师也分享了她的授课经验。在课堂教学中，她鼓励学生从作者的视角去观察生活，并鼓励他们结合自己的实际经验去描述自己眼中真实的上海弄堂。她还挑选了课文中的几个关键段落，与学生的作品进行了对比分析，目的是教导学生如何通过写作来理解作家作品中的价值，从而激发他们的阅读兴趣并培养他们的阅读意识。因此，在阅读教学过程中，教师不仅明确了写作任务，还给出了具体的指导方针。首先，他们设定了写作的视角，然后鼓励学生根据自己的实际经验，使写作任务更具目标性和真实性，从而使学生在写作过程中表现得更加主动和积极。随后，通过对两篇文本的深入比较，并选择了特定的片段来进一步明确阅读的核心内容。在这种对比中，学生可以轻易地识别出“以我之眼”与“以作者之眼”之间的差异，并发现作者描述的上海弄堂的独到之处，从而更准确地理解作家的作品。同样地，钱梦龙的教师在教学过程中，也选择了“写”作为教学方法。

此项任务能够极大地激发学生的创作激情。教师会根据学生的语言习惯，将他们的创意转化为画作，并直接展示在黑板上。同时，教师还会分析学生语言表达中可能存在的问题，并鼓励他们不断地尝试和修正，以确保达到任务要求中提到的“明确”的效果。这样一个表面上看起来简单的描述，实际上却充满了挑战，学生们尝试了六到七次，但仍然未能获得令人满意的成果。学生在“写”的过程中，实际上是在进行语言思维和构思，这极大地激发了他们对文章的阅读热情和意识。钱教师在多次试错后，再次指导学生仔细阅读课文，特别是“在大拱的两肩上各有两个小拱”这一关键字。当学生们深入阅读这篇说明文时，他们被其中的“肩”和“各有”这几个字所打动，从而对说明文的语言准确性有了深刻地理解和深刻的印象。

3. “以写促读”是“读”的深化

虽然阅读是主要的知识获取和积累方式，但在实际的教学过程中，也经常出现这样的现象：尽管学生已经阅读了大量的课文和书籍，但他们很容易将其遗忘，尽管阅读的数量有所增加，但他们的理解能力却没有得到明显的提升。尽管阅读教学应以阅读为核心，但“不动笔墨不读书”的原则下，只有依赖“写”，阅读才能得到真正的加深和推动。在阅读教学中，如果仅仅强调“读”而不鼓励学生明确地“写”，那么学生的理解将完全依赖于教师的详细解释和引导，而不是他们自己的思考来深入挖掘文章的深层含义。事实上，在阅读教学中，最核心的任务是在学生的语文修养基础上，进一步培养他们的思考和技能。

"写"作为一项阅读技巧，应当被语文教师恰当地融入阅读教学中，这样可以加强学生对语言文字的积累、内化和应用，加强阅读对学生的人文熏陶和真实体验，为学生在阅读方面提供更广阔的自主发展空间。

在夏丏尊与叶圣陶共同编写的《文心》一书中，有一节课是关于读书笔记的。王先生在回答学生慧修的疑问时提到，如果你们每天都在阅读你们的书，而不是仅仅浏览，那么你们的读书笔记就是你们所见之物。只有当阅读得非常细致时，我们才能撰写出读书的笔记。从另一个角度看，尝试撰写读书笔记实际上是一种确保读书过程中不马虎的策略。

读书笔记是一种在阅读过程中进行"书写"的方式，中学生可以在日常的阅读活动中，通过这种方式进行阅读，并在"书写"的过程中不断获得对文本的新的感悟，然后以书面形式记录下来。这种做法在一定程度上加强了对文本内涵的深刻理解；从另一个角度看，这也增强了深度思考的技巧，使得"读"出的内容不仅仅是表面的。从这一点可以看出，所谓的"以写促读"中，"写"和"读"并不是同一平面上的两种活动。"写"的目的是促进"读"，而"以写促读"实际上是"读"的进一步深化。

伍尔夫，20 世纪意识流文学的杰出代表，在她的阅读体验中分享了自己的读书心得：要真正理解小说家在创作中的细微之处，可能最直接的方法不是阅读，而是通过写作；亲自尝试去理解和掌握词汇是多么的困难。当你试图用词汇来描述这个场景时，你会意识到它已经变成了许多互相冲突的记忆片段。这批片段中，一部分需要被淡化，而另一部分则需要进一步加强；在写作时，你可能完全无法掌控自己的情感。在这种情况下，你完全可以放下手头的杂乱稿纸，翻阅一些杰出的小说家（例如笛福、奥斯汀或哈代）的著作进行深入地阅读。在这个时刻，你会更深刻地感受到他们的卓越技能。

从伍尔夫的阅读体验中，我们可以观察到，当作家拿起笔来再现那些令人难忘的场景时，他们会发现这些场景已经变得混乱，形成了许多互相冲突的记忆片段。在写作过程中，如何有效地管理这些片段、如何巧妙地组织语言以及如何恰当地表达情感，都是最具挑战性的部分。此刻，如果你再次翻阅某位杰出作家的著作，对比他们对相似情境的描述与自己的创作之间的差异，你会立刻领悟到其中所蕴藏的深意。所有的作家都对阅读有着浓厚的兴趣。杰出的作家通常也是优秀的读者，他们的阅读技巧和效果往往超越一般人。这不仅仅是因为他们对阅读的热爱，更重要的是他们能够将阅读与写作相结合，采用"以写促读"的阅读策略，深入挖掘作品中的细微之处，洞察文学的内在结构，并精准地抓住作品的核心要点。由于作家群体需要从一个更高的视角去感知和理解对他们创作有益的经典作品，因此与我们通常采用的"以写促读"的读书笔记或摘抄方式不同，作家在阅读过程中更倾向于采用贴近作品的体验和建构，并能充分激发思维创新的"写"活动。伍尔夫的观点揭示了"以写促读"不仅可以更加主动和富有创意，还能打破我们过去对阅读写作的固有观念。他进一步阐述了"写"在促进和深化"读"方面的重要作用，并强调只有通过"写"的方式，读者才能准确地感知到作者在语言结构和词汇运用等多个细节方面的精湛技艺。要真正理解一篇文章，特别是那些著名的作品，仅仅通过阅读是不足够的。深度阅读需要通过写作来重新构建语言和文字，这样才能找出其中的不足，掌握作品的深层含义，并对其有更深入和准确地认识。

（二）"以写促读"的特点

1. 具有较强的指向性

"以写促读"是一种具有明确读写关系和强烈目标性的阅读策略，它不仅揭示了读写之间的密切联系，还表明"读"是"写"的最终目标和归宿，"写"是促进和深化"读"的方法和途径。不管是阅读还是写作，它们都是基于文本进行生成或分析的，因此在"写"的驱动下，"读"能够获得更大的推动力。通过"写"的辅助，学生可以在很大的范围内明确"读"的具体内容和界限，从而更有效地提高"读"的质量和效果。采用"以写促读"的阅读方法，主要目的是鼓励学生积极、目标明确地阅读，这样可以减少在阅读时的盲目性，帮助他们更准确地掌握和理解文本中的核心内容，这种方法具有很强的方向性。

2. 具有丰富的过程性

学习是一个需要反复记忆和加强的旅程，不能一蹴而就，因此“以写促读”的理念强调了“写”与“读”的连续过程。

“写”不仅仅是一个简单的过程，当学生在阅读时进行“写”，这不只是他们对文本内容的内化，更是他们的思维和理解能力的体现。在学生的阅读过程中，“写”是以任务方式进行的，因此学生需要积极思考，并与文本内容相结合来进行创意和构思。在这一教学环节里，学生不可能立即给出准确的答案，但通过反复地思考和探究，可以为他们提供一种特殊的语言组织和构建过程的体验。

“阅读”同样是一个逐步的过程，学生在理解文本时需要基于持续的“书写”尝试，并通过比较来深化对文本含义的认识。①

3. 具有明显的有效性

“以写促读”作为一种读书方法，其核心目的是帮助学生将外部的知识转变为内在的品质。学生们采用“写”的方式来“读”文本，这个过程是围绕文本的阅读展开的，并且是一个反复循环的过程，每一次都是对文本的深度探索和理解。学生在积累阅读经验的过程中，必须经历语言的理解阶段。在这个阶段，为了完成写作任务，学生会不断地对文本进行深入地思考和分析，这无疑会引发强烈的思维冲突，并逐步将语言转化为实际应用。新课程的三维目标涵盖了“过程与方法”这一方面，强调的是让学生在掌握知识的同时，也能形成有效的学习方法，并促进其能力的全面发展。采用“以写促读”的阅读策略可以显著提升学生的语言组织和应用能力，同时也能丰富学生在阅读过程中的体验和经验，使他们在中学有限的阅读时间里有更多的阅读机会，这一策略具有很高的有效性。

4. 具有浓厚的趣味性

教学的目的在于避免教授，而阅读教学的最终目标是激发学生对阅

---

① 朱梅玲. 语文读写一体项目化教学实践研究［J］. 天津教育，2022（28）：29—30.

读的兴趣，使他们能够掌握科学合理的阅读技巧，培养出能够终身受益的优秀阅读习惯，并在这一过程中培养出较高的阅读能力。“兴趣是最好的老师”，在“以写促读”的理念中，“写”的任务实际上是一种鼓励学生主动参与的活动方式，能够极大地激发他们的创作激情和兴趣。当教师将阅读的主导权交给学生时，学生便能基于他们对文章的初步认知来进行创作。这个过程既灵活又轻松，学生可以充分利用自己的经验来构思，并在不断地尝试中前进。在这个学习过程中，语言的实用性和趣味性是不可或缺的，这也增强了学生对文本进行深入地阅读、对比和理解的积极性。

（三）“以写促读”实施策略

1. 构拟故事，适当留白

为了追求艺术的气韵和虚实相生、浓淡相宜的效果，中国画画家会采用一种名为“留白”的构图技巧，即在构图时预留部分空间，不下笔，不着墨，目的是利用黑与白、虚与实之间的强烈对比，引导读者去深思创作者的真实意图。“留白”代表了一种从零开始的艺术转变，而杰出的文学创作往往能在其深沉的内涵中展现真挚的情感。文学的魅力，主要体现在采用了与绘画类似的留白手法，并在这些深层的含义中得以体现。秘鲁的诗人塞萨尔·巴列霍曾经表达过这样的观点：“一首诗可以被视为一个生命的单元，它比自然界中充满活力的生物更为生动。即使一只动物的一个部分被切除，它依然能够生存。同样，一棵树如果被砍掉一个分支，它也能够生存。但是，如果一首诗去掉了一个诗句、一个单词、一个字母或一个书写符号，它就无法生存了。”从诗人的言辞中我们可以看出，诗歌拥有一种独特的完整性，它的生命活力是由诗人巧妙地创造的深沉和复杂所赋予的。诗人在创作时避免使用“满”，而是创造了隐含的音调，通过改变句子结构，实现了笔触的曲折，从而在诗中创造了多个“空”和“曲”的元素。因此，在教授诗歌的过程中，如果想让学生深刻理解诗歌所能提供的广阔的想象空间和其中的留白迂回，从而更好地挖掘诗歌的深层含义，那么可以采用“构拟故事”的方法来“以写促读”。

学生利用联想和想象的力量，通过“写”的方式来适当地补充和调整文学中的“空”和“曲”元素，从而更好地探索和理解文中的艺术境界。构拟故事的目的并不是鼓励学生随便编写一个与文学创作有关的全新故事，而是依据文学作品的主题内容，通过添加新的元素或进行补充和填充，来完整地描述文学作品中所描述的各种事件和场景。在进行文学作品的教学时，教师需要从整体出发，努力帮助学生识别文学作品中的空白和曲折之处。教师在教学过程中也应该充分利用自己的指导能力，鼓励学生结合文学作品的具体内容，用他们的理解来丰富和补充知识，这样可以激发学生对文学作品深层含义的探索热情，并在内容上进一步丰富文学作品的意境，让学生更好地欣赏文学作品的魅力。

“构拟故事”是一种适用于中学文学阅读教学的具体“以写促读”的实施策略，它的优点是利用学生对文学作品的理解，创造一个可以比较的文本，这个文本可以是改编的散文，也可以是其他有趣的形式。

2. 填字游戏，把握文之独特

南朝的刘勰在其著作《文心雕龙》的第八卷中提到了“练字第三十九”，并强调了“以缀字属篇，必须练择”和“趣舍之间，不可不察”，这可以被视为“炼字”这一理念的起源。尽管《文心雕龙》主要从字形的视角来探讨文字的挑选和应用，但它同样强调了文学创作中炼字的核心地位。随着时间的推移，诗歌创作中的炼字和炼句逐步被视为一种自觉行为，特别是在文学艺术达到巅峰的唐代，大量的炼字杰作应运而生，展现了极高的艺术水平。从唐代开始，历代的诗人都视炼字为创作诗歌的必修科目，这一传统一直延续到现在，甚至在现代文学创作中也有所体现。不管是“言出必行”还是“吟安一个字，捻断数茎须”，这些都反映了古代诗人在创作诗歌时对语言技巧的高度重视，他们努力用最合适和生动的文字来表达自己的情感和思考。

在文学创作中，炼字不仅是一种独特的手法，也是展现作者坚定和匠心独运的方式，这也是贾岛与韩愈之间“推敲”故事的来源。

填字游戏的目的是让学生体验和探索作者在语言构建过程中的喜悦和兴奋。为此，教师需要提前进行教学设计，对文学作品进行适当的陌生化处理，并对文学作品中最精确或最值得学生创作和发挥的词汇进行适当的遮盖。换种方式表达，这实际上是对一部文学作品的重新定义，将那些不那么完整的内容展现给学生，并鼓励他们亲身参与到字词的筛选过程中。在课堂教学中，教师有责任引导学生回到作者创作阶段的具体情境，鼓励学生自由地进行创作，并根据自己的学识，选择最适合的词汇来填补被遮挡的部分。当学生亲身体验和感受自己在创作和构思词汇时所面临的挑战和困难时，他们会意识到编写一篇高质量的文本是一项艰巨的任务。在学生进行思考之后，他们可以展示出作者所写的诗句或词汇，这样学生就可以将原文与自己的作品结合起来，通过比较两者的优劣，更加明确地感受到作者对字句的精准掌握，从而更深入地理解文的独特魅力和妙处。

在中学的语文诗词阅读教学过程中，教师经常会问学生："在这首诗里，你觉得哪一个字写得最为出色?"学生常常只知道表面现象，却不明白其中的奥妙。因此，在这个阶段，"以写促读"的方法显得尤为关键，它能够引领学生走向"理解其奥妙"的学习之路。我曾经组织学生参加课外阅读课程，并观察到他们正在阅读与古代诗歌故事相关的课外读物。因此，我为他们介绍了一个与之相关的故事，即苏东坡与他的妹妹和黄庭坚共同创作诗歌，并在"轻风细柳，淡月梅花"这两个字之间分别添加了一个字，以探究谁最能突出诗的神韵。在与学生们的互动中，我鼓励了几名学生也尝试去思考这首诗的正确填写方式，所有人都表现得非常热情。

在其中，女性的思维通常比男性更为微妙和细腻，她们在填字时更倾向于追求唯美的意境，而男性则更倾向于直接展示一个美丽的场景。尽管学生们根据自己的语言能力填写了各种答案，但他们都一致认为苏轼所写的"扶"和"失"这两个字非常生动和出色。学生们表示，"扶"与"失"这两个字不仅在形态上有许多相似之处，给人一种舒适的感觉，而且它们都带有一种非常贴切的拟人化效果，给人一种朦胧的印象。实际上，在学生读完一个故事的结尾之前，他们的思维中已经涌现出无数的想法和构想。在这个阶段，教师需要抓住学生思考的机会，抓住这一机会，将这些看似不显眼的想法拉出来，并在一个外部环境中与学生进行深入地讨论。当学生在阅读过程中暂停时，他们的写作热情得到了充分的激发。除了文本中提到的苏轼和黄庭坚，他们还积累了更多来自自己的诗句。只有这样，他们才能在阅读的最后阶段，比较和品味苏轼所写诗句的美感和精妙之处。

在正规的阅读教室里，学生们面对的是已经写得很成熟的文章，但事实上，每篇文章背后都隐藏着一个与前述故事相似的填字过程。通过让学生参与到填字游戏中，他们可以获得更为深入的语言体验，并能够真实地再现作者当时的生活环境和情感状态，这也是“以写促读”策略实施过程中特别强调的一个方面。

为了使学生在课堂上真正理解其精髓，采用“通过写作来促进阅读”的方法既是必要的，也是值得推崇的。在中学的古代诗歌教育过程中，“填字游戏”被视为一种特定的“通过写作促进阅读”的教学方法。在教学设计过程中，教师可以将“写”的方式巧妙地转化为课堂语言游戏，这不仅能迅速激发学生的阅读热情，还能充分利用学生的语言知识储备，鼓励他们在自己的词汇体系中不断探索，充分发挥他们的主观能动性，从而进行创意写作。

第四节　语文读写结合教学的策略

关于将语文阅读与写作相结合的方法，我们采取了从“阅读”到“写作”的学习策略，并从“阅读文章”逐渐掌握了“写作”的技巧。

一、以“读”为基础，从“读”中学“写”

通过对字词、句子和文章的综合学习，强调阅读在写作中的关键作用，只有掌握了阅读技巧，我们才能真正掌握写作技巧。

（一）从炼字到斟字的积累

古时的诗歌和文章在字词的选择和使用上都非常讲究，这为我们现代的语文教育中字词的应用提供了坚实的基石。从甲骨文开始计算，汉字的应用已经经历了超过三千年的时光，它代表了我国深厚的文化智慧。

以“冷”这个字为例，在字典里，它有如下的解释：与“热”相对的温度偏低，缺乏热情（如态度或性格），不喜欢热闹或生僻（这是很少见的），不受大众喜爱，经常趁人不备，常用来形容心情低落、被人轻视或轻视等。“炼”字到“斟”字是字的释义，我们可以根据每个字的释义来决定何时使用它，这就是从“炼”字到“斟”字，理解字的意思，理解后再用它来表达。例如，存在与“冷”字相关的词汇，如“冷色调”“冷笑话”“冷暴力”和“冷战”等。尽管每一个词中都含有“冷”字，但它们的意义都是独特的。我们可以先对这些词进行解读和提炼，然后再进行词汇的选择。这种逐字逐句的累积不仅有助于提升我们的语文修养，同时也促进了阅读和写作方面的语言积累。

（二）从句到篇的学习

在语文学科的学习过程中，大量的文章、资料和文本等待着我们的阅读，只有当学生真正理解时，他们才能写得出色。阅读是一种从句子到文章的连续阅读过程，我们必须深入理解文章、资料和文本中的关键词汇和核心句子，这样我们才能准确把握材料的核心思想、理解材料的主要内容以及理解作者的情感和思维等人文价值。然而，阅读的功能远不止这些，它还应该涵盖学习如何选词造句、策划文章结构等实用功能。①

众所周知，句子构成了文章的核心部分。在学习语文时，只有深入理解文章中的每一句，我们才能真正从阅读中掌握写作技巧。对于从句到段、从段到篇的练习，不只是读的练习，还需要写的练习，如设计模仿、补充、扩展和句子的修改等。我们鼓励学生深入了解句子的基础组成、语言的形态和规律，将句子的主、谓、宾、定、状、补等元素进行分类，确保他们能够熟练掌握主谓句，并在众多的读写练习中，不知不

---

① 刘志伟. 中学语文教学中的“读写融合”策略分析［J］. 中华活页文选（教师版），2022（21）：78—80.

觉地将读写的知识转移到其他语言中。

尽管有些学生已经阅读了大量的文章，但他们在写作方面的技能并未取得显著的进步。这种情况的出现是因为部分学生在阅读时经常感到力不从心，他们没有将所读内容翻译成他们能够理解的语言，也没有对文本的写作逻辑和语言应用进行深入的思考和分析。因此，教师有责任深度解析教科书，也就是说，教师的任务不是简单地向学生灌输教科书的核心思想，而是引导他们进行阅读、实际体验和情感体验。通过一系列的体验和感知活动，我们致力于培养学生对文学作品的欣赏、理解和感知能力。

（三）从仿到创的扩展

模仿是学生的一个显著特点，因此，在读写相结合的教育过程中，教师应该针对这一特点，加强模仿教学和学生模仿教学的实施。该方法依赖于补充写作来与课文内容紧密结合，明确了写作训练的具体内容，并激励和指导学生充分发挥其想象力，或者根据实际情况进行课文内容的调整，以深化学生的理解和认识。教学框架旨在梳理课文内容，深入理解作者的情感和思维，充分激发学生的创意和想象，将写作过程中所掌握的技巧和方法融入实际写作中，最终实现阅读与写作的完美结合，为学生提供“流畅”的指导。

努力提升学生在各个方面的技术能力。在学习语文时，阅读完文本之后，模仿和再创作可以被划分为仿词、仿句和仿篇这三大类。仿词的定义是：模仿一个已存在的词汇，暂时创造一个全新的词汇，替换其中的特定词或词素，从而创造出全新的词汇。仿句指的是模仿某一特定句子的形式，模仿其语气和句法构造，这与原始句子既有相似之处，也存在差异。仿句的主要特征包括更换词汇、改变句子结构、模仿整个句子，并且需要同时模仿“理”和“情”。仿篇是对整篇文章的模仿，可以从多个方面进行模仿，无论是模仿语言，还是模仿结构，或是模仿内容，都可以从一个核心的视角，对整篇文章进行模仿。

在从模仿到创新的教学过程中，我们的语文教育应始终以语言发展为核心，充分利用读写相结合的方法进行培训，确保学生在听、说、读、写各方面的能力都得到均衡的提升。

在语文的教学过程中，结合仿创训练和读写技能，我们需要进行如下的语言实践：首先，对语言的完整性进行培训。我们强调从模仿到创新的语言必须是完整的，无论是听、说、读还是写，每一个步骤都必须是完整的，为学生奠定坚实的学习基石。其次，对语言的逻辑性进行培训。我们鼓励学生根据逻辑关系来训练他们的语言，确保语言表达既有条理又合理。帮助学生深入理解句子之间的逻辑联系，不仅可以增强语言的逻辑性和系统性，还能推动学生在读写逻辑思考上的进步。第三点是关于语言准确度的培训。教师有能力在教材中找到示例句子，并通过替换、增加或修改这些句子与示例句子进行比较，这样可以让学生多次深入体验，并在修改后重新仔细阅读，从而让学生深刻感受到教材中示例句子在词汇选择和造句方面的准确性，以及如何准确地指导他们修正句子中不流畅的部分。第四点，致力于语言理解的培训。我们不只是要注重培养阅读时的语感，更要注重引导学生进行正确的阅读，可以采用朗读、默读、背诵和复述等多种方式进行训练。第五，培养语言的表达技巧。采用读写相结合的学习策略，以“读”为核心，实现读写的相互推动，进一步从模仿扩展到创新，为学生创造了一个展示自己语言表达才华的多元平台，鼓励学生之间相互评价仿创作品，从而提高他们的语言表达技巧，并欣赏他人的独特语言风格。

多年来，语文教师一直在努力探索提升写作水平的新途径，我们可以通过前述的“从模仿到创新的拓展”训练来增强学生的语言应用技能。

二、尊重学生的主体地位，注重学生能力的培养

在教授阅读与写作这门课程时，教师应当把学生置于教育的核心位置，密切关注他们各种写作技能的成长，并努力提高他们的学习效果。

（一）培养观察力，形成自我意识

在学生的成长过程中，他们对外部世界的理解并不是固定不变的。随着他们年龄的逐渐增长，他们对各种事物的理解也变得更为深入和明

确。在教育过程中，教师有责任着重于培养学生的观察技巧，以便学生能够获得更为丰富的观察体验，并形成他们对事物的独特认知，即自我认知。

从阅读与写作相结合的视角出发，为了让学生能够熟练掌握这种结合的学习方法，我们应该鼓励学生亲身参与观察和实践，让他们通过阅读来掌握写作技巧，并引导他们观察身边的世界，而不是机械地记忆一些著名的名人名言和经典作品。观察能力不仅是学生基础技能的一部分，也是一种科学研究手段，所有的研究和学习活动都与观察密切相关，因此培养这种观察能力是学生个人需求的一部分。

为了培育学生的观察技巧并帮助他们建立自我认知，我们需要注意以下三个方面：首先，要严格遵守观察的固有规律。所有事物的存在都遵循一定的空间、时间和方向规律，只有按照这些规律有序地观察事物，学生才能获得良好的自我认知。其次，要重视学生的心理成长特性。学生的思考方式对他们的观察技巧产生了不易察觉的影响。因此，教师应该从深入了解学生的心理状态开始，基于实际情况选择最适合的教学策略，并在实际操作中帮助学生积累丰富的形象和经验，从而培养他们的观察习惯。第三点是，以学生为中心，有计划地培育他们的观察技巧。为了激发学生的观察热情，我们需要重视他们的自我认知能力，并通过他们自己的观察，将这些观察到的自我认知应用于写作实践中。

简而言之，语言的构建意味着积累大量的语言素材，并建立属于自己的语料库。学生主要通过阅读来掌握语言。利用多种输入语言，学生可以预约丰富的语言资源，从而达到语言的构建目的。在执行读写相结合的教育策略时，我认为应该以阅读为核心，指导学生在阅读的过程中进行写作，从而自然地建立语言，进一步巩固他们的语言基本功。

（二）培养记忆能力，形成言语自觉

培育记忆技巧不是短时间内可以实现的，它需要我们持续地努力和正确的记忆策略。只有当学生的记忆能力得到增强，我们才能有效地推进他们的语文学习，并进一步促进他们的读写技能的成长。言语的自觉性依赖于持之以恒的态度。学生可以通过对自己的记忆训练来制定合适

的记忆计划，以培养对记忆的兴趣和信心。此外，他们还需要在理解的基础上进行记忆，将听、说、读、写的技能结合在一起，并确保每天都进行练习和应用，从而使记忆能力保持在一个稳定的水平。为了点燃学生对记忆的热情，并激励他们积极地进行记忆，教育工作者需要强化对学生读写技能的指导和提升，最终目的是通过增强记忆能力来推动学生在读写两方面的综合学习，并引导他们逐渐实现口头表达的自觉性。

（三）培养思维能力，形成读写共享

阅读和写作直接反映了思考，而思考是通过阅读和写作来整合的。掌握灵活的思考方式，对于我们在基础知识学习和读写相结合的培训中发挥着关键的指导作用。通过思考，我们能够进行深入地反思，同时学生也能更加深入地研究问题，并学习如何独立地解决它们。

思维反映了我们的大脑如何对客观事物的本质和其内部规律进行总结、相互联系和间接的反映。对于学生来说，他们的思维起始于识别问题，通过自主阅读，他们会自然地形成思考，并利用语言进行表达，从而实现了阅读和写作的协同。吕叔湘先生曾经指出："教师在培养学生时，首要任务是激发他们的思维能力，这是最基本的，也是教师赠予学生的最珍贵的礼物。"他提到的"脑筋"是指教育学生如何思考。语文学科与思维是紧密相连的。只有当学生的思维能力持续增强时，他们才能将所读内容应用到写作中，利用写作资料来加强阅读，充分利用思维，并实现读写资源的共享。

三、以教师为主导，正确引领读写结合教学

（一）指导学生广泛化阅读

考虑到语文教育的实际状况，尽管每位学生在学校都受到了相同时长的语文培训，但他们在语文学习上的成果却存在明显的差异。语文教学效率受到多种因素的影响，但其中最关键的一点是学生阅读量过少，这直接导致了他们在写作方面遇到困难。对于语文教师来说，引导学生进行广泛的阅读并增加他们的阅读量是一项至关重要的教育任务。

广泛化阅读主要是指在课外时间进行的阅读活动，教师不仅需要引

导学生更加重视课堂教材的学习，还需要教导他们如何从课外阅读活动中吸取有用的知识。学生有机会通过各种不同的媒介来阅读各种文体和体裁的书籍，同时，教师也需要指导学生选择哪些书籍应当阅读，以及哪些书籍不宜阅读，这样有助于学生培养出一定程度的判断力。

当学生碰到他们喜欢的词汇或句子时，他们可以将其摘录下来，并在未来的写作活动中加以应用，从而实现了阅读和写作的和谐融合。学生的语文读写能力与他们是否给予学生广泛阅读足够的重视是紧密相关的，阅读的次数越多，他们的语文读写技能也就越出色。

（二）促进平台多样化传播

众所周知，提升学生在阅读和写作方面的能力是语文教学的核心目标，然而，只有将这两个方面有机地融合在一起，教学效果才能达到最佳。借助信息技术的力量，语文教师有能力将课堂教学变得更为生动和活泼，将教材的内容生动地展示给学生，这样不仅能激发学生的学习热情，还能通过这种方式提升学生的阅读和写作技能。

经过农业和工业社会的漫长历程，人类社会在20世纪中后期进入了以信息技术和大众传媒为主导的信息文化时代。在这样的背景下，结合当前语文教育的实际需求，我们的语文教育模式也从过去的“死记硬背”方式逐渐转向了互联网多媒体学习方式。

通过利用大众传媒工具，我们可以激发学生对语文学习的热情，并为他们提供多样化的语文知识传播平台。配有丰富插图的电影、电视和广告能够激发学生的想象力和联想，进而更有效地协助他们解决各种问题。

无论是书籍、电视、电影、互联网还是广告，它们都为学生提供了丰富的百科知识，并能在任何时候扩展我们的语言应用。学校亦有可能建立一个网络数字图书馆，以最大限度地发挥网络资源的优势，从而助力学生提高自我学习的能力。

毫无疑问，每件事都存在正反两面，教育工作者需要恰当地利用大众传媒，而学校更应构建一个环保的校园传媒网络，以避免传播不良信息。在将大众传媒与语文教学相结合的过程中，我们应始终关注其文字的传递方式。在课堂教学中，由于多媒体展示的图片过多而文字描述不足，这可能会导致学生形成一种“刻板印象”，错误地认为图片中展示的内容与课文内容一致，从而过度地妨碍了学生的想象力和理解力。

在进行语文教学时，强调读写相结合的教学方法是至关重要的，这要求教师深入分析读写在整个语文教学流程中的核心地位和其独特性，以便更有效地提升学生的读写技能。此外，在教学活动中，教师需要展现出强烈的创新意识，进行深入地研究和探索，灵活地选择新的教学策略。在创造一个积极的教学环境的同时，也要增强学生对语文学科的热情，并激发他们对写作和自我创新的兴趣。在新的课程改革之后，读写相结合成为被广大教育者所采纳的教学哲学。语文老师在教学过程中，应以增强学生的语文实际操作能力为核心，积极推进读写相结合的教学方法。通过明确转变教学观念、深度融合教材资源和创新教学策略，为学生提供高效的读写相结合的培训，从而增强阅读教学的效果，并推动学生的整体素质得到提升。①

阅读和写作始终是语文教育中的核心议题，强化两者的结合能力是提升语文修养的关键手段。身为语文教育领域的研究人员，我们肩负着引领其向更加成熟和完善的方向发展的责任。这本书通过与语文教材的结合，详细解释了阅读和写作之间的紧密联系。观察读写结合的教学方法，我们可以看到它既有其优点也存在不足。面对目前读写结合所面临的挑战，我们需要深入思考，准确识别各种文体的独特读写结合点，并找出影响学生读写结合能力的关键因素。我们的目标是真正提高学生在读写结合中的积极性和水平，并在这方面进行策略性的研究。

① 徐其庭. 读写结合在中学语文教学中的实践探索［J］. 新智慧，2023（20）：101－102.

第六章　中学语文读写教学中学生能力的培养策略

第一节　学生阅读能力的培养策略

一、阅读能力培养基本要求和途径

（一）阅读能力培养基本要求

课外的阅读活动对于增强学生的阅读和写作技巧起到了正面的推动作用。随着教育和教学改革的持续推进，学生获得了更多的额外时间，因此，指导他们最大化地利用这些时间，并将他们的兴趣融入课外阅读活动中，显得尤为关键。关于如何激发学生的课外阅读热情并培养他们的良好阅读习惯，我相结合我个人的教学经验，分享一些心得和见解，并希望与行业同仁共同探讨。

1. 培养学生课外阅读兴趣的意义

课外的阅读活动不仅能够帮助学生拓宽知识视野、增加智慧，还能培养他们的自主学习能力和良好的写作习惯。此外，它还有助于加强学生在课堂上所掌握的字词和读写技能，从而提升他们的阅读和写作能力。

实际上，不仅仅是语文这一学科，其他任何学科都需要通过课外阅读来进行有效地补充和配合。当我们采纳“多学科、新知识、教点渗透”的教学策略时，学生的学习兴趣将超越传统教科书，因此，主动地去探索新的知识和扩展他们的知识领域变得尤为重要。

除此之外，课外的阅读活动也有助于学生培养出优秀的思想道德和行为模式。心理学的研究发现，青少年和儿童不只是通过观察日常生活中的角色，如父母、教育者、英雄、劳动模范、科研人员和同学，他们还会将书中描述的角色视为自己的理想和学习的典范，将自己的行为与“理想的代表”进行对比，以此来评估自己行为的好坏。这些建议和典范，很多都是学生在课余时间阅读时所得到的。

2. 为学生做好课外阅读的教育指导

首先，我们需要为学生推荐吸引人的阅读材料，以助其更好地阅读最初的几部作品。因此，作为教师，他们首先应该是课外读物的热心读者，可以挑选几本吸引人的课外书籍，以激发学生的阅读兴趣，并进一步指导他们自主地进行阅读。当学生开始自主阅读时，我们应当重视他们的好奇心、强烈的求知欲等心理特质，并根据他们的兴趣和实际能力，为他们挑选合适的阅读材料，确保他们能够读完最初的几部作品。当学生开始阅读时，应依据他们的知识储备和阅读技巧，协助他们选择简单明了的故事集，这将逐渐激发他们的课外阅读热情，并增强他们对阅读的自信和兴趣。

接下来，培养学生对阅读的热情并给予他们自由选择的空间是至关重要的。如今，学生拥有更多的自由时间，因此教师需要指导他们根据自己的兴趣选择合适的书籍，并按照自己的节奏进行阅读，同时也要注重阅读技巧，确保既能快速、准确地阅读，又不能遗漏任何一部分。简言之，我们不应该过度介入，确保学生能够愉悦地进行阅读。

再一次强调，教师需要在学业和生活两个方面提供指导。其中，学业指导主要关注如何激发学生的阅读兴趣。例如，在学生缺乏探索欲望和阅读技巧的情况下，教师可以为他们创造环境，使阅读成为他们生活中不可或缺的部分，鼓励他们主动寻找书籍，独立地进行阅读，并从中感受到阅读的乐趣，进一步激发他们的探索欲望。此外，教师还应为学生提供丰富的阅读经验机会，鼓励他们进行探索，收集各类参考资料，这将有助于学生的学术研究，增强他们的书籍鉴赏和评价能力。通过推荐有价值的课外阅读材料，教师可以引导学生培养道德品质，促进身体健康，丰富他们的社会经验，并合理规划他们的课余生活。

总体来说，引导学生去阅读各种文艺创作不仅能激发他们的阅读热情和提升阅读技巧，还有助于培育健康的情感状态和加深他们的思想理解；引导学生阅读科学的通俗读物，也是对学生知识兴趣的重要补充，可以帮助学生培养观察生活的能力。通过具体的例子来激励他们更深入地了解周遭的实际情况，并协助他们将在课堂上学到的知识与日常生活中的观察相结合。阅读被认为是最有效的学习方法，激发学生对课外阅读的兴趣并形成健康的阅读习惯，对他们的学业和未来生活都具有深远的影响。①

3. 养成阅读习惯，读出对语文的热爱

书籍被视为人类最有价值的资产。作为语文老师，阅读书籍尤为重要，因为它涵盖了丰富的语文知识，包括字、词、句、篇、语法、修辞和逻辑等各个方面；无论古代还是现代，无论东方还是西方，作家的作品都涵盖了天文、地理、政治和艺术等多个领域。尤其对于职业学校，他们需要将语文知识与学生的专业知识紧密结合，使学生觉得学习过程既有趣又实用。为了满足学生的需求，语文教师需要广泛地引入与语文相关或不相关的知识。仅仅依赖几本教科书和几本参考资料，是难以胜任语文教学的。从另一个角度看，素质教育高度重视培养学生的学习能力，这也意味着教师首先需要拥有终身学习的理念，这样才能培育出真正具备终身学习能力的人才。

语文老师不仅需要掌握深厚的学科专业知识、教育学原理和教学策略，还应具备扎实的社会科学、自然科学和哲学基础，并在相关学科上拥有广泛的知识储备。教育家苏霍姆林斯基曾经指出：只有当教师拥有比学校教学大纲更为广阔的知识视野时，他们才有可能真正地成为教育过程中的专家、艺术家和诗人。因此，教师们可以选择阅读一些被称为

① 曹琼. 中学语文阅读教学中读写结合教学 [J]. 新作文（中小学教学研究），2019（11）：58.

“闲书”的书籍，如哲学、美学等学术著作，或者是随笔、书评等简短的文章，或者是天文、地理和其他学科领域的学术著作。

（二）阅读能力培养基本途径

培养阅读能力的基础路径主要包括课堂授课和课外额外学习。为了培养学生的阅读能力，改进课堂教学方法和提升课堂教学的效果显得尤为关键。

在基础教育阶段，课堂教学无疑是学生学习语文和培养语文能力的核心途径。在其中，与其他学科相比，阅读教学所需的课时和学生投入的阅读时间及精力都显得更为丰富。然而，学生的实际阅读能力与他们的阅读热情并没有直接的正相关关系，而且随着年级的提高，他们对阅读的兴趣也在逐步减退。一所中学进行了一项调查，统计数据表明，学生最不喜欢的学科是语文。在所有课堂教学中，阅读教学的效果是最不理想的。这一现象已经引发了社会的广泛关注，人们对于改进语文教学方法和提升语文技能的呼声日益高涨。各大报纸和杂志都在发表自己的观点，而电视和电台则在组织讨论，导致街头巷尾议论纷纷。实际上，最受欢迎的声音主要来自学生这一群体。在课堂上，学生们显得萎靡不振、话不多，这是一种强烈的抱怨。然而，由于传统观点对学生的忽视，对于学生——这一最应受到重视的生命群体的呼吁并没有得到足够的关注。归根结底，语文老师对这种情况也表示不满。作为一名具有强烈责任感和认真工作态度的语文教师，面对这样一种令人尴尬的教学环境，不仅感到焦虑，也在深思熟虑和寻找解决方案。教师们不断地参与各种培训活动，四处参观优秀教师的示范课程，并购买了大量的辅导资料，但成效却并不理想。我们应该选择哪条改革的道路？

“新基础教育”的研究为教育者们指明了语文教育改进的路径。“新基础教育”的观念和思考模式让教师们深感警醒；“新基础教育”的积极态度和探索精神让教师们深刻认识到，没有所谓的“神仙皇帝”存在，改革的道路其实就在他们自己的足下；“新基础教育”下的语文学科改革的方向和成果，进一步加强了教育者们的自信。原来，我们可以这样处理语文教材，也可以这样安排阅读课，这样可以让学生在课堂上充满活力。作为一名语文老师，这可以被视为一种乐趣……

1. 课堂教学活动是一种生命活动

课堂上的教学行为代表了师生之间一种独特的生命体验，它在师生的生命旅程中占据了至关重要的位置。这样的课堂生活充满了活力和和谐，洋溢着成长的气息，遵循一定的流程和节奏。

教师在课堂生活中扮演着指导者、组织者和责任人的角色，他们需要深入研究教学内容和学生，精心策划活动的流程、方法和策略。在课堂上，学生扮演着积极主动的学习者、研究人员、评价者和解释者的角色。在课堂生活中，教师和学生都是核心参与者，他们在一个民主、平等和和谐的环境中进行积极地互动和交流，这不仅促进了学生的成长，也推动了教师的进一步发展。他们之间的关系已不再是主导或被动的。教师的角色已经超越了单纯的知识传授和技能训练，学生在课堂中不仅仅是为了学习和训练而生活。

在课堂中，我们可以体验到内容的丰富性和节奏感。该流程是由几个基础且连续的步骤构成的：首先是有向开放，接着是交互反馈，最后是集聚生成。多个因素与流程紧密结合，形成了一个完整的体系，这个体系具有高度的整体性、综合性和增长性。

学生在成长过程中感受到欢乐，而教师在职业生涯中感受到尊重并沉浸在教学的喜悦中，“新基础教育”的思想为教师和学生注入了新的活力。

2. 要破旧观念，立新思想

我国的阅读教育深受传统和国外教育方式的影响，导致许多过时的观点和思维方式仍然存在。这样的过时观点和思维方式已经不能满足现代社会的需求，甚至可能妨碍学生的积极和健康成长。在研究“新基础教育”的过程中，教育者们逐渐意识到，摒弃过时的观点和引入新的思维方式已经变得迫在眉睫。

(1) 破阅读技能训练观，建立阅读策略教学观

我国的阅读教育理念经历了数次的转变。在 20 世纪的初期和中期，

受到“刺激与反应”观念的影响，人们普遍认为学习可以增强反应，教师是奖惩的执行者，而学生则是奖惩的接受者和被动的学习者。随着时间的推移，人们开始将阅读视为一种技能，这种能力可以细分为多个技能，并在教学过程中将这些技能传授给学生，从而帮助他们培养和发展这些能力。阅读能力可以视为多项技能的综合体现。这一观念依然将读者视为被动的接收者。

在20世纪60年代至70年代期间，基于认知和元认知的理论，人们形成了阅读理解的认知观点，这一观点强调了阅读的交互性和理解的构建特点，也就是说，读者会结合自己的知识和阅读文章中的线索以及实际的阅读情境来构建文章的意义。这种阅读观包括两个重要的因素：①读者阅读文章时，已经具有与理解文章有关的多种知识。如，与文章内容有关的社会知识、自然知识；与文章结构、表达有关的某些文学知识等；②阅读过程中，读者能运用已有的某些策略知识帮助自己理解文章内容。如，关于词语、句式、段落、结构的知识。如，初步感知到深入理解的阅读程序知识等。

与阅读技能训练观相比，这种阅读观（有人称为阅读策略教学观）有如下优点。

第一，作为读者，他们是积极的学习者。在学习特定知识的过程中，学习者已经积累了一定量的知识和经验，并以这些积累的知识和经验为基础，去构建新知识的含义。因此，这一过程并不是一个被动地被通知或教授的过程，而是一个由学习主体主动构建和构建的过程。

第二，知识的构建过程是将现有的知识与新的信息进行融合和同化，而非仅仅是简单地叠加或叠加。它表现出整体性和积淀性的特点。

这一阅读观点主张应根据各种不同的阅读需求来灵活地应用各种策略，而不是机械地死记硬背策略步骤。这样的阅读理念鼓励学生主动参与策略的评估和调整，并具备元认知的意识。

在过去的数十年里，我国的语文教育在多次改革的过程中，也孕育出了一些创新的观念，并积累了不少成功的实践经验。

学习是一个目标明确、步骤有序的认知过程，除了了解事物的表面，还需要深入探究其背后的原因。如果你想提升你的阅读技巧，你需要明白什么是真正的阅读能力？为了提升阅读技巧，我们需要掌握哪些知识和策略？这些知识在塑造阅读能力时扮演了怎样的角色？如何有效地掌握并应用这些专业知识和战略？也就是说，我们需要明确这样做的目标、流程、策略和条件，这样我们才能成为拥有策略思维的积极的学习者和应用者。

然而，阅读策略实际上是阅读主体内部的一种认知过程，其他人是无法直接观察到的。如果教师在教学过程中缺乏对教育心理学的深入理解，他们可能不会主动地应用这一理论。在教学过程中，他们可能只会简单地说："大家都在思考、大家都在发挥自己的想象力、谁能说得更简洁或者这位学生回答得很好"，而不会深入概念和抽象的层面，也不会详细解释，更不会引导学生去探讨如何思考、如何充分发挥他们的想象力，以及在哪些方面做得更好。学生们只能依赖自己的推测和在暗处探索。然而，绝大多数学生在探索过程中并没有找到明确的规律。即便有一小部分学生能够找到一些有用的经验，他们在交流过程中也难以丰富和完善这些经验，也无法将这些个人经验有效地转化为集体学习的有用资源，因此课堂教学效果相当有限。

韩雪屏在她的文章"语文知识的心理学分类"中提到：从哲学和认识论的视角来看待问题，将知识细分为具体知识、抽象知识、感性知识、理性知识，以及直接知识和间接知识。现代认知心理学为知识分类提供了一个新的视角，即陈述性知识和程序性知识。陈述性知识主要用于解释事物的本质、原因和状态，也被称为记忆性知识。程序性知识的主要目的是确定应该做什么以及如何进行，它也被称为操作性知识。为了解决学生在学习过程中暗地里探索的低效率问题，并培养他们成为具备策略思维的积极学习者和应用者，我们在实验中尝试从一个全新的角度来审视教学策略。

①采用教结构、用结构长程两段策略

在语文的课程设置中，涵盖了众多的概念，例如：单词、句子、句子群、段落、文章、文体、角色、情节、结构和思维方式等。这些建议的概念都是从语言学、文章学、文艺学等基础学科中提炼出来的，对于培养学生的语文能力非常有帮助，但这些知识在每篇课文中都是无序分布的。在过去的教学过程中，学生要么是机械记忆，要么是模糊处理，导致他们始终感到困惑和迷茫。我们尝试采用结构性的思维方式来调整教学内容，将这些内容按照不同的类别进行集中，从而构建出类似的知识结构，并进一步运用教学结构和结构长程两段式的教学策略来进行教学。在教学结构的阶段，我们致力于帮助学生理解这类知识结构的独特性质，以及由这些特性导致的学习过程和方法结构。通过特定的情境实践，我们希望学生能够初步掌握知识结构、过程结构和方法结构，并形成相应的结构思维策略。在未来的学习旅程中，学生将采用类结构的思考方法，从而实现类结构的迁移。因此，经过长时间的言语实践，逐渐培养并发展出了强大的能力。当采用类结构思维策略时，学生便转变为具备策略思维的积极主动的学习者、思考者和应用者。这种能力的形成和发展是一个目标明确、计划周密、方法和策略明确的过程，而非单纯地死记硬背或暗中摸索。

例如，为了帮助学生更好地理解写人记叙文的特性，并掌握其阅读过程和方法结构，以培养他们独立阅读相似文章的能力，我们首先选择了典型的写人记叙文教学方法。通过这种教学方式，学生可以更好地了解写人记叙文的特点、阅读过程和方法结构，这是一个教学结构过程，需要投入更多的教学时间。接下来，我们选取了一系列相似的文章供学生进行阅读、分析和讨论，以更深入地理解这类文章的独特性质以及阅读的流程和结构方法。这采用了结构性的方法。当学生阅读了一系列相似的文章后，他们对文章的特性和阅读的结构与方法都有了深入地了解，这自然会导致教学进度的提升，从而提高学生的独立阅读技巧。在未来的学习旅程中，当学生再次遇到与之相似的文章时，他们将能够基本自主地完成学习任务。①

① 张慧芳．中学语文教学中实现读写结合的策略探究［J］．中华活页文选（教师版），2021（4）．

②将内隐认知活动外显化策略

在语文的教学活动中，学生经常需要进行内容的总结、文化脉络的梳理、简短的复述以及富有创意的复述等步骤，这些步骤都遵循某种特定的、反映内在思考模式的操作流程。然而，这些反映内部规律的操作步骤实际上是隐性的。

通过多样化的交互手段，鼓励学生用语言来表达他们的思考过程和思考活动。把一个人的内心思考过程转变为他人可以听到和意识到的明显行为。通过这种方式，叙述者能够利用语言来描述和整理自己的思考流程，使之更为明确和有条理；学生们可以从叙述者的叙述中洞察到叙述者的思考和感受，进而进行深入的交流，相互补足和完善，使得他们的思考方式和方法变得更为科学。因此，个体的经历变成了集体学习的宝贵资料，使得每个人都不再是在背后摸索。例如，为了培养学生的答题技巧，首先在互动活动中，学生们分享自己的答题思维，然后共同总结出答题的基础步骤和标准：仔细审题，明确题目要求——仔细阅读文本，根据题目的指示，标记、查找和思考答案内容——整理答案内容，确保其准确无误——组织思维和语言，确保表达的有序性和明确性。在互动的活动中，学生被鼓励结合自己的经验来分享具体的思考方式和技巧，也就是如何正确审题？怎样进行标记呢？列举了哪些主题或内容？为何要讨论这些主题？等等。这不仅仅是一个简单的交流和讨论，更是不同观点之间的辩论，是一个让每个人都能表达自己观点、进行独立思考的过程，同时也是一个展示思维方式和研究策略的过程。这一学习过程不仅仅是为了得到答案，它还需要对答题的思维方式进行总结和提炼，以便为未来的学习提供方向并增强答题技巧。

在过去的学习过程中，每位学生都积累了宝贵的经验，他们的学习起点并不是零，通过交流，他们不仅可以分享自己的知识，还可以对他人的经验进行评估。通过这种互动方式，每位学生都可以利用自己的经验作为成长的起点，融合并构建新的知识体系。在各种活动中，教师和学生都是关键的参与者。教师在整个教学过程中起到了指导和组织的角色。在教学过程中，教师有机会更深入地了解和研究学生的思维模式和学习规律，同时也可以吸纳学生的实践经验，整合和构建自己的新知识体系，从而为教学活动带来新的经验和见解。

（2）破教材观，立创造性用教材观

多年来，大家普遍认为教材是教学过程中的法律规定材料，不应随意更改，教师的首要任务是完成教材中规定的教学内容。开学之初，首先要集中精力安排教学时间，确定哪篇课文需要两教时，哪篇课文需要三教时，哪一周进行单元测试，哪一个周期内进行考试，哪一个周期结束时进行考验，哪一周与附近学校合作进行测验，以及哪一周由上级部门进行调研测验。接下来，要严格而谨慎地按照预定的课时逐篇进行教学。关于这种安排是否真正满足所教班级学生的实际需求，目前还没有进行深入的考量。在“新基础教育”的研究过程中，教育者们对于教材的看法正在逐步转变。

①教材不是学生学习母语的唯一材料

学生在学习母语的过程中接触到的资源是无所不在的，无论是在家庭、社会、学校的日常生活，还是在各个学科的学习中，都能找到丰富的语文资料。使用教材进行教学仅仅是掌握母语的多种方法之一，它是教师有目标、有策略、有组织地、有力地培训学生如何学习和应用语言的手段，而在这个培训过程中，还需要整合各种语文资源以实现最佳效果。教材被视为进行母语教学的关键材料之一，将其视为唯一的教学资源，无疑会导致其他丰富、多样、生动和充满活力的语文资源的浪费。

②教材的功能是多元的

教材的选择是基于学生的身心发展和语文技能的培养需求。每一篇课文都为学生的身心成长注入了积极的能量，它们融合了字、词、句、篇、语、修、逻、文的特点，旨在培养学生的听、说、读、写的综合能力。教材内容不仅可以作为学生表达和学习的参考模板，还可以用于培养学生在各个方面的能力，如概括、感悟和理解等。此外，它还可以作为积累知识的资源，如通过记忆和背诵，或者作为培养国家意识、民族精神和丰富精神生活的资源。语文教材具有多种功能，对于学生来说，它具有极高的教育价值。然而，在实际的教学活动中，面对有限的教学时段，如何最大化每篇课文的教育意义，我们必须基于学生的成长需求进行深入地思考和谨慎的选择。语文教师有责任以创新的方式使用教材。

③教材都是精心选编的，但仍有不尽如人意之处

自1903年我国的语文教材独立开设以来，已经过去了超过一百年的时间，这段历史并不短暂。在过去的一百年里，教材经历了持续的变革，并受到了教育观念和政治活动的显著影响。教育的思想趋势发生了巨大的变化，政治活动频繁，而教材的更新也相当迅速。1949年之后，他们借鉴了苏联的经验，将汉语与文学进行了分开的研究，并在一段时期后实现了融合。由于研究的观点存在差异，关于语文教材的编纂方法一直存在争议。关于是否使用纯白话文还是文言文，存在着文白的争议；关于是否应选择儿童文学作为教材，有观点指出小学国语教材中存在“鸟言兽语”的现象。历史上，语文教材一直是最常受到批评和指责的资料。

(3) 改单一课型，建构多样化课型

在20世纪50年代，我国的阅读教学主要是以讲读课型为主，这种课型涵盖了六个主要环节，其中第一个环节是准备谈话；其次，关于词汇的教学方法；其次，进行朗读和默读的练习；第四，对课文的内容和结构进行深入分析；第五项任务是对课文进行复习和背诵；第六点，进行总结性的对话。这六个环节在某种程度上揭示了阅读教学的内在规律。1954年，当这六个环节从苏联引入我国时，它们在我国的语文教育中起到了非常积极的作用。然而，这种课型在长时间的教学过程中变得模式化和僵化，揭示了其形式上的复杂性，这已经成为提升阅读教学效果的一大阻碍。在未来，语文教育领域曾对语文教学的规律性进行过探讨，但不同的人对此有不同的看法，导致许多教师感到困惑和不知所措。因此，教育机构的培训课程逐渐成为众人模仿的模板，而杰出的教师的公开课则成为众人学习的典范。大量的优质教学汇编、教学经验专著和教学参考书籍遍布各处，甚至中小学生也会将这些参考资料带入课堂，与教师共同探讨和回答参考书中的问题和答案。逐渐地，大家开始

注意到课堂教学中出现了千篇一律的奇特情况。语文老师感到职业疲惫，缺乏创新精神。对于学生来说，语文课变成了他们最不喜欢的一门课程。实际上，语文课为我们提供了丰富的内容，让我们能够沉浸在生活的欢乐中，欣赏历史上的杰出人物，深入了解古今中外学者的生活哲学和人生观，欣赏各种名胜古迹、壮丽的自然景色、迷人的动物王国，并对世界上的重要历史事件有所了解，这构成了一个色彩斑斓的语文世界。那为何学生们对语文课没有那么热衷呢？显然，问题并非仅仅局限于教学内容，在课堂教学过程中，单调乏味的教学模式已经让生动的教学内容变得乏味。

阅读教学的课堂环境应当是既遵循一定规律又富有多样性的，绝对不能仅仅是一个固定的模式或套路。在语文教材中，每一篇课文都有其独特的内容，这些内容之间并没有固定的联系。但如果从一个新的角度去观察，无论是从整体结构还是关系思维的角度，都能发现许多新的发现。

多元化的课程设计让阅读教学课堂变得更加丰富和生动，同时也避免了盲目跟风和随意性的行为；它不仅反映了阅读的固有规律，还避免了陷入固定的模式中。教师团队深入理解基础课程的设计思路和策略，根据课文的具体内容和学生的实际情况，他们可以选择最适合的课程类型进行授课，并有能力创造更多的课程类型，从而从被动的模仿转变为主动的创新，从对教学的迷茫走向更为明确的方向。传统的阅读课堂已不再千篇一律，而是恢复了其应有的丰富多彩的教学氛围。

打破单一和模式化的教学模式，构建多元化的课程结构，不仅是阅读教学改革的必经之路，也是一条充满挑战的道路。这需要有前瞻性的理论指导和丰富而扎实的教学研究实践。语文领域的专家们在这个方向上已经付出了巨大的努力。在“新基础教育”的理念引领下，我们在改革和研究的实践中也在不断尝试，但这些努力仍有待进一步完善。

对于课型的内涵定义，它主要反映在三个方面：课型、形成的课型标准以及课型所需的相关文献资料。所谓的课型，实际上是指课程的种类。针对特定的教学目标或特定的教学对象，形成了特定种类的课程；

所谓的成型课程标准，意味着需要一个清晰的指导方针和一套结构化的框架。内容涵盖了：系列化的教学目标、具体的教学内容、采用的教学方法以及评估的标准等方面；课程类型应包含相关的文本资料，例如案例分析、学术论文等。

在“新基础教育”的语文改革过程中，课型研究以“新基础教育”的核心思想为“魂”，把学生的语文能力培养作为中心目标，并遵循整体性、结构性、开放性、主体性、生成性和重心下移等基本原则。

3. 用“新基础教育”理念指导教学设计、课堂教学、课后反思

(1) 教学设计

对于教师来说，课前的准备工作是其职业生涯的核心，通常，教师们都会非常重视这一环节。然而，一些教师在备课和准备过程中展现出的观点确实值得我们关注。

在过去的备课过程中，我们常常忽略了以下几点：仔细阅读课文，深入了解课文的主要内容和课后习题的要求——例如阅读教学参考书，对参考书中的文章主题和段落进行深入分析，掌握教学建议，熟悉相关资料的介绍以及练习的设计和词汇的解释——然后将参考书中的信息复制到备课本上，记录下整个教学过程。

教育工作者普遍认为，这本参考书是由上级相关部门组织经验丰富的教师经过深入研究后编写的，它不仅体现了上级的指导精神，而且质量得到了确保，同时也是相关部门出题的重要参考。因此，人们对参考资料有着高度的依赖。

在“新基础教育”的研究领域，语文教学的准备工作已从“备课”转变为“教学设计”，这更加强调了教学准备在培养学生方面的价值。

“新基础教育”研究把课前的准备工作称作“教学设计”，这本身就显示了对教学准备工作的高度重视。教学前的准备工作就像是一个精心设计的工程，它需要基于已有的教育观念和设计思维来制定策略，并确保这些理念在教学的目标、内容、方法和策略的应用等各个环节中得到体现。

教学活动首先应被视为一种教育行为，其终极目标是培养学生成为具有主动性和健康发展潜力的新一代。因此，所有的教学活动都应以人的全面发展和学生个人成长需求为出发点。在进行语文教学的课前准备时，必须充分考虑到所教授班级学生的具体情况和未来发展需求。

教育过程是一个综合性的项目，学生的成长是一个持续的过程。在语文的教育过程中，知识的累积、能力的塑造和成长都不是一蹴而就的事情。在教学前的准备阶段，无论是每篇课文的教授、每项技能的培训还是每一个知识点的教授，都应在一个连贯和长期的结构中进行思考，充分考虑学生的已有知识和未来的发展方向。在教学过程中，教师与学生是两个独立的主体，教与学构成一个统一的分析单元。因此，在语文教学设计中，不能仅仅局限于单一的行为模式，而需要精心策划，以确保教学活动能在教师与学生之间的有机互动中得到共同推动。在此基础上，我们还需深入探讨教学活动中的各种因素，例如教学环境、学生的兴趣和习惯之间的紧密联系。

由于语文学科具有其独特的性质，因此在教学过程中需要进行精心地规划和设计。有一个版本的教材被广泛使用，例如人教社的教材、沿海地区的学生、边远地区的学生、汉族学生和少数民族学生都在使用，他们的生活环境各不相同，因此存在很大的差异。考虑到每一篇课文都是由一个字、词、句和段组成的综合体，其思想内容和语言风格都各不相同。因此，在有限的教学时间里，教师需要仔细思考应该教授什么内容以及应该教授到什么程度，并据此进行精心的教学设计和选择。

教学设计过程包括：教材分析—学情分析—选择教学内容——确定教学课型—制定教学目标—设计教学过程。

(2) 课堂教学

以往人们把课堂教学过程当作执行教案的过程。什么时候板书，什么时候出示媒体视频，什么时候朗读课文，完全按教案预设运行，教师连课堂导入语、过渡语、总结语都背得一字不差。学生配合教师完成教案，配合过程中，学优生充当主角，解答教师的各种问题；大多数学生充当群众角色，配合朗读，营造气氛。师生各司其职，直到下课铃声响起。如果教师讲完总结语正逢下课铃声响，那是最完美的结果。其实，这样的课机械、形式、封闭、缺少价值。

(3) 教学反思

反思是指在课堂教学结束后，教师对课堂教学的回顾和思考，这是“新基础教育”教学研究的一个关键环节。在进行教学反思时，必须做到这一点：

①明确了反思的目标，并强调了反思的核心议题。反思是指在课后利用“新基础教育”的核心思想来重新审视自己的教育观念和行动，旨在与课堂教学实践相结合，深化对“新基础教育”思想的理解，并对教学方法进行优化。对于从事教学工作的教师而言，这为他们提供了一个推动“新基础教育”理论学习并将这些理论付诸实践的机会。因此，对于“新基础教育”团队的教师来说，反思是他们成长过程中的主动行为，这需要他们持有真挚的心态和开放的思维。虽然反思的视角是多样的，但我们应当强调“新基础教育”的核心思想，紧密围绕“新基础教育”的基础理念，对自己的教学观念和行为进行深入的反思。

②挑选需要反思的主题，并强调其核心内容。反思可以从多个维度进行，包括但不限于教育设计的反思、课堂实施过程中的各个方面，例如开放性、是否将重心下移、倾听、捕捉、指导和提升等。通过比较教学设计与课堂执行，我们可以观察到教学目标与实际教学效果是否相符(因为实际教学中经常出现无法达到预期效果的情况)。分析其背后的原因，可能是设计与学生的成长需求脱节，或者是教师在课堂指导上缺乏智慧和组织能力。由于缺乏足够的思考时间，即时反思并不需要涵盖所有方面，你可以选择与大家分享你最深的感受和体验，进行深入的反思或者撰写反思笔记。

③采用辩证的思维方式，坚持实事求是的原则。反思并不等同于真正地反思或检讨，因此，不仅仅是对问题进行反思，我们还可以通过回顾和分析某些方面的成功因素来理解。失败的案例可以通过反思转化为成长的资本，而成功的案例则需要更多的努力和总结，但前提是持有一种实事求是和科学的态度。

④要与实际情况相结合，避免过于抽象。在进行反思时，应避免引述大量的“新基础教育”名言，而不是提供具体的案例。当学习理论时，如果不能将其与实际相结合，或者不知道如何利用这些理论去观察、识别和分析实际案例，那么理论仍然属于他人，只有当理论与实际相结合时，它才能真正融入自己的思维中。对“新基础教育”理论的深入反思并不意味着引用的次数越多越有益。

⑤将反思与重建相结合，追求更广阔的发展空间。反思的核心目标是促进发展，基于这种反思，我们可以确定未来的发展方向。因此，反思并不是行为的最终目标，教师可以通过反复地实践、反思、学习和重建来不断发展。

二、阅读理解能力培养的方法策略

探索如何培育和增强学生的阅读理解技巧，一直是语文教育研究的核心议题，同时也是一个巨大的挑战。同行们在研究实践中积累了许多宝贵的经验。在“新基础教育”的实验研究中，语文教师团队在“新基础教育”的理论框架下，努力按照阅读能力的形成和发展的基本规律，采用适当的教学方法和策略来培养学生的阅读理解能力。由于涉及的因素众多且充满变数，想要制定出“最佳”的阅读方案和“最优”的阅读能力培训策略依然是一大挑战，但我们正在为此付出努力。接下来，我们将从三个不同的角度进行详细描述。

（一）做好阅读能力培养的前提工作

考虑到影响阅读能力发展的各种复杂因素，为了培养学生的阅读能力，我们需要进行大量的前期准备工作，其中涵盖了培养学生的独立识字技能和提高学生阅读的全面基础能力。

1. 培养独立识字能力

在阅读的时候，需要有独立的识字技巧。当遇到新字时，能够灵活运用汉字的音、形、义的规律，利用汉字学习的过程结构，并借助工具书的帮助，能够自行消除读物中的生字障碍，从而顺利进行阅读。

2. 扎实培养学生阅读综合基础素养

针对处于阅读初始阶段的学生的特性，我们设计了阅读综合基础素养的培养，旨在为学生打下坚实的阅读基础，并在实际学习中激发他们的阅读热情，帮助他们培养出优秀的学习态度和品质。

（二）基于学生阅读理解的单项能力培养

所谓的阅读单项能力，实际上是指在阅读能力中存在的几种次级技能。例如：读书时的朗读技巧、提出疑问的能力等。

在教育过程中，首要任务是让学生认识到这些技能的重要性，并激发他们的学习积极性。其次，我们应该根据能力的形成和发展规律来选择相应的方法和策略，而不是仅仅依赖简单、机械地反复练习。最终，我们需要逐渐培养学生的自主能力，使他们在新的环境中能够适当地运用所学知识，并根据文章的独特性选择适当的朗读策略，确保情感的准确传达。

形成能力主要依赖于两个核心路径。首先，它是在自然的学习过程中逐渐形成的；其次，它是在直接推动形成的教学活动中产生的。在过去的教学活动中，主要是依赖于自然学习过程中自然生成的教学方法。正是由于“自然”的目的性较弱，缺乏明确的培养计划、方法和策略，导致效果通常不是很好。

在“新基础教育”的研究过程中，我们采纳了两种策略的结合方式。一方面，我们强调在常规教学活动中融入能力培养的元素；一方面进行单项能力的培训课程，从而在教学活动中直接促进能力的形成。在培养综合能力和单项能力之间，我们需要辩证地处理它们之间的联系。综合能力和单项能力的培养应当同步进行，而重点培养与综合应用实践应该紧密结合。

在培养阅读能力的过程中，有几个次级能力是通过两种不同路径的综合策略来实现的。

1. 朗读能力培养

学生的朗读活动主要分为技能型和理解型两大类。为了达到技能型的朗读效果，学生需要大声朗读，确保内容既准确又流畅；理解型朗读，也就是我们通常所说的情感丰富的朗读，通过运用语调、语气和节奏等多种技巧，能够读出句子的高潮与低谷，从而实现对文章的个性化解读。

在语文的学习过程中，朗读起到了推动学生从外在语言向内在语言转变的关键作用。通过朗读，我们可以提高语言的感知和表达能力。在朗读课文的过程中，将文本所表达的状态或具体的事物在大脑中重新呈现，通过想象图像，将总结的信息转化为具体的体验和感受。通过直接体验文章的节奏感和语言艺术之美，不仅能激发情感的共振，还能更深入地理解作品的内在含义，并有可能将这些情感传达给他人。

在语文教学中，朗读被高度重视。在“课程标准”里，有明确的朗读教学目标，而在教学单元的导语部分，有对表情朗读的明确要求。在课堂教学设计中，经常可以看到“培养有感情朗读”的提示。在大多数情况下，教师会将朗读视为一种教学活动，它是课堂讨论结束后的一种替代总结的方式。经过课堂上的深入讨论，教师指出：当大家情感充沛地进行朗读时，学生们在朗读过程中并没有表现出明显的情感反应。由于教师很少主动地“情感丰富地朗读”，他们担心这可能会导致尴尬的局面。一名中学老师分享了这样的经历：有一次，他充满热情地走进教室，大声读出课文，当他抬起头来，学生们用奇特的目光看着他，心中窃笑。与此相对照，低年级的学生表现得非常纯真和可爱，他们会毫无保留地投入朗读中，尽管有时可能会显得有些过分夸张。

在基础教育阶段的语文教学中，培养学生的情感朗读并不是为了培训他们成为演员、广播员或节目主持人，而是为了增强学生对语言文字的洞察力和表达能力，提升他们的审美品位，并让他们受到文本中人物精神特质的深刻影响。因此，情感朗读不仅仅是追求高级的技能和技巧，更应该是真挚情感的表达，即使语音可能不够精确或节奏处理不恰当，但这份情感必须是真诚的，而不是虚假的。情感的朗诵必须是基于“真实”的前提之上。当然，通过情感的朗读指导可以培养出杰出的节目主持人，但这并不是语文教学的最终目标。

当学生真心地朗读时，首要任务是建立一个真诚、民主和平等的师生关系，以及一个持久、开放、和谐且充满活力的班级生活和课堂氛围。这样的关系和氛围，需要教师在正确的教育观念的引导下，在正确的教师观、学生观、教学观的指导下，与学生共同塑造。只有在这样的关系和氛围中，教师和学生才能以开放的心态，全身心地投入课堂生活中，也才能用真挚的情感朗读文本。其次，为了提升学生在情感朗读方面的能力，教师需要运用多样化的教学方法来激发学生的学习热情，并进一步提高他们的理解和感悟水平。

(1) 教师用真情范读，感染学生

在语文教材里，我们可以找到描述祖国壮丽山河的诗歌，回忆苦难童年的故事，逻辑严密的论述，以及美丽的童话故事等等。高效地朗读各种类型的文章不仅是语文教师的职业标准，也是为了激发学生的情感、促进课堂教学效果，更重要的是，这反映了教师的个人感悟和理解程度。

(2) 课堂教学重心下移，把朗读的时间还给每个学生

在强调“对话”教学方法之后，教室内的读书声明显减少了。某些课程从一开始到结束都采用一对一的方式进行对话，其中朗读不仅是一种装饰，也是一种过渡，为少数学生提供了一个展示自己的平台。

(3) 运用多种资源激发情感

根据文本情感需要，配以视频、音乐、图画，组织学生参观、访问、搜集补充资料等都是促进学生理解感悟文本的常用方法。

2. 速读能力培养

随着科学技术的快速进步，人们对阅读的速度有了更高的期望。全球出版的书籍为读者带来了丰富的信息资源，而电视和网络的广泛应用为阅读速度带来了前所未有的考验。随着时间的推移，人们对于阅读功能的理解也发生了转变，他们开始认为阅读不只是学习的一种方式，更是一种高效的创造方法。缓慢的阅读速度将无法满足现代社会的需求。

自20世纪60年代开始，全球对快速阅读的研究给予了极高的关注，进行了大量的理论和实验探索，揭示了快速阅读的真正含义，并制定了相关教材和“阅读加速器”设计，确立了全国统一的阅读准则，并

为成人和学生提供了专业的快速阅读培训。

我国的传统阅读习惯偏向于“缓慢的领悟”方式，与现代信息的快速增长相比，人们的默读节奏明显滞后，导致学生的默读能力普遍无法满足标准。存在几个原因：首先，学生缺乏对速度的认识。在日常生活中，我做作业的速度很慢，总是拖拖拉拉。其次，未能培养出优秀的默读能力。有相当一部分学生倾向于轻声阅读和唇读，这导致了假默读的问题变得尤为严重。第三点，学生们专注于阅读的时长是非常有限的。有些学生在读到文章的一半时容易分心，或者他们的思维似乎陷入了停滞。第四点，学生们缺乏高效的快速阅读技巧和方法，因此不知道如何能有效地提高他们的阅读速度。有时，为了追求更快的阅读体验，我甚至在读完文章后都没能记住其核心内容。

提升学生的阅读速度不仅有助于他们进行大量的阅读活动，还能有效地培养他们对阅读的认真态度和良好的阅读习惯。

（1）开展阅读速度训练要辩证认识几种关系

①理解和速度

速度与理解之间存在相互作用。在阅读的过程中，人们不仅是语言的领悟者，同时也是语言的处理者。慢读是一种出声或潜语的阅读方式，其信息传递的过程包括文字信息、大脑、发音器官、听读分析器以及大脑（负责信息的理解和处理）。在快速阅读的过程中，你会发现自己的注意力高度集中，文字信息能够直接被输入大脑中，获取的信息量大且速度快，这使得你能够迅速捕捉到核心信息，从而实现良好的记忆和思维效果。一个不太敏捷的读者在阅读时，常常只关注单词和单句，很难真正理解词与词、句与句、段落与段落之间的语义逻辑关系，从而难以掌握整篇文章的内容。对于一名熟练的读者来说，他所阅读的是文字本身，他思考的是文字所隐含的深层含义，这使得他能够轻易地建立词与词、句与句、段落与段落之间的联系，从而更好地理解整篇文章。培养学生的快速阅读能力意味着学生需要迅速地用视觉和思维捕捉到句子的某一部分和整体结构，然后将注意力从书本上转移到口头表达所记忆的信息上，同时也要对当前阅读的内容进行思考，包括与朗读材料相关的各种图片、图像和事实。即在阅读的过程中能够进行思考，而在思考的同时也能进行阅读，通过视觉和意识来对材料进行感知。简言之，迅速且理解地进行阅读是衡量一个人阅读能力的关键指标。许多学生在阅读课文时感到非常紧张，他们将全部的注意力都放在了阅读的过程上，几乎无法分心于书本的内容，害怕读错任何一个字，因此没有足够的精力去理解所读的内容，也不会同时进行阅读和思考。在进行快速阅读的培训时，我们需要确保学生在阅读理解和速度上都得到了锻炼，不能偏重某一方面而忽视另一方面。

②阅读速度的快与慢

强调追求速度并不意味着盲目地追求它。“速度越快越好”的观点并不是绝对正确的。首先，阅读的速率是受到一定限制的。当速度超出某个界限时，它可能会对理解和记忆产生不良影响。实在是太快了，几乎没有时间去深思；速度过慢，容易让精力散乱。只有当阅读的速度足够快，以至于学生能够完全意识到读物的内容时，这才被认为是有效的。在国外，一些学者为不同级别的读者设定了不同的阅读速率：最高速度是每分钟读 1200 个单词，而一般速度是每分钟读 200～300 个单词。其次，诸如读者和读物这样的变量会对阅读速度产生影响。在阅读过程中，读者与读物之间的相互关系，以及读者的年纪、个性、知识背景、健康状况和集中力等多个因素，都会对阅读速度产生影响；阅读材料的难度和种类都会对阅读的速度产生影响。例如，阅读记叙文和叙事的速度通常较快，而阅读含有更多科学知识的说明性文章的速度则相对较慢。第三点，由于阅读目标的差异，所需的阅读速度也会有所不同。这是研究性质的内容，需要进行深入的思考，逐字逐句地推敲，需要慢慢地、反复地仔细阅读，甚至需要停下来思考；这是一种基于查询资料的阅读方式，其对理解的要求相对较低，所需材料可以仔细阅读，而其他部分则可以选择性地跳过；这是一种普通的休闲阅读方式，没有特定的速度限制，完全根据读者的喜好来调整。对于感兴趣的部分，你可以仔细阅读，而大部分章节可能只是简单提及。因此，我们不能仅仅根据阅读的速度来判断其好坏，而应该引导学生按照阅读的目标来选择合适的速度。真正值得阅读的人不是速度快的读者，而是那些能够迅速、缓慢并主动掌握阅读速度的人。

③阅读准确度和速度

在提高阅读能力的过程中，我们要特别强调其认真和准确性；在推进速读的过程中，我们鼓励速度达到“一目十行”的水平。这看起来好像是自相矛盾的。实际上，这两种技能都是学生应当拥有的。培养的初始阶段是有时间顺序的。

（2）掌握快速阅读技能

①养成良好阅读习惯

默读的核心在于阅读时保持沉默、不发声、不心诵（即潜语读），仅能通过眼睛来阅读（即目读）。然而，在最初的默读阶段，实现目读是相当困难的。首先，习惯于大声朗读到静心默读之间存在一个过渡阶段：先是大声朗读，然后轻声读，接着是不出声读，最后是目读。从无声阅读到通过眼睛阅读是最具挑战性的，需要他人的协助和提醒。其次，尽管学生的注意力主要集中在文字上，但他们的大脑可能在思考其他问题，或者他们的思维可能处于停滞状态。为了激发学生的思维活力，教师可以实施一系列的教学措施。例如：在开始阅读之前，明确了默读的具体要求，并在阅读结束后迅速进行反馈检查；在引导学生进行默读时，按照指导要求进行标记和批注。

②传授快速阅读方法技巧

在进行快速阅读的指导时，既可以与日常的阅读教学相结合，也可以选择采用集中式的训练方法。接下来，我们将重点探讨集中式的训练方法。也就是说，在一段集中的时间里，进行有目标、有计划、有步骤地训练。培训内容包括：拓展阅读视角的技巧培训；进行计时阅读的文本练习。

3. 阅读教学中的思维能力培养

叶澜教授为理想的新人设定了一个三维的双向精神素质目标。在这个目标中，他强调新人需要具备从二维到三维、从静态到动态、从单一到多元、从部分到整体的复杂思维能力。

思维可以理解为人们利用已掌握的知识作为桥梁，对实际情况进行简洁、总结和反映。这是一个心理过程，它基于人们的实际生活经验和感觉，在大脑中对各种事物进行深入地分析、整合、抽象和总结，从而形成各种概念，并利用这些概念进行判断和推断，以了解事物的普遍和本质特性以及它们之间的联系。思维能力是指人的大脑能够对接收到的信息进行处理和整合，进而创造出思考的成果，这也是智力的关键组成部分。它既展示了大脑的智慧水平，同时也反映了系统思维能力的提升水平。

在心理学领域，关于思考方式和语言表达存在众多的观点和论述。例如：思维与语言之间存在着内在的联系，中国的学者视语言和思维为外在和内在的联系，而西方的学者则认为它们是相互依存的。

学生构成了学习过程中的中心。学习是一个主体在思维中主动构建意义的活动，它涉及新旧经验之间的双向互动。在这个过程中，新旧经验知识都会经历比较、分析、总结、推断、评判和假设等多种思维过程，并在这些过程中经历冲突、整合和转变，从而主动地构建新知识的含义。在语文的学习过程中，知识的掌握、记忆的累积、理解和感悟能力的塑造和发展都与思维方式紧密相关。教材里包含了大量描述人物智慧特质的故事，这些故事都能为学生提供灵感。

在语文教材和教学过程中，存在众多的思考元素，这些元素有助于提高学生的语文学习技巧。然而，在实际的教学过程中，利用思维元素来培养学生的语文技能仍然显得不够充分。学生往往依赖时间和体力来完成繁重的学习任务，而教师在课堂上的指示和要求很多，策略指导则相对较少。有时，教师只是简单地分享成人的成功经验给学生，但学生往往不明白其中的“原因”或“背后的原因”。

为了培育学生的思考技巧，在实验过程中，我们主要完成了两大任务：首先是整理教材，突出其结构的独特性；首先，在课堂教学过程中，利用思考的元素可以有效提升学生的语文技能。

在教学过程中，教师采用思考和知识的方法，实施策略性的教学，打破了过去学生机械记忆、机械式练习和“秘密探索”的教学模式。正如“标准”所强调的，“在语言发展的过程中，也要培养思考能力，激发创意和想象力”；“初步掌握科学思维方式”和“加强思维的严谨性、深度和批判性”；致力于“思维和表达方式的创新”，以培育具有高度智慧的学习者。

4. 阅读文学作品感悟力的培养

语感这一概念是在20世纪90年代之后逐渐在教学大纲中被引入，并被纳入了新的课程标准之中。本研究旨在强调母语教学与精神世界之间的紧密联系，但由于理论基础的不足和语感教学实践经验的不足，我们在语感的定义、特性、活动领域和分类、功能以及在语文教学中的地位等方面，已经留下了一个非常宽广和可持续研究的空间。在“新基础教育”的语文教育领域，并没有针对这一议题进行深入和系统地研究。这主要是基于“新基础教育”对积极、健康的新一代培养的需求，以及对学生作为生命实体的全面发展的需求。同时，考虑到语文学科的普遍和独特的教育价值，以及文学作品的独特性，进行了必要但有限的教学实践。对文学作品的学习不应仅仅局限于对文学体裁知识的掌握。

(1) 文学作品特点

在文学创作中，作家不仅仅是对现实生活进行客观地描述，他们还融入了特定的社会愿景和审美观点。这并不是为读者提供一个简单的生活蓝图，而是通过这幅画向读者展示什么是美好的、正确的，什么是恶劣的，以及哪些是应当被反对和批评的。这部作品不是通过道德说教来进行教育，而是通过作者对各种事物和人物的细致描绘来自然地表达出来的。当你深入阅读文学作品，并被其中的角色和故事所吸引，产生强烈的情感共鸣时，你会在不断地思考和反思中留下难忘的印象。在这种过程中，你会不知不觉地受到思想、情感、性格和心理品质的深刻影响，并从中获得教诲。它通过艺术的手法，让人仿佛置身其中、仿佛看到了那个人、仿佛听到了他的声音。

文学创作中充斥着众多不明确的观念，这为其解读带来了不小的挑战。作品中存在的空白和空缺，是作者有意为读者创造的四维空间，这是一种艺术手法，使作品展现出开放的状态，为读者提供了一个广阔的想象和再创造的空间，让读者能够主动参与思考。在参与的过程中，读者会根据自己的生活经历来丰富、理解、补充和想象自己的形象，从多个方面和不同的角度塑造形象，产生不同的角度、层次的理解和感受，从而揭示形象所包含的思想内容。

文学作为一种语言艺术，利用语言作为工具来塑造艺术形象，它需要具有明确性、准确性、生动性，以及美感、流畅性、顺畅性和明确性。

叙事性的文学创作，如叙事诗和小说，主要聚焦于塑造具有代表性的角色。这些作品不仅能描绘出角色的声调、表情、服装和气质，还能深入挖掘角色的内心世界，对其内心世界进行深入地分析和解读。

环境为人物的出生、发展和各种活动提供了背景，并助力于人物的塑造。它构成了人们生活的一个组成部分，能够突出展示人们的心理状态和性格特点。或者是将情感寄托于山水之间，通过大自然的景色来表达自己的某种思考和情感。

情节反映了人物的历史发展轨迹。结构应该是完整的、协调的、统一的、多样化的，并且要遵循主题。

主题反映了作家的生活经历，并受到其世界观的影响。通过塑造人物的形象来展现主题；通过景物的形象来增强和渲染其美感；通过事物的形象来表达自己的情感，通过物品来表达情感；通过议论性的方式来表达情感，并对主题进行阐释；通过各种表现技巧来突出主题的重要性。

抒情性的文学创作，如抒情诗和抒情散文，往往通过一些引人深思的生活片段，集中展现诗人的内心情感和思考，因此它们往往简短、纯粹，很少涉及具体的人物或完整的事件。

语文世界是一个充满美景、美女、情感和智慧的美好世界。然而，阅读文学作品相对于阅读论述性作品来说更具挑战性，因为文学作品是通过语言作为中介，在作品的字句之间隐含着多种意义的隐喻。这需要读者从外到内地去感受、体验、欣赏和鉴别，通过优秀的文学作品和艺术形象来了解社会、了解生活，并接受好的影响。[①]

（2）学习文学作品需要感悟

“感悟”这个词意味着获取新的见解。真正的感悟需要人们的亲身体验和实践，有时它只是意会而不是言语，而有时则是一个手势、动作和表情的瞬间自然展现。感悟被视为一种特殊的能力，它具备稳定、独立和累积的特质。

通过阅读语言，我们可以获得相似的思维和情感，激发内心的激情，从而使自己更加清晰和觉醒。

理解语言的基础是：首先，深入阅读文章。确保阅读流畅，深入理解文章的主题、作者的立场和情感；其次，需要积累一定量的专业知识。了解单词的基本含义和其引申意义，掌握句子的构造特性，以及了解修辞和文体的独特之处等；其三，积累了丰富的生活经验。涵盖了广泛的爱好和深厚的学识；第四点，具备出色的心理承受能力；第五点，具备一定程度的形象思维和逻辑思维能力；第六点，理解基础的感知方法。例如，通过朗读和默读的方式，我们可以找到文章中的空白和矛盾之处，并将其与日常生活相联系；第七点，理解感悟的深度标准。我们不应仅仅满足于语言的符号化解读，而应深入探索作品的深层含义和广泛的象征意义。

（3）学生感悟文学作品的特点

学生的感悟能力的形成和成长受到生理、心理、知识、经验、生活经验、社会和家庭背景以及特定语境的多方面影响，这导致学生在感悟作品时表现出明显的选择性、成长性和差异性。

在内容感知上的挑选。学生更倾向于对具体、形象、直观和亲身经历过的事物产生兴趣，而对于陌生或与他们日常生活脱节的事物则感到难以理解和缺乏情感体验。

对于内容的理解存在局限。学生们往往不明白人文学科所强调的“应当是什么”的深层价值，也不明白文学是如何引导我们去思考人生

① 邱晓云．中学语文阅读教学变革之道［M］．北京：清华大学出版社，2017.

的目标、意义和价值，进而促进人性的发展和人格的完善。

学生们并未意识到，阅读文学作品需要经历感受、体验、欣赏和鉴别的过程。课本里包含了大量富有故事性的文学创作。当学生们拿到新的课本时，他们首先会仔细阅读其中的所有故事，一旦对故事有了基本的了解，他们就会感到非常满足，并体验到一种抢先一步的喜悦。然而，由于这个原因，课堂学习的热情可能会减少到原来的一半。

不断累积以促进成长。随着学生在世界观、人生观和价值观方面的逐渐成熟，以及科学思维模式的建立和生活经验的丰富，以及对文学作品价值的准确理解，学生对文学作品的感悟能力和水平将会逐步提升。

（4）学生感悟文学作品能力需要培养

尽管学生的感悟力呈现出逐渐增长的趋势，但要增强学生对文学创作的感知，教师的培训是不可或缺的。

我们需要正确地理解想象、情感和理解三者之间的相互联系。感悟力是一个由想象、情感和理解三个方面相互影响和融合而成的有机整体。在进行感悟之前，首先需要对文本和语言进行深入地解析，以便尽可能地再现作品中的世界，并准确地把握故事情节以及人物间的相互关系。要实现再现，我们需要借助想象力。这样的想象并不是随便产生的，而是在作品的引导和范围内进行的。情感代表着审美的感受，它揭示了作品中隐藏的美感，并为我们提供了一种高尚的精神体验。在教学过程中，有些学生错误地认为想象力越“丰富”和理解越“深刻”就越好，但实际上，情节的补充、想象的发挥和理解的结果都应该是作品本身所包含的，而不是外界强加的。

培养感悟力是一个不易察觉的过程，仅仅依赖命令和教诲是无法达到预期效果的。再者，教材里有许多作品是从成人的角度编写的，因此学生在感悟和理解上遇到困难是不可避免的。在教学过程中，采用多样化的方法来构建情境，以增强学生的理解力和想象力，并激发他们的情感共鸣，被认为是一种有效的教学手段。在教学过程中，某些教师首先与学生进行对话和交流，分享自己与父母、同学和教师之间的情感交流方式，从学生自己开始，逐渐扩展到与父母的互动中。通过多角度和多层次的方式来体验情感的丰富性，并激发学生去培养他们的观察力和表达能力。

对课文的具体内容进行深入地理解和感悟并不是教学的终极目标。真正的目标是通过案例研究和实际体验，培养学生的“类”意识和能力，使他们能够运用这些意识和能力去深入理解和感悟所有的阅读材料，甚至是对人生、社会和自然的理解和感悟。

感悟是一种内在的情感体验，它需要真诚和朴实的情感来表达，以实事求是的态度来传达，而不是仅仅停留在抽象、套话或虚假口号的立场上。

感悟可以通过多种方式来表达，包括对材料的理解、感受、体验和启示；对于人物和事件的设想、思考、延伸和深化；对于人物或事件的评估、剖析、评论、支持、反驳和批评，我都有自己的看法和建议；等一下，我们必须坚定地避免陷入套话、空话和假话的思维模式中。教师的每一句话和每一句话都与培育积极、健康的新一代息息相关。教育工作者需要协助孩子们识别并对抗社会中的低级和不健康的元素，同时也要确保他们不受身边不良因素的影响。

（三）基于学生阅读能力培养的篇章教学结构

在“新基础教育”的语文教学研究中，我们高度重视各篇章间的横向和纵向联系。在保持教材总体框架不变的情况下，首要任务是在教学过程中强化篇章间的知识和能力的横向联系。通过将某些相关的知识和能力整合为多个结构群，并运用基于教学结构和结构的长程两阶段教学方法，我们旨在帮助学生更好地吸收知识、发展能力，并培育他们的结构性思维；其次，在教学过程中，要重视学生知识和能力的纵向发展顺序。我们需要重视基础教育九年中各个发展阶段的学生在知识掌握和能力发展上的明确要求，以及不同阶段学生在知识和能力发展上的长期连贯性。

1. 基于篇章知识、能力教学的横向结构性——单元教学的思考与实践

在教材编辑的历史中，将课文按照单元进行划分是一项重大创新。

一个单元的学习周期等同于一个星期，每周进行一次复习，并组织一次综合性的活动，这种方式是非常有规律的。

由于教材中所选的文章主要是文学创作，再加上人们对这些作品思想深度的关注，因此单元组合通常以人文主题为核心。在实验过程中，通过结构性思维对这些单元进行分析，我们发现某些教材单元的主题过于集中，而另一些则主题不够集中，这给教学活动带来了不小的困扰。面对此种状况，我们在实验中实施了如下策略。

在教材中，如果单元主题是集中的，那么就应该充分利用原单元的资源来进行教学；如果教材的原始单元主题不是很集中，那么在对原单元进行改组或重组后的教学。

(1) 记叙类文体教学

记叙文是一种主要通过叙述来表达的文体，其核心内容是描述人物的经历和事物的发展变化。这种文体的表达方式非常广泛，包括但不限于记录人物、事件、日记、游记等，它记录了作者在生活中的所见所闻，并表达了作者的真实感受。

当你深入阅读记叙文时，你会逐渐理解记叙文的核心元素，如时间、地点、人物、事件的起因、过程和结果，以及基本的写作逻辑。此外，你还可以初步掌握描述和修辞的技巧，深入感受作者所传达的情感和思想，感受作品中人物的精神特质，并学习他们的精神特质。通过学习记叙文，利用记叙文的基本知识来指导自己的阅读和表达，将日常观察到的人、事、物用记叙文的技巧写出来。

在进行阅读、学习和表达的过程中，我们需要理解记叙文文体的基本结构规律，掌握阅读记叙文的学习规律，培养类结构意识，并利用类结构知识学习新的同类文本，从而提高记叙文的阅读理解和表达交流能力。

(2) 说明类文体教学

说明文主要采用说明的方式来阐述事物、阐述道理，并为读者提供知识的文章形式。当我们描述事物的形态和特性时，可以直接而简洁地呈现，避免过度描述或夸张，这种描述被称为平实性说明文。这种类型的说明文在语言表达上既简单又细致，具有很强的科学性，并且条理分明；文艺小品和文艺形式也可以被用来进行解释，这就是所谓的文艺性说明文。这种类型的说明文以其生动活泼和通俗易懂的特点著称，采用了比喻和拟人化的描述手法。

与其他文体相比，说明文缺乏引人入胜的情节、生动的形象和深厚的情感感染力。一些教师认为这种类型的文章可能不能激发学生的兴趣，教学方法可能过于简单。学生们普遍觉得课文缺乏故事情节，缺乏生动性，并且不太注重说明文的学习。

学习说明文对学生有多种育人价值。

①致力于培养学生对阅读材料信息的捕获能力。在阅读说明文、故事、小说和散文时，存在许多差异。在学习说明文的过程中，我们需要培养学生对说明文的结构和语言特性的理解，这样他们才能准确且迅速地提取出文章的核心信息。

②致力于激发学生对观察的热情、养成良好的观察习惯，以及培养他们严谨的思考模式和逻辑推理能力，同时也激发学生对科学的热情。

③我们的目标是培养学生通过使用示例、列出数字、进行比较和展示图表等常见的解释方式，来更具体、更清晰地解释事物。

在说明文的教学过程中，首先需要全面地理解文章的核心内容，明确说明的目标，并区别对待事物说明文与事理说明文；其次，需要对文章的内容进行深入分析，并准确把握所要说明对象的独特性质；第三点，我们应该鼓励学生在日常生活中广泛阅读科普书籍，以拓宽他们的知识视野，多加观察周围的环境，并用流畅、简练的文字来描述事物的各种特性，同时深入研究其中的科学原理。

(3) 议论类文体教学

议论文采用概念、判断和推理等多种方式，通过分析和综合的方法来阐述观点、解释事实或反驳他人的错误看法，它具有很强的逻辑连贯性。

议论文通常有两种展现方式：一种是直接在文章中使用来表达观点的句子；由于文章里没有直接阐述观点的语句，学生需要在理解文章内容后进行自我总结和提炼。

通常，论点的表达方式是肯定的句型，但有时也可能是否定的，而不是疑问或选择性的句型。

学习议论文对人的培养具有以下价值：首先，它能增强学生的思考深度；其次，需要增强学生在语言表达上的严谨性和逻辑性；第三点是，我们需要培育学生在日常学习和生活中的敏锐度，使他们能够通过论述的方式，准确且有条理地阐述自己的看法，从而增强他们的思考和语言表达能力。

(4) 散文类文体教学

散文这种文学形式主要以叙述和描述为核心，同时也融合了一些抒情、议论和解释的元素。

散文展现了其自由、抒情、含蓄和美的特质。存在叙事散文（描述人物和故事），抒情散文（例如描述景色的散文，捕捉景物的特点，情境的融合）以及议论性散文。散文作为一种文学形式，是作者通过描述物体、人物和景色来表达自己对生活的各种情感。内容涵盖广泛，从细节中洞察大局，结构设计灵活多变，大小和深度都没有限制。

学习散文的育人价值如下：

①因散文取材广泛，多读散文可以开阔眼界、丰富知识、启迪智慧。

②因散文感情丰富而且高尚，多阅读散文能陶冶情操。

③因散文语言精美，多读散文可以提升审美力和表达能力。

④阅读散文，学习基本的散文文体知识结构和阅读方法结构，能运用已有结构性知识学习新文本，用简短散文写出自己对生活的感悟。

(5) 古诗类文体教学

古代的诗歌作品深邃而广泛，它们高度概括地展现了真实的生活情境，注重意境的构建，并用充满音乐美感的简洁语言呈现出感人的艺术画面，表达了作者的情感和思考，为读者提供了丰富的想象和情感空间。我国的古代诗歌都蕴含着深邃的意境，它们是古代文学中的瑰宝。

学习古诗词有多元育人价值，具体如下：

①了解中国文化的博大精深，培养学生的爱国情怀、民族精神。

②丰富学生情感，培养学生感受美、创造美的能力。当前为应试学习现象严重，学生的审美意识、审美能力培养被忽视，学生审美力和审美想象力迟钝，加强古诗词教学可以培养学生高雅的审美趣味。

③培育学生的想象力。古诗创作和阅读理解都离不开丰富的想象。

④培养学生的人文气质。

2. 基于篇章知识能力教学的横向结构性——教学基本课型结构

在语文教学研究中，我们不仅要从结构思维的角度去探讨篇章知识与能力的相互关系，并以单元组合的方式进行展示，还需要采用基础课程的结构来进行教学。由于语文教学内容的多样性，这决定了语文教学的基础课程类型也呈现出多样性。在实验过程中，各个实验校的教师基于他们的研究和实践经验，已经对基础课型结构体系进行了总结和初步的整理。

句群是一个比单一句子更大的语言单元，由两个或更多的连续句子所构成。某些句群实际上就是自然界中的段落。句群构成了篇章的核心部分。单句或复句是组成句群的基本单位。

一个完整的句群是用来传达相对完整含义的语言片段，它至少需要包含两个完整的句子。组成句群的各个句子之间存在明确的逻辑联系，并通过特定的语法工具（如语序或相关词汇）进行组合。句群内部存在着并列、承接、递进和选择等多种关系。在语言表达中存在逻辑上的联系。在语法结构上存在联系，而在语流方面则展现出连续性和连续性。每一个句群都有其核心的语义，不能随意产生分支。在句群里，各个句子都从各自的视角传达了核心的意义。句群可以分为一重句群、二重句群以及多重句群。

过去，人们通常将句子视为最主要的语法单元。不涉及句群的概念。在 20 世纪 60 年代的后半段，伴随着“话语语言学”的出现，一些国外的语言研究者开始探索大型句子的语言结构。自 1984 年开始，我国在中学的语言课程中加入了句群的教学部分。

(1) 基于句群教学的思考

①依据学生的成长需求来挑选适合的教学句群。在句群分类方面，语言学家有许多不同的标准，例如基于用途、层次和结构的分类，这导致了分类出的句群种类繁多，有时甚至达到数十种。例如连续句群、总分句群、并列句群、因果句群、转折句群、先概述后具体句群等。对于小学生而言，掌握这些基础句群的运用已经是足够的，但当他们进入中学和高中教育阶段时，这些教学句群的难度将会相应地增加。

②基于学生的学习情况来选择句群教学方法。鉴于学生正处于形象思维和抽象思维的过渡阶段，并且仍然主要依赖形象思维，句群教学因此采用了直观案例的教学方法。以教材里的代表性句群为例子，在教授课文的过程中，应当与相关句群的教学方法进行有机融合。我们鼓励学生利用句群的知识来总结句群的核心含义，深入探讨句群内句子的相互联系，并通过相关的句群练习书写，掌握基础的表达技巧。

③在日常应用场景中，对句群结构有深入地了解。仅仅掌握基础句群结构的知识并不是教学活动的终极目标，真正重要的是能够熟练地运用这些句群知识进行阅读理解和有效地表达交流。在进行阅读教学时，教师应引导学生利用句群的知识来分析和理解文本，并鼓励他们使用特定的句群或结合多种句群来记录自己的观察、听闻、行为和思考。通过持续的语言实践活动，我们可以增强阅读理解和表达交流的能力，同时也能提升观察生活的兴趣和技能。

(2) 关于句群教学课型

句群教学基本课型分两类，一类是读写结合型，一类是单项能力培养型。

①句群教学读写结合基本课型。在阅读课文中选择典型句群做范

例。在阅读理解基础上读写结合，实现文本理解和表达交流双向滋养。①

②句群教学单项能力培养基本课型。选择典型句群作单项能力培养材料。

基本教学过程结构：感知句群—理解句群—辨析句群—习作句群—句群运用迁移。

感知句群：出示句群，朗读或默读句群，整体了解句群内容。

理解句群：分析句群中句子之间的关系，归纳句群的中心意思，确定句群特点，下定义。

辨析句群：出示 2～3 个语段，其中有的不是句群，有的是不同类型句群，让学生辨析。通过正确、错误、不同类型辨析，提高学生对新学句群结构的清晰认识。

第二节 学生写作能力的培养策略

一、学生写作的辩证思维能力培养途径

（一）辩证思维的含义与特点

“塞翁失马，焉知非福”和“祸兮福之所倚，福兮祸之所伏”这些句子深刻地揭示了“祸”与“福”之间的辩证联系；“否极泰来”这句话揭示了坏运气和好运气是有可能互相转换的；“乐极生悲”这句话揭示了快乐与悲伤之间的辩证联系；“只有积累微小的步伐，才能走完千里；只有积累微小的流动，才能形成江海”这句话揭示了量的增长与质的变化之间的辩证联系。

① 张增广，范春荣，贾学平．审美视域下的中学语文课堂教学实践探索［M］．长春：吉林人民出版社，2020.

这些众所周知的句子都是辩证思维应用的产物。辩证思维体现了客观辩证法在人们思维中的准确体现，它是利用辩证原则来解决问题的一种思考方式。客观事物正处于不断地运动和变化之中，因此，辩证的思考方式要求我们从一种分裂、相互联系和持续发展的角度来看待问题。

辩证思维具有思辨性、系统性、发展性三个特点。

1. 思辨性

在研究客观事物时，人们不应仅从一个角度进行思考，而是需要从两个方面进行思考：一是观察事物的积极方面，二是观察事物的消极方面，并发现在某些特定条件下，这些正面和反面有可能进行相互转换。辩证的思考方式强调，在分析客观事物的时候，我们需要在对立的基础上找到统一，并在统一的基础上理解对立，这样我们才能对变化莫测的客观世界有一个全方位和深入的了解。

2. 联系性

唯物辩证法主张，在这个世界上，一切事物都是相互关联的，构成了一个整体的相互联系体系。无论是事物之间还是事物内部的各个部分，它们之间都有着紧密的联系。辩证的思考方式强调从联系的角度来看待问题，而不是从单一或孤立的角度来看待问题。在研究客观事物的过程中，我们不仅要关注事物间的因果、必然性和偶然性，还要深入探讨整体与部分、内容与形式之间的紧密联系。简而言之，辩证的思考方式是从联系的多元性出发，对问题进行深入地分析和思考。

3. 发展性

唯物辩证法主张，客观的事物总是在持续地演变和发展，因此我们应该从发展的角度来审视问题。辩证的思考方式要求我们回溯过去、关注当下并预测未来。在追求梦想的旅程中，不应畏惧遭遇的障碍，而应坚定地相信未来是明亮的。学习的过程中不能简单地“三天打鱼，两天晒网”，只有持续地努力和不断地坚持，我们才能取得真正的成功。通过辩证的思考方式，我们可以理解客观事物的演变过程，观察到量的变化与质的转变的融合，同时也能洞察到曲折与前进的融合。

（二）辩证思维在写作中的作用

在整个写作的过程中，辩证的思考方式都是不可或缺的。在审题的过程中，学生需要仔细阅读试卷上的内容和写作主题，并对材料中的人物和事件进行辩证地分析。只有这样，他们才能真正理解材料的深层含义，并在写作时追求适当和深入地思考。在问题的构思和写作过程中，也必须融入辩证的思考方式，这样才能确保不从孤立、绝对或静态的角度来看待问题。一个人的辩证思维能力的高与低，是其认知能力强弱的直接反映。部分学生之所以能够分享自己的深刻见解并撰写出色的文章，并不是因为他们掌握了大量的词汇，而是因为他们具备了对问题进行辩证分析的能力。与此相对，部分学生所写的文章往往显得普通，这或许与他们的辩证思考能力密切相关。显然，在作文的教学过程中，强调辩证思维的培养可以有效地提高学生的写作技巧。

学生在写作过程中经常遭遇到文章主题过时、观点缺乏新意的问题，他们更倾向于针对具体事件进行论述，不擅长逻辑推理，所说的话往往都是陈词滥调，这主要是因为他们缺乏足够的辩证思维训练。在写作过程中，学生往往面临着结构过于固定的问题。他们在撰写文章时，往往采用三段论的方式，从文章的开头到结尾，再到结论和主题的提炼，但他们往往不知道如何运用如抑扬法、虚实法、庄谐法和繁简法等多种辩证的写作技巧。在写作过程中，如果能够巧妙地应用这些技巧，那么所写的文章可以是先上升后下降，或者是虚与实的融合，或者是将庄重与幽默相结合，或者是在复杂与简单之间找到平衡。考虑到目前高中作文教学的实际情况以及学生的写作水平，语文老师确实需要加强对学生辩证思维能力的培训。

（三）辩证思维训练

在写作过程中，辩证思维扮演着至关重要的角色。因此，语文教师不仅需要在思维层面上加强对学生写作思维的培训，还应将其应用到实际的教学活动中。为了实现这一目标，我们可以从以下几个关键领域付出努力。

1. 让学生掌握辩证思维的基本知识

在开始对学生进行辩证思维的培训之前，教师有机会简要介绍辩证思维的基础概念，例如辩证思维的三个核心原则：对立统一原则、质量变化原则以及否定与否定之间的否定原则；此外，还涉及现象与其本质、主要与次要的矛盾、内部与外部因素、必然与偶然、理论与实践、前进与曲折等多种辩证关系。我们的目标是让学生明白，客观的事物是多种多样、不断变化和相互影响的，因此，他们应该从一个全面、可持续发展和相互联系的角度来看待生活中的人和事。我们希望学生能够掌握辩证思维的核心知识，并希望他们在写作过程中能够主动地应用辩证思维来审题、构思、布局和撰写文章，这样可以使他们的作文更为完整、细致和科学。

2. 指导学生采用辩证的写作手法

写作技巧指的是提升作品质量的各种艺术方法，这包括但不限于修辞技巧、叙述方式以及解释技巧等。学生在写作时经常使用的技巧包括从细节中洞察大局、抑扬法、虚实法、繁简法、动静法和庄谐法等，而要有效地运用这些技巧，学生需要具备辩证的思考方式。小和大、抑和扬、虚和实、繁和简、动和静、庄和谐，这些都是相互矛盾的两个方面。在特定的条件下，它们还可以互相转化。因此，作者需要辩证地处理这些关系，才能写出曲折而有致的文章。接下来，我们会详细阐述学生可以使用的几种辩证方法。

(1) 以小见大

“以小见大”的理念是通过挑选日常生活中常见的素材来阐述深刻的观点和道理，具有“从细微之处洞察大局”的作用。作为写作的主体，人们的认知往往是受限的，而相对于主体，认知的对象在时间和空间上都是无穷无尽的。这种在客观上存在的二元对立使得我们能够运用微观到宏观的辩证思考方式来深入探索事物的真正本质。

生活为我们提供了创作的灵感，并蕴藏着无尽的资源。在材料收集的过程中，教师有责任引导学生仔细观察日常生活，深入体验和感受生活的细微之处，用敏感的观察力去发现日常生活中的异样，并用心去记录那些给生活留下深刻印象的人和事件。在写作过程中，教师应引导学生选择从日常生活中搜集的素材，从细微之处领悟人生哲理，用“小材料”来表达“大主题”，并熟练运用“以小见大”的辩证方法。

(2) 抑扬法

作家在创作时，要么赞美某个角色或预先用笔写下其不足，要么批评某个人或现象先用笔写出其优点，这意味着，如果想要赞美，首先要抑制它；或者如果想要抑制它，首先要提升它。采用抑扬法进行作文创作可以使作品展现出波澜壮阔和生动有趣的特点。正是出于这个原因，清代的唐彪指出：这种法语的使用非常广泛，并且是最为关键的。

(3) 繁简法

繁简法意味着在撰写文章时，要确保内容既详细又简洁。对于与文章核心思想相符的部分，应使用复杂的文字进行详尽的描述；而对于不符合主题的部分，可以选择使用简洁的文字进行描述，或者选择不写。学生在撰写文章时，往往会一头雾水，只要数字足够，与文章主题不直接相关的内容也会被纳入其中。语文老师可以利用教材里的经典样本，帮助学生在文章需要详细描述或简略描述时进行练习。

有许多技巧可以使文章写得既曲折又有深度，这里我们将介绍三种经常被采用的写作方法。如果学生能够巧妙地运用“以小见大”的策略、抑扬法和“繁简法”，并对每一种策略的两个方面进行辩证处理，将小材料与大主题、抑和扬、繁和简完美融合，他们定能创作出内容丰富、风格独特的文章。

3. 指导学生运用辩证法的观点析理

在学生的写作过程中，他们往往难以进行深入的逻辑分析。他们在撰写文章时，倾向于用叙述来替代议论，仅通过列举大量的资料来形成结论，而不是进行辩证的推断或深入的分析。为了解决这个问题，语文老师可以指导学生采用辩证法的方法来分析理论。教师可以首先组织学生进行小组讨论，然后再进行相互之间的交流。学生间的互动和讨论有助于激活他们的思考，并引发思想上的碰撞。最终，教师可以进行总结性地发言：从二分法的角度来看，理解事物需要同时具备感性和理性。首先，如果我们仅仅依赖情感来理解事物，而不是用理性的视角去观察，那么我们就无法真正洞察事物的本质；其次，如果我们在处理事务时只注重理性而忽视感性，那么人与人之间的关系可能会变得冷淡。老年人跌倒，儿童受到撞击，而过路的人对此视若无睹。在最近的几年中，这种情况在社会中频繁出现。出于对被敲诈的担忧，路人往往对跌倒的老人和受伤的孩子视若无睹。人们的道德良知逐渐被理智的理解所侵蚀，人与人之间的关系也逐步变得不熟悉。通过这种深入而辩证地分析，学生们对于如何解释这一主题已经有了明确的认识。

在一个人的生命旅程中，经常会遭遇不如意的事情，而面对挫败和痛楚则是难以避免的。面对挫折和痛苦并不是最恐怖的事情，真正关键的是我们应该如何心态去应对它们。有些人能够勇敢地应对各种挫折，不向它们低头，并找到解决问题的方法。这类人面对挫折时总是保持积极和正面的态度，他们不会过度放大自己的痛苦，而是在克服挫折的过程中，将内心的痛苦转化为力量，他们是那种越挫越勇的人。然而，有些人在遭遇挫折时会感到恐惧，不敢正视，并放大自己的痛苦，最终在痛苦的深渊中无法自救，他们是生活中的懦夫。

他们应当从生活中的强者那里吸取教训，彻底转变面对挫折的心态，这样才能毫无畏惧地前进并实现进步。在教授作文的过程中，如果教师能够持续地指导学生从辩证法的角度去分析问题，那么学生的辩证思考能力将会逐渐提升。

二、学生写作的创造性思维能力培养途径

（一）创造性思维的含义与特点

古代的智者曾言：所有的创意和言辞，都不应被视为导师。这句表达的核心观点是，在撰写文章的主题和修辞时，不应盲目模仿前辈，而应追求创新。那些内容过时的文章读起来就像嚼蜡一样乏味。这篇内容独特的文章给读者带来了全新的感受。创新性的思考方式在写作过程中扮演着至关重要的角色。创造性思维是一种高级和复杂的思考过程，它基于已有的知识和经验，通过逆向思维、想象和联想等方式，产生新的思维成果。创新思维呈现出两个突出的属性：原创性和追求差异性。

1. 独创性

具有创新思维的人擅长突破传统，其价值在于不断地创新。思考的主体拥有流畅的思维和广阔的视野，他们拥有敏感的观察能力，并能从多个角度和层次阐述自己的看法。思考的主体不受现有观念的限制，勇于挑战传统观念，有能力发现他人难以察觉的事物，并能提出独特的观点。那些运用创新思维来解决问题的人，通常都拥有出色的思考能力和不屈不挠地追求真理的精神。那些思维单一、狭隘和肤浅的人，是无法提出具有创新性和独特性的观点的。

2. 求异性

不同的客观事物之间有着多种多样的区别。这意味着在研究客观事物时，我们需要从事物的普遍性和普遍性中，洞察其独特性和差异性；有能力通过观察事物的表面现象来洞察其内在本质。仅当我们用一种追求与众不同的视角来看待问题时，我们才能提出有创意的观点。白杨的树干笔直，枝条朝上，这在黄土高原是非常常见的。著名作家茅盾对其进行了深情的赞美，称其为“雄伟、正直、朴实、严肃，同时也不缺少温柔，更不用说它的坚韧、不屈和挺拔了，它是树中的伟大丈夫”。此外，文章还将这种特质与北方农民和我们民族所拥有的品质相结合，展

现了深沉的意境。这与作者采用创新的思维方式进行构思，并积极追求差异是密不可分的。

（二）激发学生的写作兴趣

从心理学的视角来看，兴趣不仅能让主体更加专注于客体，还能激发主体产生一种内在的驱动力，使其对所从事的活动充满热忱。由于学生面临着巨大的学习压力和沉重的课业负担，他们在写作文时往往是为了应对教师的压力，久而久之，他们甚至对自己创作的作文都失去了兴趣，从而产生了对作文的厌恶情绪。另外，由于学生在写作方面很少获得教师的高度评价和认可，这导致他们对写作逐渐失去了兴趣。显然，激发学生对写作的热情对于提升他们的写作能力是非常关键的。一旦学生对写作产生了浓厚的兴趣，他们会在日常生活中积极地搜寻写作的素材，并对身边的人和事产生浓厚的兴趣，从而激发他们的创作热情。那么，我们应该如何激发学生对写作的热情呢？

1. 营造良好的教学氛围

语文老师在教授写作课程时，不应沿用固定的教学方式，除了传统的授课方法外，还可以选择组织辩论比赛、小组讨论或是即席发言。教师为学生设计的题目应尽可能接近实际情况学生们的日常生活，例如父母的性格是否会对孩子的发展产生影响、家庭教育的价值、互联网的利与弊等，这些问题都能鼓励学生更加关注身边的人和事，从而独立地思考人生。在课堂教学中，教师应当全心全意地听取学生的观点和言论，当学生展现出有创意的看法时，教师有权给予他们一个积极的微笑或一句赞美之词；当学生的看法显得有些“不寻常”或稍显不恰当时，教师不应进行批判，而应给予适当的指导。只要学生们在价值观和人生观上没有任何偏见或反动观点，教师应该更加积极地鼓励学生发表意见，以营造一个轻松和活泼的教学环境。在写作课上，学生们的发言实际上是口头作文的一种方式，课堂上他们的自由表达，不知不觉地激发了他们对口头作文的热情。写作的核心是将内心的感受转化为文字表达。当学生开始对口头写作产生兴趣时，他们对写作的热情也随之上升。①

2. 创新作文批改方式

在作文的修订过程中，教师面临许多挑战，如批改过程过于形式化、方法过于单调，以及评语内容几乎没有太大差异。由于教师对作文修改的忽视，导致学生产生了一种应付心态，这使得学生对写作缺乏成就感，并逐步失去了对写作的兴趣。因此，教育工作者需要重新评估传统的作文批改方法，并进行必要的创新。

(1) 尽量捕捉学生作文中的闪光点

在教师的评语里，他们可以更多地突出学生作文的长处，这不仅让学生得到了表扬和鼓舞，还增强了他们的自信。他们对写作的热情会随着自信的增强而逐步上升。那些在写作过程中感到成就的学生，并不将写作视为一项繁重的任务，而是选择在一个轻松和愉悦的环境中表达他们的内心感受。

(2) 创新作文批改方式

传统上，作文的批改方法是由教师单独进行批改。当作文被发布后，大部分学生在阅读完自己的评语后，通常不会再对自己的文章进行修改。这样的批改方法不仅对教师造成了巨大的教学负担，还可能导致学生产生懒散的心态。因此，我们需要对作文的批改方法进行创新。语文老师有权先让学生进行自我评价，然后再与其他同学进行相互评价。

(3) 由教师进行评价

这样的批改方法有助于学生更积极地参与到修改过程中，从而激发他们对修改作文的热情。当学生们进行修改时，他们会意识到其他同学在写作上的出色技巧，并用他人的优点来补足自己的短板。在互相学习和借鉴的过程中，他们的写作能力逐渐得到了提升。随着写作技巧的进步，他们对写作的热情也随之上升。对于写作的热情可以进一步激发他们内在的创新能力。

---

① 孙英凤. 高中语文教学与写作研究［M］. 西安：世界图书出版西安有限公司，2017.

（三）创作性思维的培养重在想象和联想的训练

许多因素都可能影响学生的写作能力，但想象力和联想能力无疑是其中的关键要素。借助于想象力和联想能力，人类的创造性思维具有非常广泛和无限的活动空间。当人们拥有想象力和想象力时，他们的思维就像是被赋予了飞翔的能力，无论在时间还是空间上都不会受到束缚，他们能够跨越千年，洞察万里。

想象实际上是基于过去的感知而产生的一种全新的形象塑造。所指的想象，实际上是基于已有的感知来塑造新的形象的思考方式。文学创作里的角色都是通过想象塑造出来的。想象力可以被划分为无意识的想象和有意识的想象。梦境实际上是一种无意识的想象表达。有意识的想象可以被划分为重新构建的想象和创新性的想象。再造想象的过程是基于他人的语言描述或图案，在大脑内部创造出全新的视觉形象。巴金这位作家在他的中篇小说《砂丁》中，生动地描述了云南个旧锡矿里的矿工们所经历的苦难。事实上，巴金从未踏足云南，一个朋友的叙述触动了他深藏的愤怒。他依据朋友的叙述，在小说中重新构建了自己的想象，生动地再现了矿工们所经历的艰辛生活。创造性的想象是在不依赖他人描述的情况下，在思维中创造出新的形象，而幻想则是这种创造性想象的更高层次。

联想可以理解为从某个人或某一事物出发，联想到与之相关的其他人或事物。在写作过程中，培育学生的联想能力显得尤为关键。联想能力首先有助于解决作文素材的问题，因为从这一点联想到另一点，能够使素材更为丰富；从落后的联想转向先进的联想，有助于深化我们的思考；从表面的联想到内在的本质，能够加深我们的理念；从直观的联想转变为抽象的，有助于扩展思维范围。不同的客观事物之间存在着丰富的联系，而联想这些联系的方式也各不相同。以下是详细的内容描述。

1. 相似联想法

相似联想法指的是在观察某一事物的过程中，突然想到与之具有相似性质的其他事物。曹丕指示曹植在短短的七步内完成一首诗。曹丕作为他的亲兄弟，多次试图对曹植进行迫害。曹植因此想到了与他同根的豆及其“萁在釜下燃，豆在釜中泣。本是同根生，相煎何太急”，这生动地描绘了曹植心中的伤痛与哀伤。

2. 对比联想法

对比联想法描述的是在观察某事物时，人们会联想到与其特性完全相反的事物。美与丑、高尚与低俗、善良与邪恶、明亮与阴暗都是并存的。如果我们不将正面的事物与反面的事物进行对比，那么它们就无法清晰地展现出来。臧克家这位诗人的作品《有的人》是通过对比联想的方法所创作的。在写作课程中，教师有能力引导学生进行逆向的思维方式。常言道“近墨者黑”和“知足常乐”，但如果我们能够反其道而行之，撰写一篇以《近墨者未必黑》和《不知足者常乐》为题的文章，那么其内容将会更具创新性，论据充分，无疑是一篇优秀的作品。松树一年四季都是常绿的，特别是在冬天，它更是傲然挺立，这也是它常被用作象征坚定不移性格的象征。那棵松树存在缺点吗？是的，这意味着一年四季都保持不变。利用松树的不足之处，同样可以创作出一篇出色的文章。

3. 连锁联想法

连锁联想的概念是基于已有的信息，从一个开始到另一个结束，逐层深化和连接。树木的成长依赖于合适的温度和宜人的气候条件，当树木健康成长时，它会变成一片森林，而这片森林又有助于创造湿润的气候环境。在1986年的高考作文中，考生被要求根据树木、森林和气候的相互关系来撰写一篇文章。在改革开放的早期阶段，国家政策大力支持企业家创办企业，这些企业不仅提升了就业率，还推动了经济增长，使得人民逐步走向富裕，同时也使得祖国逐渐走向繁荣。如果考生能够进行类似的连锁联想，他们肯定能够创作出令人印象深刻的文章。

总的来说，想象力与联想能力无疑构成了写作技巧的核心部分。爱因斯坦曾经指出：相较于知识，想象力更为关键，因为知识是有界限的，而想象力则涵盖了这个世界的所有方面，是推动进步的动力，同时也是知识的源泉。如果语文老师希望学生具备出色的写作技巧，那么他们应当全力以赴地培养学生的创意思维和联结能力。得益于他们丰富的创意和联想能力，学生们有机会在写作的广阔领域中自由探索。

三、中学语文综合性学习教学中写作能力培养方法

（一）教学设计开放化，重视写作能力培养

教学设计不仅是教学活动的初始步骤，同时也是整个教学过程中的关键部分。高质量的教学设计不仅可以优化教学活动，还可以提高教学的效率。在构建综合性学习教学活动环节的过程中，教师需要摒弃传统的设计观念，推动教学设计的开放性，以便更有效地实现写作能力的培养目标。

1. 加强重视，增加写作训练

在综合性学习教学中，培养学生的写作能力是其中一个重要的教学目标。尽管综合性学习的课时可能是有限的，但教师仍应高度重视这一目标，并为其分配足够的时间进行相关的写作实践。这样的写作培训不仅仅是为了简单地完成一个教学任务而草率地布置一个作业，教师在布置完写作训练后，应该不时地关注学生的写作进度，并给予适当的指导。教师所安排的写作培训不仅需要与综合学习教学的核心主题紧密相连，还需要一个完善的训练框架。每一轮的训练都应该保持某种程度的连贯性，以便学生能在系统化的写作训练过程中提升自己的写作技巧。开展综合性学习教学活动需要投入大量时间，因此教师在活动开始前应仔细规划各个环节，合理分配教学时间，避免浪费时间，并将每个环节的时间安排在合理的范围内，以确保写作训练的时间得到保障。由于综合性学习的课程时间有限，教师有能力将写作技能的培训整合到综合性学习教学的每一个环节中。在进行综合性的学习教学时，我们需要设计各种活动、提供阅读材料等多个环节，其中一些环节的目标是提高学生的写作技巧。教师有机会在各个教学环节中最大化地利用训练机会，以延长学生写作技能的培训周期。随着网络媒体的持续进步，教师有机会

借助网络媒体的时空特性来提高教学方法的适应性。由于综合性学习的课程时间受限，课堂活动是必需的，因此无法为学生提供足够的时间来进行写作练习。教师有机会利用网络平台，在课程结束后进行写作技能的培训。比如，可以通过“微信”这种在线平台来创建一个分享作品的群组。在群聊中分配与综合学习主题有关的写作任务，并激励学生在群聊中展示他们的写作成就。这种教学方法不仅可以增强学生和自己对写作训练的关注，同时也能提高家长对写作训练的重视程度，并能在所有可用的时间里进行有效的写作训练。

学生们正在形成自己的价值观，并对教师的行为方式持有强烈的认同感。教师的教学态度在某种程度上可能会对学生的行为模式造成影响，而教师在综合学习教学中对写作训练的忽视也可能在某种程度上削弱学生进行写作训练的热情。因此，在进行综合性学习的教学活动时，教师应当高度重视对学生写作技能的培育。教育工作者不只是应该更加重视自己的写作技能培训，同时也要确保学生对写作技能的培养给予足够的关注。在教师为学生分配写作任务的过程中，很多学生可能会产生反感，有的学生甚至可能会对教师所布置的写作任务视而不见。这种做法不仅对综合学习的教学效果产生负面影响，而且也不利于提升学生的写作技巧。因此，教育工作者需要更加重视学生的写作技能培训。

(1) 教师要转变学生的学习观念，提升学生写作水平

教师要转变学生的学习观念，让学生意识到写作训练的价值在写作的旅程中，学生不只是增强了他们的语言文字应用和鉴赏技巧，他们还在此过程中提升了自己的表达和创新能力。因此，通过科学和合理的写作训练，不仅可以提升写作表现，还能有效地提高阅读成绩和其他学科的表现。提升学生的写作技巧不仅能在学术上为他们带来巨大的益处，同时在日常生活和职业生涯中也能为他们带来深远的好处。在我们的日常生活里，有时我们需要撰写一些简短的留言或便签，这样可以增强我们的写作技巧，使我们能够更为明确和简洁地阐述自己的观点。进入社会后，我们在职场上也需要准备请假条、提交申请报告和发出邀请函等

相关文件。众多的工作任务都涉及写作，增强写作技巧可以有效地提升工作效率。

（2）教师应该减轻学生综合性学习教学的学习负担

教师可以依据教材内容，对某些活动进行适当的删减和整合，为学生提供足够的时间来进行写作实践。通过合理分配活动的时间比例，学生可以更加明确地认识到培养写作技能的关键性。为了减轻学生的学习压力，写作训练应被视为一种表达个人情感的手段，而不是被看作是一项具有挑战性的工作。学生可以利用这种方式来表达自己的情感、减轻压力，并减少对写作练习的反感。

（3）培养学生树立正确的价值观，增强对写作能力培养的重视

中学阶段在人的身体和心理发展中起到了关键的心理断乳作用。在这个阶段所确立的价值观将对一个人的整个生命轨迹产生深刻的影响，因此，教师有义务去培养学生形成正确的人生观和价值观。过分追求成绩以提升语文成绩是一种误导性的价值观，这种做法会对学生的身心健康造成严重的不良影响。语文老师的教育职责不只是教授学生语文相关的知识，更重要的是帮助学生确立正确的价值观。教师有责任让学生明白，提升写作技巧不只是为了取得好成绩，更是为了推动自己的个人成长，从而更有效地服务于社会的进步。

2. 提高素养，落实写作任务

大量的教师把综合学习教学中的写作能力培养仅仅看作是写作教学课程，过分强调传授学生的写作知识和技巧，而忽视了写作训练的重要性。这种情况是因为教师本身的素质不够，把综合学习教学中的写作技能培训与专业写作教学中的写作技能培训等同起来。与专业的写作教育相比，语文的综合教学更注重在实际活动中提升学生的写作技巧。因此，在开展语文的综合教学过程中，我们可以适时地向学生传授一些写作的技巧和知识。但在教授这些技巧和知识后，还需要为学生安排与教学内容紧密相关的写作任务，确保他们能够将所学知识和技巧运用到实际操作中。在学生完成写作任务时，他们不仅要搜寻相关资料，还需回

顾所学内容，这不仅有助于巩固所学知识，同时也能增强学生的语言和文字的总结及组织表达技巧。在实际操作中，提升个人能力与语文综合学习的最初教学目的是一致的。

为了帮助学生缓解写作时的恐惧情绪，教师应当为他们分配科学且合适的写作任务。科学且合适的写作任务可以帮助学生认识到写作其实并不是那么困难，并在实践中培养他们的自信。只有当教师拥有适当的专业能力时，他们才能制定出科学且合适的写作任务，并确保这些任务与教学主题相匹配。

(1) 教师需要不断丰富多方面知识

在分配写作任务之前，教师有责任为学生提供写作方面的指导。为了有效地进行写作指导，教师需要拥有丰富的知识储备。在综合学习的教学过程中，我们不仅会探讨记叙文，还会涉及一些实际应用文和口头写作。以“有朋自远方来”这一主题为例，学生需要撰写邀请函，而教师在分配邀请函的写作任务前，必须先教授相关的写作技巧和知识。这不只是要求教师具备基础的写作技巧，还要求他们具备全方位的写作知识。综合性的学习教学不只是关于语文学科的内容，它还涵盖了其他多个学科和领域的知识。教师在教学过程中不仅需要深入了解自己所学的学科知识，还应具备跨学科和跨领域的专业知识。只有这样，他们才能找到教材内容与其他学科或社会生活的交汇点，并在这些交汇点上建立适当的联系，从而能够更科学、更合理地分配写作任务。因此，为了满足社会和时代的需求，教师应当不断地更新他们的知识储备。

(2) 教师需要提高自身的教育专业能力

在综合学习的教学过程中，教师不仅需要培养学生的写作技巧，还要确保他们不仅能够传递知识，还能有效地组织各种活动，并指导学生将所学知识转移到其他领域。教师有责任组织学生参与主题紧密相关的各种活动，并指导他们将在这些活动中学到的写作方法、知识和从阅读中获得的素材运用到实际写作中。教师不仅需要掌握学科整合的技能，还应将教材内容与其他学科内容有机地融合在一起，因此，教师有必要持续提升自己在教育专业方面的能力。

(3) 教师需要不断更新自身的教育理念

在全面的学习和教学过程中，培育学生的写作技巧被视为一种创新的教育观念，而这种教育观念的持续变革也要求教育者不断地更新他们的教学方法。面对教育改革的挑战，教师需要保持充沛的心态，持续刷新自己的教育观念，为自己的教育思想注入新的活力，以适应当前的教育变革需求。为了在教学活动中有效地安排科学和合理的写作任务，教师必须持续提升自己的专业能力，这样才能有效地指导学生提升他们的写作技巧。

(二) 教学内容延展化，开阔学生写作视野

单调的课堂教学内容可能会使学生感受到综合性学习的乏味，从而减少他们的学习兴趣。将教学内容进行延伸不仅可以丰富教学材料，还能激发学生的学习兴趣，并进一步拓宽他们的写作视角。

1. 联系其他学科，发散写作思维

从构思开始，经过写作，再到修订，写作的每一个步骤都与写作思维紧密相连。写作思维，作为写作技巧的关键部分，不仅对文章的整体质量有着深远的影响，同时也对作者的写作技巧产生了显著的效果。大部分学生在进行写作活动时，常常会遇到思维僵化和传统写作模式的问题，这主要是因为他们的写作思维过于模式化所导致的。激发学生的写作思维可以帮助他们创新写作方式，从而创作出更具创意的文章。通过扩展教学内容，我们可以激发学生的写作思维，进而增强他们的写作技巧。虽然教材是教学内容的一个组成部分，但教师的教学活动不应仅仅局限于教材本身，只有丰富教材内容，才能有效地推动教学内容的可扩展性。教材内容的丰富可以从两个维度来看：一是强化教材内部各个方面的相互联系，这样的加强将有助于提升教学内容的深度和广度。从另一个角度来看，加强语文课程与其他学科之间的互动和联系，将有助于拓宽教学内容的多样性和广度。教师没有必要仅仅局限于语文这一特定学科，他们可以将综合性的学习和教学内容扩展到其他学科领域。将综

合性学习的教学内容与其他学科结合，可以帮助学生拓展他们的写作思维，建立一个全面的认知视角，并进一步激发他们的发散写作思维和拓宽他们的写作视角。

（1）综合性学习教学的内容可以与英语学科相联系

语文和英语都是语言学的一部分，它们在教育内容上存在明显的关联。在英语翻译的学习过程中，除了评估学生的英语认知水平外，还需要考察他们的汉语组织技巧。在学习文言文的语文过程中，需要掌握的词汇的灵活运用涉及语法方面的知识，而英语语法的掌握对于汉语语法的学习具有一定的助益。在进行综合性学习教学时，将教学内容与英语学科结合起来，可以帮助学生掌握更多的语法知识，这不仅有助于学生构建语言系统，也有助于提高学生的语言组织能力。

（2）综合性学习教学内容可以与数理化等理科类学科相联系

语文这一学科是文科领域的一部分，与数学、物理、化学等理科领域存在着根本性的差异。然而，在数学、物理、化学等理科领域，物理规律和化学实验现象都依赖于语言和文字来进行描述和表达。同样，语文学科中的归纳总结题和分析鉴赏题也需要运用理科的理性思维方式。“仅当一个人在理性和感性之间找到平衡，他才有可能创作出真正优秀的作品”。将语文的教学内容与数学、物理、化学等理科紧密结合，不仅可以培养学生的观察力、联想力和思考能力，而且在培养学生的感性思维的同时，也有助于培养他们的理性思维，从而提高他们的写作思维能力。

（3）综合性学习教学内容可以与政史地等文科类学科相联系

文学、历史和哲学这三个学科是密切相关的，因此语文与政治、历史、地理等文科领域有着紧密的联系。在学习政治、历史和地理等学科时，学生需要运用语文学科的文本理解和综合归纳能力。语文教材中也经常涉及历史人物、历史事件、地理位置分布以及政治思想等与政治、历史和地理相关的知识点。将教学内容与政治、历史、地理等文科领域相结合，可以有效地补充学生知识储备的不足，同时也能拓宽学生的知识视野和丰富他们的写作材料。

（4）综合性学习教学内容可以与音美体等学科相联系

音乐创作离不开歌词的创作，这与语文写作技巧是分不开的。美术教育要求学生拥有一定水平的审美鉴赏能力，而语文学习则有助于培养学生的情感修养和提升他们的审美鉴赏水平。体育活动的成功实施离不开运动知识的引导，而学习语文知识可以进一步丰富学生对运动理论的理解。音美体等相关学科的学习需要对文字的深入理解和语言的实际应用，同样，语文学科的学习也需要音美体等学科的审美思维和实践操作能力。将综合性的教学内容与音美体等相关学科相结合，有助于增强学生的审美思考和观察技巧。观察能力和审美思维都是写作能力的组成部分，这对于提升学生的写作技巧是非常有益的。

语文这一学科与其他学科之间都有一定的联系，与其他学科的结合可以帮助学生更好地整合所学内容，形成一个完整的思考和知识体系。这也有助于学生从多个视角审视问题，进一步激发他们的写作思维，从而增强他们审题和立意的能力。在进行综合性学习教学的过程中，教师可以尝试与其他学科进行融合，但不能仅仅为了实现这种融合，而应该寻找两者之间的结合点。一个有效的方法是将教学材料与其他学科和领域的知识融合，从而激发学生的写作思维能力。①

2. 贴近现实生活，捕捉写作灵感

写作活动的核心是学生，而非教师，教师不能用自己的情感体验来替代学生的情感体验。在进行综合学习教学的过程中，教师不仅应传授写作的知识和技巧，还应鼓励学生更接近实际生活，从而在日常生活实践中提升他们的写作水平。由于时间和场地等多种因素的制约，教师在培养写作技巧时，往往会选择展示高质量的范文来替代学生的实际操作。教师采用欣赏杰出作品的方式来引导学生理解和掌握优秀作品的写作逻辑和文章结构，这种教学策略是完全合理的。然而，许多教师在引

① 于军民．语文阅读教学拾零——基于课程改革视角［M］．成都：西南交通大学出版社，2022.

导学生模仿范文的过程中，并没有让他们认识到模仿仅仅是一种写作灵感的来源。学生过于模仿他人的作品，由于缺乏实际生活经验，很难创作出具有独特风格的文章。在写作初期，教师可以鼓励学生去阅读著名的文学作品以寻找写作的灵感，但是不能盲目地模仿他人而失去自我，机械地套用他人的观点并不能有效地提升写作能力。写作不是走别人已经走过的路，也不是走自己曾经走过的路，而是走一条全新的道路。在实际操作中，我获得了与众不同的体验，并用这些独特的体验撰写了自己的作品。

写作不仅仅是为了完成特定的任务，仅仅为了完成这些任务可能会导致学生对写作的热情完全消失。写作应当是学生主动参与的过程，它是基于他们的情感来组织和表达的语言活动。为了实现综合性的学习教学，教师需要组织多样化的活动。在这些实践活动中，学生不仅可以体验和了解生活，还能在体验过程中找到写作的灵感和激发他们的写作欲望。教师有责任让学生明白，他们使用写作素材的目的不仅仅是为了表达自己的情感和思想，而更多的是为了传达他们的思想和情感。学生在日常生活中收集写作材料的目的并非仅仅是为了装点文章，而是为了激发他们对人生的思考和产生情感表达的需求。我们所创作的内容应当反映真实的情感和体验，而非仅仅是简单地列举和叠加写作素材。面对真挚的情感和真实的体验，任何华丽的语言都会相形见绌。只有当学生与生活紧密相连，并在实际生活中找到写作的灵感，他们才能通过写作来表达自己的情感，并最终创作出高质量的文章。

三维学习目标中的一个关键方面是学习的过程和方法，因此，综合性的教学方法应该帮助学生在实践中掌握知识和技巧。虽然教室是综合性学习教学的核心场所，但我们不能仅仅将综合性学习教学的各种活动局限于教室内。教师需要扩大课堂的空间，以便更好地将教学内容融入日常生活中。正如著名的教育家和思想家陶行知先生曾经指出：写作是生活的一个组成部分，与生活是密不可分的。在日常生活中实施与综合学习教学主题有关的活动，可以帮助学生更深入地理解生活，并在丰富他们的人生旅程中找到写作的灵感来源。在进行实地考察和直接调查时，学生有机会收集大量的书面资料。例如，在“发现广告词”这一主题的活动中，学生需要进行现场考察。通过对学习过程的观察，学生可以找到与广告词相关的信息，并感受到文字和语言的吸引力。在筛选和整合写作材料的过程中，学生不仅可以积累丰富的写作材料，还可以从文本中找到灵感，进而激发他们的写作灵感。

综合性学习的教学活动与学生的日常生活紧密相连，这有助于学生在活动过程中产生情感共鸣，进而激发他们的写作灵感。通过将各种活动与日常生活紧密结合，学生可以在日常生活中寻找并探索问题，这不仅增强了他们对实际生活的关心和反思，还有助于他们的问题意识逐渐增强，并能对生活中的细微之处进行深入思考。当思维变得更为活跃，它能够激发更多的写作创意，激励学生利用所掌握的知识来解决实际问题，并逐渐培养他们的问题意识。探索生活中的细微之处所隐藏的智慧，这种活动能为学生带来深刻的启示和收获，进而激发他们的写作热情。安排与日常生活紧密相连的写作任务。在熟识的环境里，学生更有可能激发出写作的灵感。综合性的学习是实践性的，这种实践性不仅应该在课堂上体现，更应该深入日常生活中去。例如，在“我的语文生活”这一综合学习主题的活动中，很多教师会自行收集广告词，然后拿到课堂上让学生讨论。教师不能用自己的行为代替学生的行动，应该鼓励学生实践，深入生活，对商家的广告词进行实地考察。当学生在实际操作中浏览商店的招牌和广告语时，他们会体验到自己独有的情感，这也为他们的写作提供了灵感。经过学生的实际体验，他们可以更深入地掌握教学材料。当活动圆满结束后，编写总结心得的过程也变得更为流畅和自如。

当学生从语文的角度去观察和体验生活时，他们不仅会发现生活中充满了有意义的写作内容，还会发现其中蕴含了丰富的人生智慧。在深入理解生活的过程中，学生能够获得独特的写作灵感。文字和语言构成了作者与读者心灵沟通的关键渠道，每一个字在文章中都应当是从人的内心深处流露出来的。写作应被视为一种表达内在情感的手段，而非仅仅是为了满足任务需求而进行的字数组合。在综合性学习教学环境中，写作应被视为学生表达真实内心情感的有效途径。

（三）教学指导科学化，利用阅读推动写作

1. 去粗取精，积累写作素材

阅读作为写作的源泉，可以不断更新学生的写作素材库，为他们未来的写作提供源源不断的素材。在进行语文综合性学习教学活动时，学生需要收集大量的相关资料。例如，在以“有朋自远方来”为主题的综合性学习教学活动中，学生需要收集与交友相关的信息，并在这个过程中进行大量的阅读活动。当学生在阅读资料时，他们不仅可以拓宽自己的知识视野，积累丰富的写作材料，还可以学习其他作者的写作方法，并持续提升自己的写作技巧。然而，由于学生面临众多的学习任务和有限的课外阅读时间，大量的书面资料可能会给学生带来额外的压力。与其阅读过多，学生更应深入理解。因此，教师在确保学生能够阅读规定的书目数量的前提下，应指导学生选择有价值的材料进行阅读积累。目前，互联网上充斥着大量缺乏营养和不健康的书籍。学生目前还没有能力迅速判断资料的质量。阅读不健康的书籍不仅会妨碍学生养成良好的阅读习惯，还可能对他们的人生观造成负面影响。由于学生的课外阅读时间是有限的，为了减少时间的浪费，教师可以向学生推荐一些有价值的网站和书目供他们选择。当教师为学生推荐阅读材料时，这可以帮助学生从无效的阅读中解脱出来，使他们在较短的时间里接触到有深度和价值的信息，从而节省宝贵的时间。教师不仅有责任向学生推介具有实用价值的网站和书籍，更重要的是在教学活动中教授学生科学合理的阅读技巧。采用科学的阅读技巧不仅有助于学生更好地辨别资料的好坏，同时也对培养学生的良好阅读习惯和提高阅读效率大有裨益。这种方式有助于学生在挑选写作材料时，能够挑选出具有丰富内涵并能实际应用于写作的素材。采用科学的阅读技巧可以帮助学生更深入地理解所学材料，这将有助于他们在写作时迅速从记忆中筛选出最具表达情感和思想

的素材。

鉴于每个人对于主题的认知都有所不同，因此在收集信息时，他们的重点和所获得的信息也存在差异。因为每个人的精力都是有限的，所以他们收集到的信息并不是很完整。个体的能量是有界限的，但集体的能量却是无穷无尽的。在进行综合性学习教学时，教师不仅需要教授学生相关的知识，还应该教授他们如何有效地学习这些知识。知识的根源不只是来自直接的体验，同样也可能来自间接的体验。作为教师，我们应当激励学生成为生活中的观察者，主动地收集他人的宝贵经验，并不断丰富自己的知识储备。例如，在“少年正是读书时”这一主题下，有一个活动是组织小组讨论阅读过程中遇到的问题，并提出相应的解决方案。教育工作者应当激励学生主动学习和积累他人的宝贵经验和分享的写作材料，这样在培养良好的阅读习惯的同时，也能积累更多的写作素材。

2. 批注阅读，了解写作素材

为了开展综合性的学习教学，学生需要阅读众多的资料，并在这一过程中积累大量的写作材料。尽管大量的学生有能力将他们收集到的写作素材应用到实际写作中，但很多学生仅仅是机械地将所学到的名言和警句复制到他们的作文里，并没有真正融入自己的创作思路中。如果缺乏独立的见解，那么即使将收集到的最新事件素材融入写作过程中，也难以创作出具有个性的文章。在收集写作资料的过程中，许多学生仅仅是机械地记忆材料里的他人的观点和优美的词句，而没有真正深入地掌握材料的真正内容和意义。由于缺乏对各种材料的深刻理解，因此无法将这些写作材料有效地应用和学习。通过批注阅读，学生可以在阅读过程中对文章进行深入思考，从而更好地理解相关材料。只有在深入掌握相关材料后，我们才能巧妙地利用这些资料来传达自己的真实情感和感受。在进行综合学习的教学活动中，教师应当引导学生进行更为深入的阅读体验，即进行批注阅读。

批注可以理解为批语和注释的结合，而批注阅读则是指学生在阅读的过程中进行深入地思考，并在阅读材料旁明确标注自己的感受和思考。批注阅读涵盖了多种形式，包括感悟式批注、图画式批注、赏析式批注、概括式批注、补白式批注、识记式批注以及提问式批注。各种批注方法都有其独特之处，它们对于提高写作技巧也起到了不同的效果。

（1）感悟式批注

感悟式批注意味着学生在阅读材料时，会主动地将自己的生活经验与所读内容结合起来，从而充分利用自己的生活体验。学生在写作过程中需要标注那些能够引发情感共鸣的词汇和句子，以加深对所选材料的理解和感悟，从而更好地将其应用于未来的写作实践中。

（2）图画式批注

图画式批注指的是学生基于对阅读材料的深入理解，采用图画形式来阐述他们对文章的解读。比如，在充满情感的句子旁边绘制爱意；在那些令人困惑的句子旁边添加疑问符号；在著名人物的故事旁边绘制五角星等图案。这样的阅读方法使得阅读变得更加生动和有趣，不再是单调的。

（3）赏析式批注

赏析式批注指的是学生运用他们在阅读领域所积累的知识和经验，对阅读材料中的写作方法和关键词汇进行评价。通过赏析式批注，学生可以在欣赏阅读材料的同时，掌握作者独特的写作手法和高级的写作技能，从而深入理解文章的核心思想，并进一步提高自己的写作水平。

（4）概括式批注

概括式批注指的是学生在阅读材料时，对资料的核心内容进行总结，并对每一篇文章的各个段落做出注解。这样的阅读方法可以帮助学生在总结段落内容时，增强他们的语言应用技巧，从而在写作时更好地组织和表达自己的情感和思考。

（5）补白式批注

补白式批注指的是学生在阅读过程中，将语言文字所隐含的深层含义进行标注，以探寻语言文字背后的深层含义。这样的阅读方法有助于提升学生对于语言和文字的深刻理解，同时也能增强他们的语言构建技巧。

（6）识记式批注

识记式批注是指在阅读过程将内涵丰富、语言优美的好词好句进行标注摘抄。这种阅读方式能够为今后的写作提供大量的写作素材。

（7）提问式批注

提问式批注指的是学生在阅读材料时，将自己的疑惑和困惑明确标注出来，这样的阅读方法能够激发学生的探索精神和创新精神，有助于拓宽学生的写作视野。

通过批注式的阅读方法，学生可以更深入地理解文章内容，缩短与作者之间的距离，并从文章中提炼出自己的观点和思考。在“文学部落”这一主题的综合教学过程中，学生需要组织读书和写作的交流活动，以分享他们对文学作品的见解和感受。在学生开始阅读书籍之前，教师可以指导他们如何批注式地阅读，这种方式有助于学生从自己的作品中感受到自己的情感，并分享独特的阅读和写作技巧。通过批注式的阅读方法，学生可以更深入地探索素材的深层含义，从而更全面地理解其内在含义。批注式的阅读方法不仅可以帮助学生更好地掌握写作材料，创作出独特风格的文章，还可以加强他们的审题和立意能力，从而提升写作技巧。

（四）教学形式多样化，调动学生写作热情

目前，学生们正在形成自己的世界观和人生观，许多学生还没有真正认识到学习的价值，因此，大多数学生还没有形成独立学习的意识。处于中学阶段的学生更倾向于在他们感兴趣的领域投入时间。由于受到多重因素的制约，实施综合性学习和教学活动面临诸多挑战，而教师的教学活动主要集中在教室内部。固定的教学模式让学生觉得单调乏味，从而失去了他们的写作激情。尽管教学活动的实施受到多种因素的制约，教师依然有能力利用现有资源来使教学方式更加多元化。教学方法的多样性非常符合学生的需求，这不仅能满足他们的学习欲望，还能激

发他们的写作热忱。

1. 多元评价，培养写作兴趣

综合性的学习和教学主题呈现出丰富的多样性，同时所组织的活动也呈现出多种多样的形式。综合性的学习活动应涵盖项目的设计、实施过程以及成果的展示。在教育改革的推动下，综合性学习的教学方法呈现出丰富的多样性。然而，在成果展示这一环节，活动的形势依然相对单调，主要集中在教师对学生作文的评价和修改上。尽管教师投入了大量的时间和精力来仔细评估和修改学生的作文，但学生的写作技巧依然没有得到明显的提升。教师对作文的评改方式并不有利于提升学生的写作技巧。当众多学生收到教师的作文批改时，他们首先会集中注意力于作文的最终表现，而教师的评价往往被大多数学生所忽视，这种情况不利于学生深入反思自己写作过程中可能遇到的问题。尽管有些学生仔细研读了教师的评语，但这并不能真正提升他们的写作技巧，因为理论知识与实际操作并不是一回事，教师的评语对学生的实际帮助是有限的。在综合性的学习教学中，我们更倾向于强调实践活动，而不是单纯地依赖教师的指导。综合性学习教学的核心目标是使学生在各种活动中都能积极参与，并在这一过程中获得实质性的收益。因此，在进行写作培训的过程中，教师有可能通过多样化的评价和改进方法来促进教学活动形式的多元化。

在作文评改的多样性中，评改的主体也是多样的，这不仅可以是教师，也可以是小组的同学，甚至也可以是学生自己。教师有能力指导学生进行自我反思和改进，从而有助于提升学生的反思能力。在进行自我评价和改进的过程中，学生有机会反思自己所使用的材料是否恰当，以及他们的核心观点是否得到了明确的表达。在此过程中，学生得到了一个机遇，可以挑选出更具情感深度的素材和表达方式。与自我评价相比，学生更倾向于小组成员之间的相互评价。目前，学生们正处于一个充满活力和竞争精神的时期。通过小组成员之间的相互评价来评估作文，不仅可以让学生获得活动的主导权，还可以激发他们的竞争欲望和写作激情。当学生通过小组间的同学互评方式对作文进行评改时，教师应当正确地指导学生的评改行为，并激励他们之间的健康竞争。为了避免学生对作文评改活动产生反感，我们必须确保活动的公正性和民主性。在小组成员对文章进行相互评价后，教师和学生共同挑选出小组中评价最为出色的作品，并展示这些优秀作品，同时分享他们的修改经验。分享经验和心得是一个汇聚各方智慧和共享集体智慧的活动。在教学过程中，学生之间的互动和讨论可以激发他们的思维火花，这不仅有助于学生汲取他人的宝贵经验，还能激发他们的写作思维。

另外，学生在表达自己的观点时，可以加强自己的语言组织能力、纠正语言错误，为提高写作能力奠定基础，写出符合语法规则的文章。写作技巧不只是关于写作的技巧，还涉及修改的能力。与其称作文是创作出来的，更准确地说，作文是对其进行修改的。要写出一篇杰出的文章，并不是一蹴而就的事情，学生需要持续地进行修订，这在写作中是一个不可或缺的步骤。当学生对他人的文章进行评价和修改时，他们不仅可以感受到成功的喜悦，建立写作的自信，还可以培养对语言的敏感度，并从其他学生那里学习写作的方法和思维方式。

此外，当学生批改文章时，他们是以读者的角度进行阅读和审查，这种身份使他们能够轻松地识别文章中的常见错误，从而预防未来写作中可能出现的相似失误。在对学生作文进行批改的过程中，学生不仅有能力识别出其他同学文章的不足，同时也能挖掘出其他同学文章的优点，并从他们的写作中吸取优点以弥补自己的不足。学生的作文评改技巧可以帮助他们迅速识别文章的优点和缺点，并在不知不觉中培养出对文章进行自我评价的良好习惯。这样的评价和修改方法不仅有助于增强学生的阅读技巧，同时也能有效地提升他们的写作水平。

作文评价的多样性也涵盖了评价标准的多样性。教师评价学生作文的目的并不是为了明确学生的写作水平，而是希望学生能够识别并纠正他们的写作失误，从而真正提高他们的写作技巧。在对学生作文进行评估和修改时，教师应坚持过程性的原则，不能仅仅关注写作的静态效果，而应该不定期地关注学生的写作进度，并不定期地给予他们鼓励。学生在写作方面的能力各不相同，因此，不同学生在写作状态和写作水平上也存在明显的差异。教师应当根据每个学生的特点进行教学，而不是用统一的标准来评判每一个学生。教师在教学过程中应采用鼓励性的方法，一旦注意到学生文章里的亮点，应立即予以肯定和认可。当教师给予认可时，这更有助于培养学生的写作自信，并激发他们对写作的热情。多元化的评价指标有助于学生更好地认识到写作活动所带来的乐趣，同时也能减少学生对写作活动的抵触情绪，从而将被动的学习态度转变为主动的学习态度。在对学生作文进行评价和修改的过程中，学生可能会有不同的看法，因此教师应当尊重学生的特殊观点，并鼓励他们自由地进行写作。然而，对学生的肯定并不意味着对他们的纵容。教师有能力激励学生在写作方面进行创新，但同时也需要让学生明白，追求与众不同并不意味着真正的写作创新。撰写文章时，我们应当尊重真实的生活情境，并从日常生活的角度来传达我们的真实情感和感受。

2. 模拟情境，增加写作动力

情境的存在是语言实践活动发生和进行的关键因素。综合性学习涵盖了丰富的主题，这些主题的多样性导致了所进行的活动种类繁多，因此，需要为各种不同类型的活动设计多样化的教学环境。多样化的教学场景可以使原本单调的课堂变得更为生动和有趣，这不仅能够激发学生的学习兴趣，还能为学生带来更丰富的实践体验，进而激发他们的写作热情。模拟情境作为一种教学方式，要求学生对活动的主题有多种解读方式，小组成员可以基于自己的兴趣选择进行活动的研究和探讨。这种做法有助于激发学生更为主动和积极地参与各种活动，从而提高他们对教学内容的认识和理解。因为学生们全情投入各种活动中，他们因此能够享受到丰富多彩的活动体验。因此，当教师分配与活动心得相关的写作任务时，他们不仅不会对这些任务产生反感，反而会因为找到一个表达自己情感的方式而感到快乐，从而创作出充满情感深度的文章。

合适的学习环境不仅能激发学生对写作的热情，同时也有助于学生从阅读转向写作，将他们积累的生活经验和写作素材从记忆深处激发出来，并将其转化为文字来表达。在进行综合学习教学时，教师可以激励学生按照活动的主题来模仿各种不同的活动场景。不同的场景要求学生使用不同的语言，学生在这些情境中学到的语言表达技巧需要转移到现实生活中。因此，在设计教学场景时，教师需要基于实际情况，不仅要确保情境与实际情况相吻合，还需考虑到时间和空间的约束。在模拟的环境中，学生不仅有机会培养具有个性化特点的语言表达技巧，同时也有助于提升他们的写作思维能力。教师有能力激励学生在模拟环境中对小说进行再次创作，为他们提供更多的自我展现机会，如在模仿小说中的角色时，鼓励他们融入更多的个人表达方式。这样的教学方法有助于提升学生的想象力和创造力，进而激发他们的写作思维，使他们能够创作出具有独特风格和个性的文章。

在进行综合性的学习教学时，教师采用多媒体技术来构建与教学内容相匹配的教学场景，这有助于学生更深入地理解和感知教学内容的全貌。在综合性学习的教学过程中，实践活动结束后，学生需要完成活动感知和写作的任务。由于时间和场地等多种因素的制约，综合性学习教学中的很多主题活动实际上并不适合在现场进行。由于学生在生活中的经验相对较少，若不进行深入的实地考察，他们很难对所教授的内容有一个完整和深入地认识。缺乏实际的活动经验对学生完成写作任务是不利的。教师有能力利用网络资源和多媒体技术来模拟相关的教学场景。多媒体技术不受时间和空间的限制，可以将场景和人物生动、形象地展示给学生，为教师和学生提供全面的活动信息，弥补学生的生活经验不足。利用多媒体技术在课堂上展示文字无法表达的视频或图片，不仅能让学生更直观地理解教学内容，还能有效地吸引学生的注意力，并激发他们的学习热情。以“天下国家”为主题的综合学习教学为例，其中一个教学目标是让学生通过阅读材料了解一些热爱祖国的人士，从而培养他们对自己国家的热爱。然而，资料里关于爱国的描述显得过于抽象和笼统，对于那些缺乏想象力的学生而言，书中的文字描述并不能使他们对这一角色有直观的认知。学生们对于爱国的理解仍然仅仅局限于书面的文字描述，他们并没有真正深入地体会到这一点。显然，如果没有深入地感悟，所写的文字就会缺少情感深度。在教学活动中，教师有能力运用多媒体技术来重现一些经典的爱国人士的爱国场景。通过在模拟环境中观看视频和文字，学生可以更直观地感受到这些人物的表情和动作，从而在更深入地了解这些人物的基础上，进一步领悟到爱国精神的内涵。在模拟环境中，学生能够获得更为直观的体验，这有助于他们更生动地描述人物，并最终创作出内容丰富、结构清晰的文章。